전환기를 이끈

17인의 명암

전환기를 이끈

17인의 명암

이희근 지음

저자의 말

　"현재를 지배하는 자가 과거를 지배할 수 있다."는 말이 있다. 역사란 항상 지배자들의 입장에서 서술되기에 기록 자체를 액면 그대로 신뢰할 수는 없다는 얘기다. 패배한 집단에 대한 기록이라면 더더욱 그렇다. 역사 속의 승리자들은 패자에겐 가혹한 평가를 내리기 마련이다. 예컨대 연개소문은 무자비한 독재자이자 고구려의 멸망을 초래한 장본인으로, 의자왕 역시 3천 궁녀로 상징되는 과도한 사치와 향락으로 국력을 쇠락시켜 나라를 멸망에 이르게 한 인물로 알려져 왔다.

　쿠데타와 같은 정변을 일으켜 정권을 장악한 세력은, 집권의 정당성을 획득하기 위해서라도 패배한 집단의 치적이나 행적에 대해 더욱 혹독한 평가를 내려왔다. 궁예나 광해군은 그 대표적인 희생양이다. 현재까지 궁예는 역사상 가장 잔인한 폭군으로 알려져 있다. 그러나 그것은 왕건이 쿠데타를 통해 궁예로부터 국가권력을 빼앗았기 때문이다. 궁예 스스로가 어느 정도 신망을 잃기는 했겠지만 그의 인물됨을 반드시 부정적으로 기술해야 했던 고려의 역사가들에 의해 그 정도가 훨씬 과장되었을 것은 뻔한 이치이다.

　그러나 기록을 엄밀히 검토하다 보면 우리가 알던 것과는 다른, 혹은 전혀 상반된 그들의 면모와 만날 수 있다. 가령 연개소문은 당시 고구려인들에겐 당의 대규모 침략을 막아내 고구려의 정체성을 수호한 위대한 지도자였다. 의자왕도 백제인들이 중국의 증자와 같은 동방의 성인이라 하여 '해동성자'로 추앙한 인물이었다. 궁예는 부하들로부터 진심으로 추앙받던, 성군의 자질을 지닌 지도자였다. 광해군도 임진왜란 후 국가 재건에 힘쓴 동시에 대동법과 같이 백성들을 위한 정책을 추진했던 개혁적인 인물이었다. 또한 전쟁이 아닌 평화를 위해 허울뿐인 명분론에서 벗어나 실용주의적 외교정책을 구사할 줄 안 현명한 지도자였다. 특히 대원군은 완고한 보수주의자이자 잔인무도한 폭군이라는 오늘날의 일부 평가와 달리, 백성들만이 아니라 보수적인 유학자, 나아가 개화파 등 구한말 대다수의 조선인들로부터 구국의 영도자로 추앙받던 인물이었다.

반면, 승자에 대한 기록들은 찬양 일색임을 대충만 보아도 확인할 수 있다. 왕건의 경우 현존하는 모든 역사서들에서 동시대의 견훤이나 궁예와는 달리 선인(善人)으로 미화되어 있다. 액면 그대로 보자면, 왕건은 오직 정의만을 위해 행동하는 인물이자 세상의 모든 이치를 꿰뚫고 있는 현인이다. 이성계의 경우도 마찬가지이다. 조선왕조의 모든 기록들은 태조 이성계를 '무장으로서의 비범한 재주을 갖추고 여러 차례 외국의 침략을 물리친 영웅'일 뿐만 아니라 '문신으로서도 출중한 자질을 갖추고 있는 위대한 인물'이라 부각시키고 있다.

그러나 그들의 행적과 유산들에서 기존의 인물상과는 다른 면모를 찾아볼 수 있다. 왕건 사후 고려정국엔 곧바로 왕위계승을 둘러싼 피바람이 몰아쳤는데, 그것은 다름 아닌 왕건 자신이 일단 호족세력의 지지를 확보하고 보자는 식의 현상 타개책에 집착한 나머지 비롯된 것이었다. 이런 결과는 이성계라고 피할 수 없었다. 그의 경우는 아예 생존 당시부터 피의 숙청이 일어났다. 그 결과 조선왕조가 개창된 지 20년도 안 돼 공신들 가운데 생존한 인물이 거의 없을 정도였다. 새 왕조를 건국하는 데 목숨을 걸고 자신을 도운 사람들만이 아니라 자식들마저 보호해 주지 못한 이성계가 어떻게 신과 같은 존재가 될 수 있겠는가?

이 책에서는 한국사상 가장 격동기를 살아간 대표적인 인물들을 선택, 해당 시대의 과제가 무엇이며, 그들이 그 과제를 해결해 나간 방식이 사회구성원 다수를 위한 것이었는지, 아니면 단지 특정한 집단이나 가문의 이해를 대변하는 방식이었는지에 초점을 맞추어 살펴보았다. 인간은 누구나 의식하든 의식하지 못하든 자신의 이해관계에 따라 행동하기 마련이기 때문이다. 그 결과 오늘날의 통념과는 또 다른, 어떤 경우에는 전혀 다른 그들의 면모를 만날 수 있었다. 이 과정에서 필자 역시 또 하나의, 다른 형태의 잘못된 역사상을 만들었는지 모른다는 우려가 앞선다. 다만 이 책이 전하는 메시지를 통해 선과 악이라는 이분적인 시각에서 벗어나 우리역사를 다양하게 바라보는 계기가 되기를 바라며, 또한 우리역사의 실체에 새롭게 접근하는 데에도 도움이 되었으면 한다.

2002년 11월

이희근

차례

1장 승자와 패자

김춘추와 김유신, 연개소문과 의자왕

14   고구려 정체성의 수호자, 연개소문

32   해동의 성자, 의자왕

44   부풀려진 영웅, 김춘추 · 김유신

58   김춘추와 김유신의 유산, 윤관의 북벌

2장 성군과 폭군

왕건, 궁예 그리고 견훤

70   현실주의자, 견훤

82   미륵세계의 건설을 꿈꾸던 이상주의자, 궁예

98   만들어진 성군, 왕건

109   태조 왕건의 유산 상속자, 광종

3장 개혁이냐 보수냐

묘청, 김부식

120   반역아가 아닌 개혁파의 기수, 묘청

130   문벌귀족의 대변자, 김부식

4장 신과 악마

이성계, 신돈

142 조선판 악마만들기의 희생양, 신돈

156 성공한 쿠데타의 주역, 이성계

170 태조 이성계의 유산, 왕자의 난

5장 종이 한장 차이의 충신과 역적

이순신, 원균

184 후세인에 의해 역적이 된 전형적인 인물, 원균

198 신격화된 전쟁영웅, 이순신

6장 명분이냐 실리냐

인조, 광해군

218 실용주의자, 광해군

227 명분론자, 인조

235 인조반정의 유산, 효종의 북벌론

7장 나라냐 가문이냐

홍선대원군, 민비

250 조선왕조 최후의 보루, 홍선대원군

268 가문의 세도에 집착한 명성황후, 민비

김춘추와 김유신, 연개소문과 의자왕

고구려 정체성의 수호자, 연개소문
해동의 성자, 의자왕
부풀려진 영웅, 김춘추 · 김유신
김춘추와 김유신의 유산, 윤관의 북벌

1장
승자와 패자

고구려 백제 신라 삼국이 흥하느냐 망하느냐의 갈림길에서 쟁패하던 7세기 중엽은 우리 역사 최대의 격동기였다. 평양천도 이후 고구려는 백제와 신라를 향해 대대적인 공세를 취했고, 백제는 그 최대의 희생자가 되었다. 장수왕 63년(475)의 공격으로 백제는 개로왕이 전사하는 등 엄청난 타격을 입고 웅진(지금의 공주)으로 쫓겨 내려왔다. 천도 후에도 문주왕이 살해당하는 등 여러 차례 위기를 맞았지만, 신라와 동맹을 맺음으로써 고구려의 남하정책에 대응할 수 있었다.

이번에는 신라와 백제가 역으로 고구려에 공세를 취했다. 백제와 신라의 연합군은 고구려에 빼앗겼던 백제의 옛 수도 한성(漢城) 주변 6군(郡) 등 한강유역을 되찾았다. 그러나 신라의 진흥왕은 성왕을 배신하고 한강유역의 땅을 독차지해 버렸다. 분노한 성왕은 554년에 친히 군사를 이끌고 신라를 공격하다가 전사하고 말았다. 이 때부터 백제와 신라도 동맹국에서 적대국으로 변해 틈만 나면 공격을 일삼았다.

이로써 일상화되다시피 한 삼국 간의 분쟁은 수·당 제국의 출현과 그 팽창정

김춘추와 김유신, 연개소문과 의자왕

책에 따른 국제정세의 변동과 맞물리면서 더욱 격화되었다. 국제정세의 변동은 처음에는 고구려에만 그 여파가 미쳤지만 7세기 중반에 이르러 삼국 간 항쟁과 맞물리면서는 동아시아 전체가 그야말로 극도의 혼란과 격동의 시대로 접어들었다. 삼국 간의 분쟁은 이제 국제전쟁으로 비화될 수밖에 없었다.

격동과 혼란의 시대에는 으레 걸출한 인물이 배출되기 마련이다. 이 시기 역시 수많은 영웅들이 역사의 무대에서 부침했다. 바로 김춘추(金春秋), 김유신(金庾信) 그리고 연개소문(淵蓋蘇文)과 의자왕 등이 각기 나라의 최고 실력자로서 조국수호라는 막중한 책무를 부여받고 서로의 운명을 결정지을 전장에 뛰어들었다.

오늘날 김춘추와 김유신은 조국 신라를 수호한 위대한 지도자이자 이른바 삼국 통일의 영웅으로 칭송받고 있다. 반면 연개소문과 의자왕은 각각 자신의 나라 고구려와 백제의 멸망을 초래한 원흉이라는 평가를 받고 있다. 이런 통념은 우리나라 최고(最高)의 역사서인 「삼국사기(三國史記)」에서 비롯되어 학계에서조차 별다른 의문 제기없이 받아들여지고 있다.

연개소문

"송나라 신종(神宗)이 왕안석(王安石)과 정사를 의논하면서 이르기를 '당 태종이 고구려를 쳤는데 어찌하여 이기지 못했는가?' 고 했다. 왕안석이 아뢰기를, '연개소문이 비상한 인물이기 때문이다.' 고 했다. 그렇다면 연개소문도 역시 재능있는 사람이었다."

―「삼국사기」 열전 연개소문조

연개소문(淵蓋蘇文)은 무자비한 독재자이자 고구려의 멸망을 초래한 장본인으로 알려져 있다. 그에 대한 이러한 평가는 한국 고대사 연구의 텍스트인 「삼국사기(三國史記)」에서 비롯되었다. 이런 사정을 짐작케 하는 「삼국사기」의 내용은 대략 다음과 같다.

연개소문은 대대로(大對盧)인 아버지가 죽자 그 직을 이으려 했다. 하지만 나라 사람들은 연개소문의 성격이 잔인하고 포악하다 하여 이를 막으려 했다. 그는 자신의 단점을 사과하고 만약 잘못이 생기면 그 때 그만두어도 되지 않겠느냐고 설득함으로써 가까스로 그 직에 오를 수 있었다. 하지만 대대로의 직위에 오르자 다시 흉악무도해져 대신들은 왕과 몰래 의논해 그를 죽이려 했다. 그런데 그만 일이 누설되고 말았다. 이에 연개소문은 휘하 부병(部兵)의 열병식을 빙자해 연회를 베풀고 대신들을 초대했다. 그리고 그들이 오자 모조리 죽여 버렸다. 내친 김에 그는 궁중으로 달려가 영류왕을 살해하고 왕의 조카를 세웠으니 바로 고구려 마지막 왕 보장왕이다. 실권을 장악한 연개소문은 나라 일을 제멋대로 하며 백성들을 괴롭혔다. 또 일관되게 대당 강경책을 고집해, 고구려는 당나라의 침략을 받아 끝내 멸망했다.

그런데 같은 책인 「삼국사기」 연개소문조 기사 가운데에는 통념과는 다른 기록이 있다.

"송나라 신종(神宗)이 왕안석(王安石)과 정사를 의논하면서 이르기를 '당 태종이 고구려를 쳤는데 어찌하여 이기지 못했는가?'고 했다. 왕안석이 아뢰기를, '연개소문이 비상한 인물이기 때문이다.'고 했다. 그렇다면 연개소문도 역시 재능있는 사람이었다."

이렇게 상반된 연개소문상 가운데 어느 쪽이 역사적 실체에 부합되는 것일까?

연개소문의 집안은 여러 대에 걸쳐 고구려 최고직인 대대로를 세습해 왔던 유력 가문이었다. 연개소문의 아들인 남생(男生) 묘지명에 따르면, 연개소문의 할아버지 자유(子遊)와 아버지 태조(太祚)는 병권을 장악하고 국권을 좌우했을 뿐 아니라 연개소문 자신도 아버지 사후 그 직위를 이어받았다.

곧이어 그는 영류왕 25년(642)에 정변을 일으켜 최고의 권력자가 되었다. 연개소문의 정변에 대해 「삼국사기」는 "연개소문은 자기 아버지의 자리를 잇게 되어서는 흉폭하고 잔인하여 부도(不道)하므로 여러 대인(大人)들이 왕과 몰래 의논해 그를 죽이려 했는데 일이 누설되었다. 연개소문이 동부(東部) 군사를 모아 마치 열병하는 것처럼 하면서 성의 남쪽에 술과 음식을 성대히 베풀어 놓고, 모든 대신들을 불러 관람하자고 했다. 손님들이 오자 연개소문은 그들을 모조리 죽여버렸는데 그 때 피살된 자가 백여 인이나 되었다. 연개소문은 이어 궁중으로 달려가 왕마저 시해했다."고 적고 있다.

이 기록에 따르면 연개소문의 정변은 우발적 사건, 즉 그의 흉폭하고 잔인한 성격을 두려워 한 국왕과 대신들이 그를 살해하려 하자 단순히 이에 대응하려는 차원에서 일으킨 사건이다. 하지만 1백 명이 넘는 정적들을 제거한 것으로도 모자라 한 나라의 왕마저 시해한 사건을 어떻게 우발적이라고만 치부해 버릴 수 있겠는가.

그러나 현재로선 정변의 동기를 명백히 밝혀 줄 만한 기록이 남아 있지 않다. 때문에 당시의 정국 상황에서 그 실마리를 찾을 수밖에 없다.

"고구려에는 가장 높은 벼슬로 대대로가 있다. … 대대로는 세력의 강약에 따라 서로 싸워 이기면 빼앗아 스스로 되고 왕의 임명을 거치지 않는다."는 「주서(周書)」 고구려조 기사에서처럼 당시 고구려는 귀족 연립 정권이었다. 이에 대한 자세한 정보는 「구당서(舊唐書)」 고구려조에 보이는데, "우리의 1품직에 해당하는 대대로라는 칭호를 가진 최고 관리는 국사(國事)를 총괄하는데 그 임기는 3년이다. 이 관리가 임기 만료시에도 교대기간을 준수하지 않거나, 그 밖의 사람들이 서로 불만을 품은 경우 그들은 모두 군사를 동원해 전투를 벌인다. 거기서 이긴 자가 그 직위를 차지한다. 왕은 그들을 통제할 수 없으므로 왕궁의 문을 닫고 이에 개입하지 않는다."는 기사가 그것이다.

즉 귀족연립체제하 고구려는 국정을 총괄하는 대대로의 직위마저 귀족 간의 이해관계에 따라 언제든지 바뀔 수 있을 정도로 불안한 상황이었다. 게다가 각 세력 간 이해관계가 충돌할 시에 이를 조정하여 국론을 통합해야 할 왕권도 대대로를 임명조차 할 수 없을 정도로 유명무실했다. 수나라 양제는 이에 대해, "강신 호족(强臣豪族)들이 국권을 잡아 파당을 지어 편애함이 풍속을 이루었다(「삼국사기」 고구려본기 영양왕 23년조)."고 개탄할 정도였다. 문제는 이런 귀족연립체제가 전쟁 등 비상시국에 국력을 효율적으로 동원할 수 있는 권력구조가 아니라는 데 있었다. 당의 침략이 임박한 당시라면 더더욱 문제가 클 것이었다.

어느 정도 체제정비를 마친 당나라는 수나라의 대외정책을 답습, 북으로 돌궐(突厥)을 격파하고 서로 토욕혼(吐谷渾)을 멸망시켜 몽골평원과 타림분지 일대를 정복하는 등 팽창정책을 취했다. 곧이어 고구려에 대한 침략야욕도 드러냈는데, 631년에 고구려의 경관(京觀)을 헐어버린 것이 그것이다. 경관이란 수나라와의 전쟁 때 전사한 고구려 병사들의 유골을 한데 모아 요서지방에 세워 놓았던 거대한 무덤이다. 즉 세계 최강국 수나라와 싸워 이기고, 끝내는 수나라를 멸망에 이르게 했던 고구려인들의 자부심이 담긴 성역이었다. 그런데 이를 파괴했다는 것은 고구려에 대한 명백한 침공의지의 표현이자 도전이었다.

또한 당나라는 고구려 정벌을 위한 사전 준비작업도 은밀히 추진했다. 단적인 사례로, 641년 고구려에 사신으로 파견된 진대덕(陳大德)의 행적을 들 수 있다. 당초 진대덕은 고구려 왕세자의 입조에 대한 답례로 당 태종이 고구려에 보낸 답례사였다. 그러나 답례사란 명목상의 역할일 뿐 실제로는 고구려 정벌을 위해 고구려의 지세(地勢)와 방어체계를 실사(實査)하는 임무를 띠고 있었다. 「삼국사기」는 그의 행적에 대해, '그가 거쳐간 성읍마다 그 지역 지방관에게 뇌물을 주고 고구려의 산천과 지형을 염탐했다.'고 적고 있다. 이후 진대덕은 당으로 돌아가 태종에게 수륙양면으로 고구려를 공격할 것을 건의했다.

한편 고구려는 각각 연개소문과 영류왕으로 대변되는 귀족세력 간에 대당정책을 둘러싸고 대립하고 있었다. 「삼국사기」에 따르면, 영류왕 재위기간(618~642)에는 거의 해마다 당나라에 사신을 보냈다. 사신 파견행위야 통상적인 외교활동으로 볼 수 있다. 하지만 영류왕은 굴욕적인 저자세 외교정책으로 일관했다. 예컨대 재위 5년에 포로로 잡혀 있던 수나라 군사 1만여 명을 당나라의 요구에 따라 아무런 조건없이 송환했고, 동왕 9년에는 '고구려가 조공길을 막고 있으며 자주 영토를 침략한다.'는 신라의 건의에 당이 압력을 가해오자 사죄하는 외교문서를 보내기도 했다.

재위 11년에는 당 태종이 돌궐 임금 힐리(頡利)를 사로잡은 것을 축하하는 사절을 보내면서 고구려의 봉역도(封域圖)까지 바쳤다. 당과의 전쟁시에 원군이 될 수도 있는 돌궐 임금의 생포를 축하하는 사절을 보낸 것이 통상적인 외교활동일 수는 없다. 돌궐과 연합하여 중원세력에 대항하는 것은 그간 고구려가 취해온 전통적인 외교정책이었기 때문이다. 게다가 상세한 정도는 알 수 없지만 수나라와 전쟁을 치른 지 얼마 되지 않은 상황에서 군사기밀인 지도마저 보냈다는 것은 굴욕적인 저자세 외교의 본보기라 할 만하다.

재위 23년에는 왕세자 환권(桓權)을 보내 조공하기에 이르렀다. 해마다 사신을 보내는 것으로도 모자라 다음 왕위에 오를 세자마저 사신으로 파견했다는 것은 굴욕적인 외교행위임이 분명하다. 태자의 입조는 일반 신하들을 사신으로 보내는 것과는 근본적으로 다른, 사실상 완전한 속국을 자처하는 행위이기 때문이다.

영류왕의 이런 굴욕적인 외교정책은 고구려가 천하의 중심이라는 고구려인들의 세계관과 충돌할 수밖에 없었다. 고구려인의 천하관(天下觀)은 바로 고구려인 자신들이 남긴 기록들에서 확인할 수 있다.

광개토왕비문의 첫머리는 "옛날 시조 추모왕이 나라를 세웠다. 시조는 북부여에서 나셨는데, 천제(天帝)의 아들이요, 어머니는 하백(河伯)의 딸이다."라 선포하고 있다. 천제란 천하의 만물을 주재하는 절대적인 존재, 천신(天神)을 뜻하는 것인데, 추모왕이 천제의 아들이니 곧 황제를 뜻하는 천자(天子)인 것이다. 추모왕의 외조부 하백은 물의 신을 뜻한다. 즉 추모왕의 아버지는 하늘의 신, 어머니는 물신의 딸이니 그 아들인 추모왕이 천하의 주인임은 당연한 것이고 그 성스런 왕통을 이은 고구려왕이 천자인 것 또한 당연한 것이었다.

광개토왕비문 제1면 5행에도 "광개토대왕의 은혜와 그 혜택이 하늘에까지 이르고, 대왕의 위력(威力)은 사해(四海)에 떨쳤다."고 적고 있다. 이는 광개토왕이 사해, 즉 천하의 지배자임을 과시한 것으로, 고구려가 천하의 중심이라는 고구려인의 천하관을 드러내는 표현이기도 하다. 이 같은 표현은 광개토왕릉비가 있는 길림성 집안현 태왕향 근처의 하해방촌(下解放村)에 있는 모두루 묘지(牟頭婁墓誌)에 보다 직접적으로 나타나 있다. 모두루는 광개토왕 때에 북부여 방면에서 지방관을 지낸 인물인데, 그 묘지의 첫머리는 "하백(河伯)의 손자이며 일월(日月)의 아들인 추모성왕이 북부여에서 태어나셨으니, 천하사방(四方)이 이 나라 이 고을이 가장 성스러움을 알 것이다."라고 되어 있다. 이는 고구려인들이 고구려가 천하의 중심 국이라는 사상을 당연시했음을 보여 준다.

자신들의 나라를 천하의 중심으로 인식한 고구려인은 이에 따라 주변 나라를 고구려에 신속(臣屬)한 존재로 여기게 되었다. 능비에도 "백제와 신라는 옛부터 속민(屬民)으로 고구려에 조공해 왔다.", "동부여는 추모왕의 신민(臣民)이었다."고 기록되어 있다. 중원 고

광개토대왕릉비
중국 길림성 집안현 태왕향 소재.
이 비문에는 고구려가 천하의 중심이라는
고구려인의 천하관이 새겨져 있다.

구려비에서 신라를 '동이(東夷)'라 표현한 사실에서도 이를 확인할 수 있다.

반면 역대 중원왕조의 황제들은 하늘의 아들이란 뜻에서 자신들을 천자라고 칭했다. 그리고 주변 나라들의 왕을 천자의 위임을 받아 정해진 영토를 다스리는 제후로 인식했다. 당연히 중원왕조에서는 다른 주변국들처럼 고구려도 자신들이 관할하는 천하의 범주로 간주했다. 그런데 중원왕조에서 보기에 제후국에 불과한 고구려의 왕이 스스로 천제의 아들, 즉 천자라고 선포한 것이다. 중국으로서는 도저히 고구려의 천하관을 인정할 수 없었다.

그러나 건국 초의 당나라는 국내체제를 미처 정비하지 못했기에 고구려의 독자적인 천하관을 묵인하지 않을 수 없었다. 이런 사정은 「구당서」 고구려조 기사에서 확인할 수 있다. 당나라 시조인 고조의 "명실(名實)은 서로 상부해야 한다. 고구려는 수나라에 칭신(稱臣)했지만 끝내 양제(煬帝)를 거부하고 말았다. 어찌 이런 신하가 있겠는가? 짐은 만물 가운데 공경받지만 교귀(驕貴)하고 싶지는 않다. 다만 영토 안에서 모든 백성들이 편안히 살 수 있도록 힘쓸 뿐이다. 어찌 반드시 고구려로 하여금 칭신하도록 하여 스스로 존대(尊大)함을 자처하겠는가?"는 언급이 그것이다. 고구려에게 속국을 강요하지 않고 고구려의 독자적 세계관을 인정하겠다는 말이다. 그 자신 고구려와의 전쟁에서 패배해 수나라가 끝내 멸망한 역사적 교훈을 체감했기 때문일 것이다.

결국 새로운 중원왕조인 당나라로서는 '고구려만 예외로 인정한다면 중화적 세계질서를 유지할 수 없다.'는 딜레마에 빠질 수밖에 없었다. 당 고조의 이런 태도에 대신들이 '고구려는 주나라 때에는 기자(箕子)의 나라였고, 한나라 때에는 현도군(玄菟群)이었으며, 남북조 이전까지는 봉역(封域)에서 가까이 있었다.'는 논리로 반박하고 나선 것도 이 때문이었다. 즉 중원과 그 주변국의 관계는 태양과 행성의 관계와 같은 것으로서, 고구려의 독자성을 인정한다는 것은 곧 중국 중심의 일원적인 세계질서를 부정하는 것이기에 용납할 수 없다는 말이다. 하지만 당 고조 때까지는 아직 나라 체제가 정비되지도 않았고, 수나라의 대고구려 전쟁에서의 계속된 패배와 이에 따른 중국내의 반전론(反戰論) 등으로 고구려의 독자성을 인정할 수밖에 없었다.

그러나 마냥 그럴 수는 없었다. 독자적인 세계관을 고수하려는 고구려를 정복하지 않는 한 자국을 중심으로 한 국제질서가 유지될 수 없었기 때문이다. 더구나 고구려는 신흥세력인 북방의 돌궐과 연합하여 중국대륙을 위협하고 있었다. 하기에 당나라는 어느 정도 국내 체제를 정비한 후 은밀히 고구려 정벌을 위한 사전 준비를 추진하는 한편, 수나라가 취했던 팽창정책을 답습하여 주변 국가들을 하나 하나 정복해 나갔던 것이다.

상황이 이런데도 영류왕은 태자를 사신으로 보내는 등 굴욕적인 저자세 외교로 일관했다. 자연 고구려 지배층 내에서 영류왕의 저자세 외교정책에 반대하는 세력이 형성되었고, 그 중심 인물이 바로 연개소문이었다. 그것은 그가 집권 후 영류왕과 달리 고구려의 독자적인 세계관, 즉 정체성을 수호하기 위해 대당 강경책을 취한 것으로 알 수 있다. 가령 보장왕 3년(644) 당의 현장(玄獎)이 사신으로 와서 신라에 대한 공격을 중지하지 않으면 고구려를 침략하겠다고 위협하자, 연개소문은 신라가 탈취해 간 영토를 돌려 주지 않는 한 공격을 중지할 없다며 당의 요구를 거부해 버렸다. 또 당의 사신인 장엄(蔣儼)을 굴 속에 가두기까지 했었다.

한 마디로 연개소문은 고구려의 독자적인 세계관, 즉 정체성을 유지하려는 세력을 대변하는 인물이었다. 반면 영류왕은 고구려의 천하관을 포기하고 중원왕조의 천하질서에 편입함으로써 존속을 도모하려던 정치세력의 대변자였다.

고구려와 당 양국 간의 긴장은 당나라가 640년 천산산맥 지역에 있던 고창국(高昌國)마저 정복함으로써 구체화되었다. 다음 정벌의 대상이 고구려임이 분명해졌기 때문이었다. 자연 연개소문으로선 전쟁 등 비상시국에 대비하기 위한 권력구조로의 재편을 꾀할 수밖에 없었다. 대대로에 오른 연개소문은 귀족세력 간의 조정과 합의에 기초한 기존의 정국운영체계인 귀족연립체제를 부정하고 1인 집권체제를 구축하려 했다. 이는 "연개소문이 나라 일을 맡아 독단했다."는 「구당서」 기사가 뒷받침해 준다.

연개소문의 권력기반 강화는 당나라의 침략 임박이라는 대외적 위기상황에서 불가피한 조치였다. 그러나 영류왕과 여타 귀족세력은 이에 반발했다. 그 구체적인 조치는 연개소문의 좌천으로 나타났다. 영류왕은 재위 25년(642) 초 연개소문에게 장성(長城)을 쌓는 역사를 감독하게 했다. 이는 단순한 전출이 아니라 연개소문을 변방의 한직으로 보냄으로써 그를 자신의 세력기반과 분리시켜 무력화하려 한 조치였다. 이에 대한 연개소문의 대응이 바로 그 해 10월에 일어난 정변이다. 연개소문은 대규모 정변을 통해 왕과 대신 100여 명 등 반대세력을 완전히 제거하고 자신의 권력기반을 확고히 했다. 이 때 그가 취임한 태대대로·대막리지라는 직위는 그의 사후 아들이 세습하여 고구려가 멸망할 때까지 유지된 것으로 보아, 집권을 항구적으로 보장받기 위한 일종의 초월적 지위의 종신직이라 할 수 있었다.

결국 연개소문은 자신의 의도대로 당과의 전쟁을 효율적으로 수행해 낼 1인 집권체제를 확립할 수 있었다. 즉 병권과 인사권을 독점하여 국정을 전제(專制)했다. 이런 사정은 "연개소문이 … 왕의 조카 장(臧)을 세워 왕으로 삼고 자기는 막리지(莫離支)로 자칭하니 그 벼슬이 당나라의 병부상서(兵部尙書) 겸 중서령(中書令)의 직위와 같았다. 이에 연개소문이 전국을 호령하고 국사(國事)를 전제하니 그의 위엄이 대단했다."는 「삼국사기」 기사가 뒷받침해 주고 있다.

결국 연개소문의 정변은 단순히 권력을 독점하기 위한 것만이 아니라 대당 외교정책을 비롯, 주요 정책을 둘러싼 영류왕 세력과의 노선 차이에서 비롯된 것이었다.

한편 연개소문은 대당 강경책만을 고수하지는 않았다. 그 역시 당과의 전쟁만은 피해보려 했다. 예컨대 보장왕 2년(643)에 그는 왕에게 도교의 수입을 강력히 주장하여 이를 당에 요청했다. 도교는 당 고조가 매우 신봉했던 종교로서, 그 후계자 당 태종 역시 이를 거부할 이유가 없어 도사 숙달(叔達) 등 8인과 노자(老子)의 「도덕경(道德經)」을 보내 주었다. 이런 도교의 도입 요청은 화친정책의 일환이었다. 그 이듬해에도 연개소문은 당에 백금(白金)을 보내고 또 관리 50명을 보내어 숙위(宿衛)케 할 뜻을 전하는 등 유화정책을 구사했다. 그리고 당군이 패배하고 퇴각한 해인 보장왕 4년(645)에는 당에 사신을 보내 화친을 요청했다. 보장왕 6년에도 그는 왕의 둘째 아들 임무(任務)를 사죄사로 보내 전쟁만은 피하려 했다. 이처럼 연개소문은 당나라로부터 고구려의 정체성만 인정받는다면 어떻게든 당과의 전쟁만은 피하려 노력했던 합리적인 인물이기도 했다.

여하튼 연개소문의 정변은 침략야욕에 불타던 당 태종에게 좋은 빌미를 제공했다. 644년 당 태종은 마침내 고구려 침공을 위해 군사를 일으켰다. 대신들이 국력회복을 위한 체제내 정비의 필요성을 들어 반대하자, 그는 "연개소문은 임금을 죽였고 또 대신들을 도륙하고 맘대로 하기 때문에 온 나라 사람들이 목을 늘이여 구원을 기다리고 있다."는 명분을 들어 자신의 침략의지를 굽히지 않았다. 당태종은 이렇듯 연개소문의 죄상을 문책하기 위해 고구려를 침략하는 것이라 말하고 있지만, 이는 허울뿐인 명분에 불과하다. 사실 당태종의 목적은 그가 산동성 정주(定州)에 도착해 신료들에게 "요동은 본래 중국의 땅인데 수나라가 네 번 군사를 일으켰으나 취하지 못했다. 내가 지금 동정(東征)함은 중국을 위해 자제들의 원수를 갚고 고구려를 위해 군부의 치욕을 씻으려 할 뿐이다. 또 사방이 크게 평정되었는데 오직 고구려만 평정되지 않았으니 내가 늙기 전에 이를 취하려 한다."는 그의 언급에서 확인할 수 있다. 이 중 군부의 치욕 운운은 그 자신이 아버지인 고조 이연(李淵)을 몰아내고 즉위한 사실로 미루어 보아 위선적인 명분일 뿐이고, '사방이 평정되었는데 고구려만 평정되지 않은 것'이 침략의 진정한 이유였다.

당 태종은 이렇듯 주변의 반대를 무릅쓰고 고구려 원정에 나섰다. 보장왕 4년(645) 3월 요하를 건넌 당군은 개모성(蓋牟城)을 공격하여 고구려군 1만 명을 포로로 잡는 등 대승을 거두었다. 그 여세를 몰아 고구려 서북방 최대의 요충지인 요동성마저 함락시켰다. 당 태종은 그 해 6월 20일에 안시성(安市城)에 이르렀다. 안시성 싸움은 고구려와 당의 운명을 건 대회전이었다. 당 태종은 5개월간에 걸쳐 총공세를 펼쳤으나, 모든 공격이 실패로 끝나 결국 그 해 9월 18일 철군하고 말았다.

그런데 당군의 철군은 안시성에서의 패배 때문만이 아니었다. 이런 사정은 「삼국사기」의 "유공권(柳公權)의 소설(小說)에는 '주필산(駐蹕山)의 전쟁에서 고구려와 말갈을 합친 군사가 40리에 뻗쳐 있으므로 태종이 이를 바라보고 두려워하는 기색이 있었다.'고 했

백암성 지금까지 알려진 200여 개의 고구려 성 가운데 가장 잘 보존된 중국 요령성 등탑에 있는 백암성 전경. 고구려에서 성은 군사시설인 동시에 행정구역이기도 했다.

다. 또 '황제가 친히 거느린 6군(六軍)이 고구려군에게 제압되어 거의 위축되어 있을 때, 척후병이 이세적(李世勣) 휘하의 흑기(黑旗)가 포위되었다고 하자 황제가 크게 노했다.'고 했다. 비록 나중에 스스로 빠져 나왔으나 저처럼 위험하고 두려워했는데, 「신·구당서」와 사마광(司馬光)의 「자치통감(資治通鑑)」에는 이것을 언급하지 않았으니 나라의 체면을 위하여 감춘 것이 아니겠는가?"는 기사에서 이를 확인할 수 있다. 이에 따르면 당의 철군은 단 한 번의 안시성 패배가 가져온 결과라기보다는 태종마저 두려움을 느낄 정도로 연개소문이 지휘한 고구려군에게 여러 차례 패배를 당했기 때문이었다. 이와 관련하여, 철군할 때 당 태종이 당군에게 결정적 타격을 입힌 안시성주에게 비단 100필을 준 것에 그치고 않고, 특별히 연개소문에게 활과 옷을 선사한 사실이 주목된다. 당 태종이 연개소문에게 선물한 것은 중원의 황제로서 마지막 자존심을 살리려는 의도도 있었지만, 결국 자신이 패배한 원인이 연개소문의 지도력에 있었음을 인정하는 조치였던 것이다.

연개소문은 이후에도 여러 차례 당나라의 침략을 막아 조국 고구려를 수호했다. 연개소문에게 당한 치욕을 잊을 수 없었던 당 태종은 2년 후인 647년 이세적으로 하여금 고구려를 공격하게 했으나 역시 실패했고, 그 이듬해에 시도한 원정 또한 수포로 돌아갔다. 끝내 당 태종은 고구려 정복의 꿈을 실현시키지 못한 채 세상을 떠나고 말았다. 그러나 그는 죽기 직전 고구려 정벌을 중지하라는 유언을 남겼다. 그만큼 연개소문이 존재하는 한 고구려를 정복하기는 불가능하다고 여겼기 때문일 것이다. 이처럼 고구려와 당이 운명을 두

연개소문의 사수대첩　662년, 연개소문은 평양 부근의 사수에서 방효태가 이끄는 당군을 격파했다.

고 벌인 대회전은 '당 태종의 원정 실패는 연개소문의 탁월한 지도력에 있었다.'라는 왕안석의 지적처럼 당 태종에게 씻을 수 없는 치욕만을 안긴 채 연개소문의 승리로 끝났다.

당 태종이 죽은 후에도 당과 고구려의 국지전은 계속되었다. 이런 와중에 660년 나·당 연합군에 의해 백제가 멸망함으로써 또 다시 동아시아 국제정세는 회오리쳤다. 당나라는 그 여세를 몰아 고구려를 공격했지만 또 실패하고 말았다. 661년 4월에도 당나라는 1백만이 넘는 대규모의 군사를 동원하여 수륙(水陸)양면으로 고구려를 침공해 왔다. 그 해 8월, 소정방(蘇定方)이 지휘한 당군은 대동강 전투에서 승리를 거두고 평양성을 포위했다. 위급한 상황에서 연개소문이 직접 전투에 나섰고, 662년 정월 방효태(龐孝泰)가 이끄는 당군 전원을 몰살시키는 대승을 거두었다. 그 결과 소정방도 평양 포위를 풀고 퇴각할 수밖에 없었다.

이렇듯 고구려군은 백제의 멸망으로 고립된 상황하에서도 당의 대군에 맞서 승리를 거두었다. 그 승리의 주역은 물론 연개소문이었다.

연개소문이 살아있는 동안 고구려는 더 이상 대규모의 침략은 받지 않았다. 나·당 연합군의 대대적인 재침략은 그가 죽은 보장왕 24년(665) 이후에 일어난 일이다. 연개소문의 죽음은 곧바로 고구려의 국론분열로 이어졌다. 그가 바로 존망의 위기에 처한 고구려 국력통합의 주역이었기 때문이다. 그의 자리를 이어받은 맏아들 남생(男生)은 동생들과의 분쟁으로 당나라에 투항했고, 연개소문의 동생 연정토(淵淨土)는 신라에 투항했다. 이는 나·당 연합군이 침략할 기회가 되어 고구려는 연개소문의 공백을 메우지 못한 채 668년 끝내 멸망하고 말았다.

그러나 고구려의 멸망에 대해 「삼국사기」는 "고구려가 동으로 천도한 때는 수나라와 당나라가 중국의 통일을 달성한 시기였다. 그런데도 오히려 황제의 조서와 명령을 거절하고 순종하지 아니하여 황제의 사신을 토굴에 가두기까지 했으니, 그 완고해서 두려워하지 않음이 이와 같았으므로 중국으로부터 여러 번 죄를 묻는 군사가 왔다. 혹시 교묘한 계략를 써서 대군을 패배시킨 적도 있었지만, 마침내 왕이 항복하고 나라가 멸망되고야 말았다."고 적고 있다. 즉 연개소문이 임금을 죽이고 당 황제의 명을 거역하여 끝내 나라의 멸망을 자초하고 말았다는 것이다.

이렇듯 「삼국사기」의 기록에 따르면 고구려 멸망의 책임은 전적으로 연개소문에게 있었다. 문제는 「삼국사기」가 중국측 자료인 「구당서」, 「신당서」, 「자치통감」 등과 같은 시각에서 연개소문과 대당 전쟁에 대해 기술했다는 데에 있다. 중국 사서의 그러한 시각은 연개소문이 당나라에 치욕스런 패배를 안겨 주었기 때문에 형성된 것에 다름 아니다.

물론 연개소문이 무자비한 독재자이며 끝내는 자기 나라를 망하게 한 원흉이라는 통념이 형성된 데에는 그 자신에게도 일정한 책임이 있다. 즉 연개소문은 정변 과정에서 정적들을 무자비하게 숙청함으로써 당시 고구려의 중요한 정치적 엘리트를 반감시키는 결과를 가져왔고, 집권에 성공한 후에도 반대파를 포용하여 국력을 결집하는 대신 중앙은 물론이고 지방세력마저도 완전하게 숙청하려 들었다. 안시성주도 연개소문의 반대파였는데 그를 제거하기 위해 공격한 것이 그 대표적 사례이다. 그 결과 대당 전쟁 과정에서 당에 투항하는 세력이 나타났다. 가령 당 태종이 요동성을 함락하자, 요동성의 서남쪽에 위치한 백암성(白巖城)의 성주 손대음(孫代音)이 항복해 버렸는데, 이처럼 적에 항복한 사례는 과거 대수 전쟁 때에는 없었던 것이다. 이는 고구려 지배층내 분열양상이 그만큼 심각했음을 보여 주는 것이다. 그리고 연개소문은 당 태종 사후 대당 전선이 소강상태에 빠지자 그 기회를 이용해 보장왕 14년(655)에 신라의 33성을 빼앗았다. 즉, 대당 전선에 국력을 집중해야 할 시기에 남쪽에 또 다른 전선을 형성시킴으로써 국력을 분산시키는 결과를 초래했다. 그러나 이런 결함에 불구하고 당시 고구려인들에게 연개소문은 세계 최강국 당나라가 전 국력을 기울인 전쟁을 승리로 이끌어 고구려의 독자적인 세계관, 즉 정체성을 수호해 냈던 위대한 지도자였던 것만은 틀림없는 사실이다.

의자왕

"의자왕은 무왕의 맏아들이다. 그는 용감하고 대담하여 결단성이 있었다. 무왕이 왕위에 있은 지 33년에 태자가 되었다. 그는 부모를 효성으로 섬기고 형제 간에 우애가 있어서 당시 해동증자(海東曾子)라고 불렸다."

— 「삼국사기」 백제본기 의자왕 1년조

연 개소문(淵蓋蘇文)처럼 의자왕도 지금껏 3천 궁녀로 상징되는, 과도한 사치와 향락으로 국력을 쇠락시켜 끝내 나라마저 멸망에 이르게 한 인물로 알려져 왔다. 이런 사정을 연상케 하는 기록은 「삼국사기(三國史記)」 의자왕 16년조의 "봄 3월에 왕이 궁녀들을 데리고 음란과 향락에 빠져서 술 마시기를 그치지 않으므로 좌평(佐平) 성충(成忠)이 극력 말렸더니 왕이 성을 내며 그를 옥에 가두어 버렸다. 이로 말미암아 감히 말하는 자가 없었다."는 기사이다.

이 기록에는 의자왕이 충신의 충언(忠言)을 무시하고 국정은 도외시한 채 음란과 향락에 빠져 있는 인물로 묘사되어 있다. 물론 여기에는 그의 이런 실정으로 백제가 멸망했다는 의미가 담겨 있다.

그런데 같은 책에는 의자왕의 전혀 다른 면모가 동시에 드러나 있기도 하다. 즉 "의자왕은 무왕의 맏아들이다. 그는 용감하고 대담하여 결단성이 있었다. 무왕이 왕위에 있은 지 33년에 태자가 되었다. 그는 부모를 효성으로 섬기고 형제 간에 우애가 있어서 당시 해동증자(海東曾子)라고 불렸다."는 기사가 그것이다. 이에 따르면 당시 백제인들이 의자왕을 중국의 증자와 같은 동방의 성인이라 하여 '해동성자'로 추앙하였다는 것이다.

이렇듯 「삼국사기」라는 한 책 내에서도 의자왕은 서로 다른 모습을 하고 있다. 그렇다면 이 중 어떤 모습이 의자왕의 실체에 가까운 것일까?

백제는 고구려 장수왕 63년(475)의 공격으로 한성(漢城)을 빼앗기고 개로왕마저 전사하자 문주왕(475~477)이 즉위하여 서울을 지금의 공주인 웅진(熊津)으로 옮겼다. 이후에도 백제는 문주왕과 동성왕(479~501)이 살해당하는 등 여러 차례 정치적 위기를 맞았

웅진 공산성과 금강 웅진시대 백제의 궁궐터로 알려진 공주의 공산성. 공산성은 한 나라의 왕궁터로는 도저히 어울리지 않을 정도로 그 규모가 매우 협소한데, 그만큼 남천 이후 백제의 취약한 국력을 반증하는 것이다.

고, 무령왕 때에 와서야 비로소 안정을 되찾을 수 있었다. 마침내 백제는 성왕 재위 16년(538)에 수도를 지금의 부여인 사비(泗沘)로 옮기면서 중흥의 기틀을 마련했다.

사실 문주왕의 웅진천도는 백제 자체의 내적 필요에 의해서가 아니라 고구려군의 침공이라는 예기치 못한 상황에서 임기응변으로 이루어진 것이었다. 자연 한 나라의 도읍지로서가 아닌, 외국의 침략을 효과적으로 방어할 수 있는지의, 방어지로서의 적합성 여부에 따라 천도지가 결정되었다. 이는 웅진이 북으로 차령산맥과 금강에 둘러싸여 있고, 동으로는 계룡산이 막고 있어 고구려와 신라의 침략을 방어해 낼 만한 천험의 요새지인 점이 반증해 주고 있다. 그러나 웅진은 협소해 한 나라의 도읍지로서는 부적합했기에 고구려의 침략 위협이 어느 정도 가신 뒤에는 곧바로 또 다른 천도를 계획할 수밖에 없었다. 그것은 문주왕을 이은 동성왕 때부터 이미 천도를 추진했던 사실을 보면 알 수 있다. 하지만 동성왕의 천도계획은 웅진에 세력기반을 가진, 백가(苩加)로 대변되는 귀족세력의 반발로 좌절되었음은 물론이고 동성왕 자신마저 피살당했다. 백가세력이 천도를 반대한 것은 사비천도로 자신들의 정치적 기반을 상실할 것을 우려했기 때문이었다.

그 와중에 즉위한 무령왕(501~523)은 백가세력을 진압하는 한편, 수리시설을 확충하고 유민(流民)들을 귀농시키는 등 국내 혼란을 수습하는 데 일단 성공했다. 이어 적극적으로 가야지역에 진출해 영향력을 확대해 나감으로써 백제는 국가의 재정기반을 공고히 해 왕권안정을 도모할 수 있었다. 이런 사정은 「양서(梁書)」 백제조에 보이는 백제국서(國書) 가운데 "다시 강국이 되었다."는 기사가 뒷받침해 주고 있다. 그 결과 무령왕은 양나라로부터 '사지절도독백제제군사영동대장군(使持節都督百濟諸軍事寧東大將軍)'을 책봉받았다. 이는 국제적인 지위만이 아니라, 대내적으로도 왕권의 권위와 정통성을 유지하는 데 효과적인 수단으로 작용했다.

성왕의 사비천도는 무령왕의 이런 대내외적인 성과가 있었기에 가능했다. 사비천도 후 성왕은 제도개혁을 단행했다. 즉 22부사(部司)를 설치하여 중앙행정부서를 정비했고, 지방을 효과적으로 통치하기 위해 5방제(方制)를 실시했으며, 관리들의 위계를 명확히 하기 위해 16관등제를 확립했다. 이는 왕권을 중심으로 한 중앙집권체제가 확립되었음을 의미하는 동시에, 백제가 남천(南遷) 이후 위기 상황에서 벗어나 중흥의 기틀을 마련했음을 의미하는 것이기도 했다.

마침내 성왕은 신라와 연합하여 고구려에 빼앗겼던 한강유역의 6군(郡)을 회복했다. 하지만 신라 진흥왕의 배신으로 다시 신라에 빼앗기고 말았다. 이에 분노한 성왕은 554년 친히 군사를 이끌고 신라를 공격했으나 그만 지금의 옥천인 관산성(管山城)에서 성왕 자신은 물론이고, 군사 3만여 명이 전사하는 치욕적인 패배를 당하고 말았다. 이 때부터 백제와 신라는 동맹에서 적대 관계로 변했다.

이후 백제는 내적으로 또 다시 심각한 위기 상황에 빠져들었다. 예컨대 법왕이 무려 70세의 나이로 즉위해 재위 2년도 안 되어 죽거나, 혜왕이 즉위한 지 2년이 채 안 되어 귀족들에 의해 살해당하는 등 정국이 극도로 불안정했다. 이 위기를 극복한 임금이 바로 서동

설화의 주인공, 무왕이었다. 무왕 역시 태어나자마자 귀족들의 권력 투쟁 와중에서 왕궁에서 쫓겨났었지만 부여 인근지역인 익산에 근거한 세력의 도움으로 가까스로 왕위에 오를 수 있었다. 그는 백제 최대의 숙원사업인 한강유역 회복을 위해 체제를 정비하고 신라에 대대적인 공격을 감행했다. 신라 공격은 「삼국사기」 무왕조에 기록된 것만 해도 재위 42년 동안 무려 12차례나 되었다. 그러나 이러한

익산 미륵사지 석탑　동양 최대의 사찰로 알려진 전북 익산 미륵사지의 석탑. 이 절은 의자왕의 부왕인 무왕이 이 지역 출신 선화공주 세력의 지지에 대한 보답과 함께, 이들 세력과의 연대를 공고히 할 목적으로 세운 것으로 보인다.

대대적인 공세에도 불구하고 한강유역 탈환은 무왕 재위기간 내내 실현되지 못했다.

아버지 무왕의 뒤를 이은 의자왕은 641년 왕위에 오르자마자 신라에 대한 공격을 한층 강화했다. 동시에 그는 즉위 이듬해 내신좌평 기미(岐味) 등 유력한 귀족 40여 명을 숙청하여 왕권을 강화했고, 각지를 순행하면서 백성들을 위무하고 죄수들을 다시 심사하여 사형수를 제외한 모두를 풀어 주는 민심수습책을 펼치는 등 국내정치의 기반을 확고히 다져 갔다.

이런 조치를 토대로 의자왕은 재위 2년(642) 7월에 군대를 거느리고 신라를 공격하여 신라의 40여 성을 함락시켰다. 이어 다음 달에는 윤충(允忠)을 보내 신라의 전략적 요충지인 대야성(大耶城 : 경남 합천)을 확보했다. 이에 신라는 김춘추(金春秋)를 보내 고구려에 청병(請兵)했으나 거부당했다. 이는 한강유역 반환문제 때문이었는데, 고구려가 청병에 응하는 대가로 신라에 빼앗긴 한강유역의 반환을 요구하고 나섰던 것이다. 그 다음 해 백제는 고구려와 오히려 화친을 맺어 한강유역을 되찾기 위한 신라 공세를 대대적으로 재개했다. 이들의 한강유역 수복은 당나라의 간섭으로 일단 좌절되지만 의자왕에 의한 신라 공세는 계속되었다.

신라는 이제 진덕여왕 5년(651)에 김법민(金法敏)을 당나라에 보내 중재를 요청할 정도로 심각한 위기에 빠지게 되었다. 그들이 느낀 위기의식의 정도는 "신라 사신 김법민이 당 태종에게 말하기를, '고구려와 백제는 입술과 이 모양으로 서로 결탁하고 있으면서 마침내 군사를 일으켜 번갈아 침략해서 우리의 큰 성과 중요한 진(鎭)

들을 모두 백제에게 빼앗겨 강토는 날로 줄어들고 위신조차 없어져 갑니다. 원컨대 백제에 명령하여 빼앗아 간 성들을 돌려 주게 하십시오. …'라고 했다."는 「삼국사기」 의자왕 11년조 기사를 통해 짐작할 수 있다.

이렇듯 백제 의자왕의 공세는 당시 신라인들로 하여금 나라가 멸망할 지도 모른다는 위기의식에 빠져들게 할 정도로 위협적인 것이었다.

의자왕은 대신라 전쟁 수행과 동시에 왕권안정을 위한 체제정비도 계속적으로 추진해 나갔다. 예컨대 재위 4년(644)에 맏아들 효(孝)를 태자로 책봉했는데, 자신의 경우와 달리 비교적 이른 시기에 태자를 책봉한 것은 왕위계승을 둘러싼 왕실내 권력투쟁을 사전에 방지하려는 조치였다. 동왕 13년에 태자궁을 화려하게 수축한 것도 같은 맥락에서 취해진 조치로 보인다.

이렇게 왕위계승 등 국내체제를 보다 확고히 정비한 의자왕은 마침내 재위 15년(655)에 고구려, 말갈과 함께 백제의 최대 숙원이었던 한강유역 30여 성 회복에 성공했다. 의자왕의 한강유역 회복은 이후 왕권 확립에도 중요한 계기를 마련해 주었다. 즉 혜왕이 재위 2년 만에 피살당한 사실이 말해 주듯, 성왕의 관산성 전투 패배 후 백제의 왕권은 또 다시 대성 8족(大姓八族)으로 대변되는 귀족세력으로부터 심한 견제를 받고 있었다.

남천 후 백제에는 사씨·연씨·해씨 등 대성 8족이 있었는데, 이는 "나라 안에는 여덟 씨족의 대성〔大姓八族〕이 있으니, 사씨(沙氏)·연씨(燕氏)·협씨(劦氏)·해씨(解氏)·진씨(眞氏)·국씨(國

氏)·목씨(木氏)·백씨(苩氏)이다."는 「수서(隋書)」 백제조 기사에서 확인할 수 있다. 이들 대성 8족은 남천 이후 최고 관등인 좌평직을 독점하면서 왕권을 견제해 왔는데, 문주왕·동성왕·혜왕 등의 사례에서 보듯 자신들의 기득권 유지를 위해서는 국왕을 살해하는 일마저도 꺼리지 않았다.

결국 남천 이후 왕권을 확립하려는 백제왕들은 한강유역에 깊은 관심을 가질 수밖에 없었다. 한강유역의 상실은 곧 백제왕실의 권위 추락으로 이어졌기 때문이다. 한강유역은 백제왕실의 발상지였기에 이 곳의 상실은 곧 백제왕실이 그 근거지를 상실했음을 의미하는 것이었다. 이는 실제 남천 이후 여러 왕들이 왕실 내부의 권력투쟁이 아니라 기득권을 유지하려는 귀족세력에 의해 살해당하는 것으로 나타났다. 때문에 백제왕들은 끊임없이 한강유역을 수복하려 했고, 성왕과 의자왕만이 아니라 무왕도 재위 3년(602)에 한강유역 수복을 시도했었다. 그러다가 의자왕 15년에 이르러 마침내 그들의 숙원, 한강유역 수복이 실현되었던 것이다.

한강유역 회복은 곧 대성 8족으로 대변되는 귀족세력의 정치적 쇠퇴와 함께, 극도로 불안정했던 왕권의 재확립을 가져왔다. 예를 들어, 의자왕은 재위 17년(657)에 무려 왕서자(王庶子) 40여 명을 좌평으로 임명했는데 이는 그간 좌평직을 독점해 왕권을 심하게 견제해 왔던 귀족세력의 정치적 역할을 축소시키려는 조치였다. 그 결과 기존 귀족층은 그만큼 정치 일선에서 배제될 수밖에 없었다. 가령 의자왕 14년에 대좌평 사택지적(砂宅智積)이 건강상의 이유로 은퇴한 것이나, 동왕 16년에 좌평 성충이 투옥된 것이나, 나·당 연합군 침공 당시 좌평 흥수(興首)가 유배되어 있던 데서도 이런 사정을 알 수 있다.

한편 신라는 한강유역을 빼앗긴 이후에도 계속되는 백제의 침공 사실을 당나라에 보고하면서 군사를 요청했다. 「삼국사기」 무열왕조 6년(659)의 "여름 4월에 백제가 자주 국경을 침범하므로 왕이 장차 이를 치려고 사신을 당나라에 보내어 군사를 청했다."는 기사에서 이를 확인할 수 있다. 당나라는 이듬해인 660년 3월에 신라에 출병(出兵)을 통보했고, 이어 당의 소정방(蘇定方)이 이끄는 수군과 육군 13만 명이 6월 18일 산동반도의 래주(萊州)를 출발, 덕적도(德積島)에서 신라군 지휘부와 만나 나·당 연합군을 형성하기에 이른다.

일단 덕적도에서 합류한 나·당군 지휘부는, 7월 10일 기벌포(伎伐浦)에서 나·당군이 연합하여 사비성을 공격하기로 했다. 이에 김유신은 5만의 정병을 이끌고 황산에서 계백(階伯)의 5천 결사대를 격파하고 나서, 기벌포에서 백제군의 저항을 물리친 당군과 연합, 사비성을 포위했다. 20여 만명이나 되는, 사상 유례없는 대군의 침략을 받은 백제 의자왕은 7월 18일 중과부적을 절감하고 항복하고 말았다. 앞서 백제가 고구려에게 한성을 빼앗겼을 당시 장수왕의 3만 군대와 비교하면, 나·당 연합군의 규모는 실로 엄청난 것이었다.

요컨대 고구려 군사 원조 요청에 실패한 신라가 중국대륙으로 방향을 돌려 당나라라는 새로운 파트너를 찾게 되었고, 당 태종의 고구려 정복 실패로 자존심에 심대한 타격을 입었던 당나라도 이를 거부할 이유가 없었다. 즉 신라는 백제의 압박에서 벗어나기 위해, 당은 드디어 고구려를 정복함으로써 당 중심의 국제질서를 확립하기 위해 군사동맹을 맺었다. 이러한 나·당 연합군의 공격으로 백제는 결국 종말을 맞았던 것이다.

백제의 멸망은 의자왕의 폭정에서 비롯되었다는 통념과 달리, 이렇듯 당나라와 신라가 손을 잡고 침공해 왔기 때문이었다. 물론 의자왕이 한강유역 수복 시기를 전후해 왕권을 강화하는 과정에서 지배층 내부의 분열로 나·당 연합군의 침략에 제대로 대응하지 못했던 것도 사실이다. 가령 「삼국사기」 흑치상지전은 흑치상지(黑齒常之)가 부흥운동을 일으킨 지 10여 일도 못돼 3만여 명의 백제 유민을 모아 200여 성을 회복했다고 기록하고 있다. 이런 백제가 나·당 연합군의 침략을 받아 계백의 황산벌 전투를 제외하고는 변변한 저항 한 번 못한 채 10여 일 만에 항복했다는 사실은 그만큼 백제 지배층내 분열양상이 심각했다는 사실을 반증해 준다. 그 단적인 사례로, 백제의 국사를 전담하고 있던 좌평 임자(任子)가 적국인 신라의 김유신(金庾信)과 내통한 사실을 들 수 있다.

그러나 분명한 것은, 백제 멸망의 직접적 요인은 이런 내부사정이 아니라 나·당 연합군의 공격에 있었다는 사실이다. 즉 백제의 계속된 공격으로 야기된 멸망위기에서 벗어나려는 신라와, 고구려를 정복하여 자국 중심의 국제질서를 세우려는 당나라가 연합, 미증유(未曾有)의 군사로 침공해 왔기 때문에 백제는 멸망에 이르렀던 것이다.

「삼국사기」의 편찬 책임자 김부식(金富軾)도 백제 멸망의 결정적인 원인이 당나라의 공격에 있었음을 시사하고 있다.

"백제 말기에 와서 행동이 도리에 어긋나는 것이 많았으며 또한 대대로 신라와 원수를 맺어 고구려와 함께 화친을 계속함으로써 신라를 침공하고 유리한 조건과 적당한 기회만 있으면 신라의 중요한 성과 큰 진들을 떼어가고 빼앗아 가기를 그치지 않았으니, 소위 인자(仁者)와 친하고 이웃을 잘 사귀는 것이 나라의 보배라는 것과 다르다. 이에 당나라 천자가 두 번 조서를 내려 백제와 신라 사이의 원한을 풀라고 했으나 겉으로는 순종하는 체하면서 안으로는 위반함으로써 대국에 죄를 졌으니 그가 패망한 것은 당연한 일이었다."

사실이 이러한데도 당시 역사가들은 물론이요, 오늘날까지도 백제의 멸망을 사치와 향락에 빠진 의자왕의 폭정에서 찾고 있는 실정

부여 정림사지 5층 석탑
미륵사지 석탑과 함께 백제의 대표적인 석탑이다. 이 탑의 1층 탑신에는 '당나라가 백제를 평정했다는 비명[大唐平濟碑銘]'이 새겨져 있다.

이다. 물론 그의 시대에 나라가 망했으니 입이 열 개라도 할 말은 없을 것이다. 하지만 그의 폭정 때문에 나라가 망했다고 하는 것은 객관적이지도 않고 합리적이지도 않다. 의자왕의 아버지 무왕은 성왕 이후 나라가 극도의 위기에 처한 상황에서도 동양 최대의 사찰인 미륵사를 창건하고 익산으로 수도를 옮기기 위해 대대적인 토목공사를 벌였으며 대왕포(大王浦)에서 잦은 연회를 베풀었다. 이것들을 두고 무왕이 폭정했다거나 사치와 향락에 빠졌다고 말하는 역사가가 없는 것과는 대조적이다.

전통시대의 역사가들은 백제의 멸망 원인을 여러 가지로 분석했는데, 그 결과 의자왕의 실정을 극대화하여 멸망의 주요인으로 삼았던 것이다. 잘 알려진 대로 전통시대 역사가들은 어떤 왕조이든 간에 그 왕조의 멸망 원인을 항상 그 마지막 왕의 폭정에서 찾으려 했다. 이런 현상은 전왕조의 역사를 기록하는 사람들이 다음 왕조의 충실한 신하들이기 때문에 나타나는 현상으로 지극히 자연스러운 것이다.

부풀려진 영웅

김춘추 · 김유신

"당나라가 신라를 계림대도독부(鷄林大都督府)로 삼고 신라왕을 계림주 대도독으로 삼았다."

— 「삼국사기」 신라본기 문무왕 3년조

자기 나라의 멸망에 책임져야 할 폭군으로 알려진 연개소문(淵蓋蘇文)이나 의자왕과는 달리, 김춘추(金春秋)와 김유신(金庾信)은 지금껏 위대한 지도자로 칭송받고 있다. 이는 그들이 주도한 이른바 삼국통일을 높이 평가하기 때문이다. 이런 통념은 학계의 연구성과에서 비롯되었다. 즉 신라는 삼국이 하나〔一統三韓〕라는 의식하에 한민족을 통합하려는 의지를 가지고 삼국통일을 추진·실현했고, 때문에 통일 이후에는 민족융합정책을 과감하게 추진했다는 것이다. 물론 이렇게 주장하는 통설론자들도 신라의 삼국통일이 지니는 한계—외세의 도움을 받았을 뿐 아니라 고구려가 장악했던 만주대륙을 잃어버린 계기가 되었다는 것—를 인정하고는 있다. 하지만 통일 자체는 '한민족 통합'이라는 뚜렷한 목적하에 추진되었음을 여전히 강조하고 있다.

그러나 이러한 현 학계의 통설은 「삼국사기(三國史記)」의 평가를 무비판적으로 수용한 데서 그 근본적인 한계를 드러낸다. 「삼국사기」 문무왕 9년조는 "선왕 김춘추께서는 백성들의 참혹한 죽음을 불쌍히 여겨 임금의 귀중한 몸을 잊으시고 바다 건너 당나라로 가서 황제를 뵙고 친히 군사를 청했다. 그 본의는 두 나라를 평정하여 영구히 전쟁을 없애고 여러 해 동안 깊이 맺혔던 원수를 갚고 백성들의 죽게 된 목숨을 보전코자 함이다."라는 삼국통일의 과정에서 김춘추가 한 역할을 미화한 문무왕의 교서를 그대로 인용하고 있다. 이어 「삼국사기」 사론(史論)에서도 "성현의 교화를 받아들여 미개하고 거친 풍속을 개혁했기에 예의의 나라가 되었다. 또한 당나라 군대의 위엄을 빌어 백제와 고구려를 평정하고 그 땅을 취했으니, 성세(盛世)라 할 수 있다."고 하여, 김춘추와 그의 업적인 삼국통일을 극찬하고 있다.

또한 「삼국사기」 김유신조는 "삼한이 통일되고 백성들이 단결되어 국가가 비록 태평한 데까지 이르지는 못했지만 조금은 편안하게 되었다고 할 수 있다."는 김유신측의 주장을 그대로 기록하고 있다. 이 기록은 김유신의 현손(玄孫)인 김장청(金長淸)이 지은 김유신의 「행록(行錄)」 10권을 바탕으로 쓴 것이다. 이어 「삼국사기」는 "김유신이 … 중국과 함께 모의해서 삼국을 한 집안으로 만듦으로써 빛나는 업적과 명성을 남기고 자신의 일생을 마치게 되었다."라고 하여, 삼국을 통일하는 데 있어 김유신의 역할을 높이 평가하고 있다.

이렇듯 김춘추 · 김유신과 그들이 주도한 삼국통일을 찬양하는 김부식의 태도는, 모두 69명을 언급하고 있는 「삼국사기」 열전 10권 중 3권을 김유신 개인열전에 할당하고 있다는 점에서도 확인할 수 있다. 참고로 열전 제4권에는 을지문덕 · 김인문 · 흑치상지 · 장보고 등 8인, 제5권에는 고구려의 재상 을파소를 비롯 박제상·온달 등 10인의 전기가 실려 있다. 제6권은 강수·최치원·설총·김대문 등 학자들, 제7권은 관창·계백 등 군인 19명, 제8권은 솔거·김생 등 11명의 예술인들의 열전이고, 제9권은 고구려의 국상 창조리와 연개소문, 제10권은 궁예와 견훤의 열전이다.

「삼국유사(三國遺事)」의 평가도 「삼국사기」와 마찬가지이다. 「삼국유사」는 "김춘추가 김유신과 함께 신통한 계획으로 힘을 합해 삼한을 통일하고 국가에 큰 공로를 세웠으므로 묘호를 태종이라 했다."고 적고 있다.

김부식이나 일연의 이런 평가는 두 말할 나위 없이 신라인들의 인식을 그대로 반영한 결과이다. 통일 후 신라 신문왕 12년(692)에 벌어졌던 당나라와의 외교분쟁은 당시 신라인들의 삼국통일관을 보여주는 대표적인 사례이다. 당시 당 조정에서는 당 태종 문황제가 위대한 공적을 남기었기에 묘호(廟號)를 태종이라 했음을 상기시키면서, 참람하게도 김춘추에게도 같은 묘호를 썼다고 질책하고 이를 속히 고칠 것을 지시했다. 하지만 신라는 사실상 이를 거부했다. 그 이유에 대해 「삼국사기」는 "저의 나라 선대 임금 김춘추의 시호가 우연히 성조의 묘호와 서로 부딪쳤는데, 칙령으로 이를 고치라고 하니 저는 감히 명령을 쫓지 않을 수 없습니다. 그러나 생각컨대 선대 임금 김춘추는 자못 어진 덕이 있었습니다. 더구나 생전에 어진 신하 김유신을 얻어 한마음으로 삼한을 통일했으니, 그의 공적을 이룩한 것이 많지 않다 할 수 없습니다. 따라서 그가 별세할 때 온 나라 신민들이 슬퍼 추모함을 이기지 못해 추존한 묘호가 성조와 서로 부딪치게 되는 것을 깨닫지 못했습니다. 이제 교칙을 들으매 송구스러움을 이길 수 없습니다. 사신은 황제께 복명하되 이대로 보고해 주기를 삼가 바랍니다."고 적고 있다. 신라인들은 당나라의 명령을 거부할 만큼 김춘추의 업적인 삼국통일을 높이 평가했던 것이다.

또 다른 주역인 김유신에 대한 신라인들의 평가도 김춘추 못지 않았다. 그것은 그가 홍덕왕 때 홍무대왕(興武大王)으로 추봉(追封)되었다는 사실에서 알 수 있다. 현존하는 김유신 묘에 십이지상(十二支像)의 호석(護石)이 둘러진 것도 홍덕왕의 추봉에 따라 왕릉급으로 장엄하게 수축한 결과이다.

신라인들의 여타 기록들에서도 그들의 이런 인식을 확인할 수 있

김유신 묘와 십이지상 오른쪽은 김유신 묘의 호석인 십이지상 중 하나인 말의 형상이고, 왼쪽은 김유신 묘 전경. 이 묘는 홍덕왕 때 김유신이 홍무대왕(興武大王)으로 추봉(追封)됨에 따라 왕릉급으로 장엄하게 수축한 것이다. 이는 당시 신라인들이 삼국통일을 이룩한 김유신의 업적을 높이 평가했음을 반증하고 있다.

다. 예컨대 신문왕 6년(686)에 청주 운천동에 세워진 신라사적비를 보면, "삼한을 통합하니 나라의 땅이 넓어졌다."고 적혀 있다. 그런 가 하면 진성여왕 2년(894)에 시무 10여조(時務十餘條)를 임금에게 상소하면서 골품제 사회의 누적된 모순과 문제점을 제기했던 최치 원(崔致遠)도 경명왕 8년(924)에 세워진 '봉암사 지증대사 적조탑 비(鳳巖寺智證大師寂照塔碑)'에다가 "삼국이 이제서야 장하게도 한 집안이 되었구나."라며 신라의 삼국통일을 예찬하고 있다. 이렇 듯 신라인들에서 이어진 김부식과 일연의 삼국통일관은 현 학계의 통설과도 그 맥락을 같이하고 있다.

정말 김춘추와 김유신은 이 같은 통념대로 '한민족 통합'이라는 뚜렷한 목표하에 삼국통일을 추진했던 것일까?

김춘추는 '정치가 어지럽고 음란하다.'는 이유로 579년 귀족들에 의해 폐위된 신라 진지왕의 손자이다. 진지왕이 폐위된 뒤 김춘추의 집안은 진지왕을 희생양 삼아 왕권을 견제하던 여러 진골 귀족세력 들로부터 배척당해 왔다. 하지만 진평왕이 재위 50여 년간 왕권을 강화하는 과정에서 재기의 발판을 다질 수 있었다. 즉 진평왕은 분 열된 진골세력 견제를 위해 김춘추의 집안을 끌어들였는데, 이 때 김춘추의 아버지 용춘(龍春)은 진평왕의 둘째 딸과 결혼하는 한편, 왕실의 재정과 인력을 관장하는 부서의 장관인 내성사신(內省私臣) 으로 임명되기도 했다. 한편, 김유신 집안은 금관가야의 왕손으로서 법흥왕 때 신라에 진골 신분으로 편입되었다. 이후 김유신의 할아버 지 무력(武力)이 관산성 전투에서 백제 성왕을 전사시키는 등 뛰어 난 전공을 세우기도 했지만, 외래 투항인이라는 이유로 진골귀족으로부터 차별을 받아왔다. 이런 두 집안은 김춘추의 아버지 용춘과 김유신의 아버지 서현(舒玄) 때부터 전장에 함께 출정할 정도로 친분을 유지하고 있었다.

그런 가운데 김춘추와 김유신에겐 정국의 주도권을 장악할 기회가 왔다. 선덕여왕 16년(647)에 일어난 비담(毗曇)의 난이 그것이다. 당시 신라는 백제 의자왕의 대대적인 공세에 밀려 일대 위기에 직면해 있었는 데다가 내부적으로도 왕위계승을 둘러싸고 지배층 내에서 권력투쟁이 벌어지고 있었다. 즉 상대등 비담을 중심으로 한 진골귀족이 김춘추와 김유신 등 왕당파가 지지하고 있던 진덕여왕의 옹립을 반대하고 있었다. 상황이 여의치 않자 비담 등은 "여왕이 정치를 잘못하여 위기를 불러왔다."는 명분을 내걸고 반란을 일으켰다. 김유신의 활약으로 난은 평정되었다. 그 와중에 선덕여왕이 죽고 진덕여왕이 즉위했으나 정치적 실권은 반란 진압의 주역인 김춘추와 김유신에게로 넘어 왔다.

그러나 여전히 화백회의와 상대등으로 대변되는 귀족세력이 왕권을 견제하고 있어, 김춘추와 김유신은 취약한 자신들의 세력기반을 강화할 필요가 있었다. 그것은 진덕여왕 5년(651) 왕명의 시행과 행정관부를 총괄하는 집사부의 설치로 구체화되었다. 집사부는 왕권 강화를 명분으로 내세웠지만 실상은 김춘추와 김유신 등이 정국 주도권을 장악하기 위해 설치한 기관이었다. 이를 토대로 김춘추는 654년 진덕여왕 사후 마침내 귀족회의의 추대라는 형식을 빌려 왕위에 올랐다.

앞서 말했듯 김춘추와 김유신이 활동하던 시기 신라는 백제의 대

김춘추　왕위에 오른 김춘추가 장수들과 함께 백제 공략을 논의하는 장면을 그린 기록화이다.

대적인 공세로 국가적 난국에 처해 있었다.

의자왕 2년(642) 백제가 신라의 전략적 요충지인 대야성(大耶城) 등 서부 40여 성을 확보하면서, 위기의식을 느낀 신라의 김춘추는 선덕여왕 11년(642) 직접 고구려에 가서 동맹을 제의했다. 그는 신라가 백제에게 멸망당하면 동맹국 백제가 오히려 강국으로 부상하게 되므로 고구려로서도 신라의 요청에 응할 것이라 생각했다. 하지만 결과는 실패였다. 고구려는 대륙의 강적 당나라와 맞서고 있었기에 신라보다는 백제와 동맹관계를 유지하는 게 유리했던 것이다. 백제는 더구나 고구려와 국경도 접하고 있지 않았다. 물론 한강유역의 반환을 신라가 거부한 것도 고구려가 신라의 동맹 제의를 거절한 중요한 이유 중 하나였다.

고구려와의 협상이 결렬되자, 신라는 당나라로 눈길을 돌렸다. 비담의 난을 진압한 후 사실상 정국을 주도하게 된 김춘추는 이번에는 당나라로 건너가 백제의 침략이라는 대외적 난국 타개의 길을 모색했다. 그가 당 태종을 만난 것은 648년이었다. 때마침 고구려 정벌을 준비하고 있던 당 태종으로서는 신라의 구원 요청을 받아들이지 않을 이유가 없었다. 고구려 정복을 도모하지 않는 한 세계제국 건설이라는 당 태종의 꿈은 실현이 불가능할 것이었고, 게다가 고구려는 신흥세력인 북방의 돌궐(突厥)과 연합해 중국대륙을 위협하고 있었기 때문이다. 당 태종은 644년 이미 직접 군사를 거느리고 고구려 원정에 나섰다가 연개소문이 지휘하는 고구려군에게 대패하는 쓰라린 아픔을 맛봤었다. 신라가 구원을 요청할 그 즈음에는 요동지방에 소규모 병력을 침입시켰다가 철수시키는 장기전을 벌이던 중이었다.

신라 김춘추의 구원 요청을 받은 당 태종은 이 기회에 백제를 평정하고 이어 고구려까지 정벌할 것을 제의했다. 아울러 전후(戰後) 평양 이남과 백제지역을 신라에 할애한다는 영토분할도 약속했다. 이런 사실은 "무열왕이 정관(貞觀) 22년(648)에 입조하여 당 태종의 은칙(恩勅)을 직접 받들었다. 거기에 이르기를 '내가 고구려를 치려는 것은 다른 까닭이 있는 것이 아니다. 너희 신라는 두 나라 틈에 끼여 늘 침략을 받아 편안한 세월이 없음을 애닯게 여겼다. 산천과 토지도 내가 탐하는 것이 아니며 재물과 백성도 내가 다 가지고 있는 것이다. 내가 두 나라를 평정하면 평양 이남 백제의 토지는 모두 너희 신라에게 주어 길이 편안하도록 하려고 한다.'고 하면서, 계획을 지시하고 군사 동원의 기일을 정해 주었다."는 「삼국사기」 문무왕 11년조 기사에서 확인할 수 있다.

그러나 이 약속이 곧바로 시행된 것은 아니었다. 이는 주로 당나라의 내부사정—대고구려 전쟁에서의 계속된 패배와 이에 따른 반전론(反戰論)의 대두—때문이었다. 현실적으로도 당이 고구려를 두고 백제를 정벌하기란 쉽지 않았으며, 신라 역시 백제의 침입을 막는 데만도 힘겨웠기에 고구려 공격은 더더욱 힘든 상황이었다. 실제로 선덕여왕 14년(645) 요동을 공격하는 당나라를 도와 신라가 고구려 남경을 침공하자, 그 틈을 타서 백제가 신라의 서변 7성을 차지하기도 했었다. 고구려 역시 당의 침입이 없는 시기를 틈타 신라를 곧잘 침범하곤 했다. 때문에 나·당 연합군의 백제 공격은 당 태종과 김춘추 간의 협약이 있은 지 10여 년이 지난 660년이 되어서야 비로소 가능했다. 당나라는 소정방(蘇定方)으로 하여금 13만여 명의 대군을 거느리고 서해를 건너 백제를 공격하게 했고, 신라는 김유신이 5만여 명의 군사를 이끌고 백제를 공격했다. 백제는 그 해 멸망했고, 나·당 연합군은 이듬해 고구려까지 공격했지만 연개소문에 패하고 말았다. 하지만 고구려도 나·당 연합군의 재침략에 1년여 동안 항쟁하다 668년 망하고 말았다.

그렇다고 백제와 고구려의 멸망이 곧 신라의 삼국통일을 의미하지는 않았다. 당의 속셈은 백제, 고구려뿐만 아니라 신라까지 지배하는 데 있었다. 나·당 연합군의 대총관 소정방이 661년 고구려 평양성을 7개월 동안 공격했다가 실패하고 회군하자, 당 고종이 "어찌하여 신라는 정벌하지 않고 돌아왔는가?"고 물은 것으로 보아, 당은 출정시에 이미 신라 점령계획까지 세워두고 있었던 것이다.

당나라는 백제와 고구려를 멸망시킨 뒤, 백제의 옛 땅에 웅진(熊

津) 등 5도독부(五都督府)를, 고구려의 평양에 안동도호부(安東都護府)를 두고 전 영토를 9도독부 42주(州) 100현(縣)으로 나누었다. 664년에는 의자왕의 아들 부여융(扶餘隆)을 웅진도독으로 삼고, 이어 그와 신라 문무왕에게 웅진 취리산(就利山 : 현 공주 鷲尾山)에서 회맹(會盟)하여 화친을 다짐하도록 했다. 이것은 신라로 하여금 대동강 이남지역은커녕 백제 옛 땅에 대한 영유권조차도 포기하도록 종용하는 것이었다. 이에 앞서 663년에는 경주에도 계림도독부(鷄林都督府)를 설치하여 신라 문무왕을 그 도독에 임명했었다. 이는 이미 신라를 한 도독부로 삼아 직접 지배하려 한 조치에 다름 아니다. 더구나 평양에 둔 안동도호부는 그 명칭이 말해 주듯, 고구려만이 아니라 백제, 신라까지 총괄하는 기구였다. 말하자면 신라로서는 9년간의 전쟁을 치르면서 당나라의 뒤치닥거리에 국력만 낭비하고, 끝내는 당에 예속될 상황에 직면하게 된 것이다.

이에 신라는 당과의 결전에 나설 수밖에 없었다. 신라군은 문무왕 11년(671) 백제 옛 땅을 석권한데 이어 동왕 15년에는 현 경기도 양주군에 있는 것으로 추정되는 매소성(買肖城) 전투에서 당의 20만 대군을 대파했다. 그 이듬해에는 금강 하류 기벌포(伎伐浦)에서 당의 수군을 격파함으로써 한반도에서 당의 세력을 완전히 축출하는 데 성공했다.

그럼 나·당 전쟁의 결과 신라는 고구려의 고토인 만주는 그만두고라도 '삼국통일'이란 용어를 쓸 정도로 한반도의 대부분을 차지했을까?

삼국통합 직후인 신문왕대(681~692)에 개편된 지방제도를 보

매소성 전투도 문무왕 15년(675) 신라군이 매소성에서 당나라의 20만 대군을 물리친 전투이다. 신라군은 이 전투의 승리로 대당 전쟁에서 승기를 잡게 되었다.

자. 당시 전국의 행정구역을 9주(九州)로 나누고, 특별히 경주에서 멀리 떨어진 지역을 관할하기 위해 소백산맥 외곽지역과 김해지역에 5소경(五小京)을 설치했다. 그리고 그 행정구획에 따라 군관구(軍管區)적 성격의 10정(十停)을 설치했는데, 상주·웅주·전주·양주·강주·무주·명주·삭주 등 8개 주에 하나씩 두고 한주(漢州)에는 2개의 정〔남천정(南川停), 골내근정(骨乃斤停)〕을 설치했다. 한주는 지역도 넓지만 국방상 가장 중요한 지역이었기 때문이다. 이 한주 치소(治所)는 오늘의 경기도 광주(廣州)지역에 있었다. 그리고 남천정은 지금의 이천지역에, 골내근정은 여주지역에 각각 위치하고 있었다. 말하자면 서북 일선의 중심이 대략 한강 이남지역에

통일 후 신라의 행정구역

이 지도에 표시된 북쪽 경계인 대동강 이남지역에 대한 신라의 영유권 확보는 고구려가 멸망한 지 무려 150여 년이 지난 헌덕왕대(809~825)에 이루어졌다.

치중된 것으로 보아 신라는 한강 이북지역을 거의 방치하고 있었던 것으로 보여진다.

물론 신라는 735년(성덕왕 34년) 당나라로부터 대동강 이남의 땅에 대한 영유권을 공인받아 그 영토를 넓혀 나갈 기회를 맞았다. 「삼국사기」 성덕왕 34년조를 보면, "김의충(金義忠)을 당나라에 보내 신년을 축하했다. … 의충이 돌아올 때 황제는 조칙으로 패강(浿江) 이남의 땅을 주었다."고 적혀 있다. 결국 신라는 고구려가 멸망하고 반 세기 훨씬 지나서야 비로소 당나라로부터 대동강에서 원산만에 이르는 지역에 대한 영유권을 인정받았던 것이다.

그렇다면 당나라가 패강 이남의 땅을 신라에게 준 이유는 무엇일까? 당시 만주지역에서 새롭게 등장한 발해세력에 위협을 느끼고 있던 당나라는 발해 무왕이 732년 산동성 등주를 침공하자 신라에 군사동원을 요청했고, 이에 신라가 발해의 남쪽 국경지대인 함남지방에 출병했었다. 당나라는 그 대가로 신라에 대동강 이남지역에 대한 영유권을 인정했던 것이다. 그 기저에는 패강이 발해의 팽창을 견제하기 위한 요충지라는 계산이 깔려 있었다.

신라가 새로 당으로부터 할당받은 땅을 행정구역에 편입시킨 것은 그 후로도 한참 뒤였다. 당나라로부터 영유권을 인정받은 지 13년 만인 경덕왕 7년(748), 신라는 예성강 연안지역에 영풍군(永豊郡 : 평산) 등 4군현을 설치했고, 그 14년 뒤인 경덕왕 21년(762년)에는 예성강 북쪽에 오관군(五關郡 : 서흥) 등 6군현을 두었다. 그리고 헌덕왕대(809~825)에 이르러 취성군(取城郡 : 황주) 등 4군현을 새로 설치함으로써 백제와 고구려가 멸망한 지 무려 150여 년 만에 마침내 대동강 남쪽 연안을 자국의 영토로 확정시켰다. 그러나 옛 고구려의 수도 평양은 대동강 이북지역에 위치하고 있었기 때문에 이 시기까지도 신라의 영토가 아니었다.

통념대로 김춘추와 김유신에게 삼국을 통합하여 민족통일을 이루어야겠다는 확고한 의지가 있었다면 신라가 한강 이북지역을 그처럼 방치하지는 않았을 것이다. 그러나 신라는 당군을 한반도에서 몰아낸 뒤에도 더 이상 북진을 염두에 두지 않았고, 고구려 유민들의 활발한 고구려 부흥운동으로 당의 한반도 지배가 난관에 봉착하는 등의 기회가 있었음에도 한강 이북지역에 대해 관심을 나타내지 않았다. 결국 신라는 고구려가 멸망한 지 150여 년이 지나서야 대동강 이남의 땅을 확보했고, 그 목적 역시 고구려의 옛 땅 통합이 아닌 발해의 팽창저지에서 찾았다. 이는 그들이 본래 삼국을 통일하려는 계획도 그럴 만한 능력도 가지고 있지 않았음을 보여 준다. 무엇보다도 당과의 연합전선이 백제의 잦은 침입에 위기의식을 느낀 신라의 생존전략 차원에서 시도, 실현되었다는 점이 그것을 증명한다.

　김춘추와 김유신이 주도했다는 이른바 삼국통일의 실상은 이렇듯 오늘날의 통념과는 엄청난 괴리가 있다. 하기에 김춘추와 김유신은 삼국을 통일해 민족통합의 초석을 다진 민족의 영웅이라기보다 멸망 위기에 처한 조국 신라를 지켜낸 구국의 영웅으로 평가받아야 할 것이다.

윤관의 북벌

김 춘추(金春秋)와 김유신(金庾信)이 주도한 신라의 삼국통일에 대해 부정적인 견해를 가진 사람들은 고구려인들이 말달리며 호령하던 만주대륙을 상실해 버렸다는 점을 가장 아쉬워할 것이다. 물론 만주대륙은 고구려의 후예가 세운 발해가 차지하고 있었기에 통일 후 신라시대에도 엄밀히 말해 한민족의 활동무대였다. 하지만 한국사의 주류를 형성한 신라인들은 '만주대륙은 언젠가는 되찾아야 할 고토'라는 인식을 가지고 있지 않았고, 발해 멸망 이후 한민족에게 만주는 잊혀진 땅이 되고 말았다. 말할 것도 없이 이는 신라의 삼국통일이 가져다 준 유산이기도 하다.

나 · 당 연합군의 공격으로 고구려라는 나라는 역사의 무대에서 사라졌지만 고구려 유민의 고구려 부흥운동은 강렬하게 일어났다. 평양 외곽지대에 잔존했던 고구려군은 검모잠(劍牟岑)의 주도하에 한때 평양을 되찾는 등 당나라에 맞서 부흥운동을 활발히 전개했다.

고구려 유민은 한반도내에서만 아니라 요동지방에서도 당에 대한 투쟁을 힘차게 추진했다. 고구려 유민의 강력한 저항에 직면한 당나라는 평양의 안동도호부를 676년에는 요동성, 이듬해에는 신성(新城 : 무순)으로 옮길 수밖에 없었다.

그 후 당은 옛 고구려의 보장왕을 '요동주도독조선왕(遼東州都督朝鮮王)'으로 삼아 안동도호부 지배하 요동지방의 고구려 유민만이라도 무마하려 했다. 하지만 그들의 기대와는 달리 보장왕은 말갈족과 함께 오히려 고구려 부흥운동을 전개했다. 당은 곧 보장왕을 유배시켰고, 다시 보장왕의 손자 보원(寶元)을 조선왕으로 삼아 고구려 유민을 무마하려 했다. 그러나 보원마저도 고구려 부흥운동세력과 내통하게 된다. 이렇듯 당이 시도한 일련의 무마책은 안동도호부마저 유명무실해진 상황에서 결코 성공할 수 없었다. 부흥운동 과정에서 고구려를 계승할 건국역량이 축적되었음은 물론이다.

발해 시조 대조영(大祚榮)의 아버지 걸걸중상(乞乞仲象)은 고구려 멸망 후 현재의 조양(朝陽)인 영주(營州)로 강제이주당했다. 696년 거란의 추장 이진충(李盡忠)이 영주를 습격, 당 공격에 나서자 영주 일대는 혼란에 빠졌고, 이를 틈 타 걸걸중상은 말갈추장 걸사비우(乞四比羽)와 연합, 고구려와 말갈 유민을 이끌고 동쪽으로 이동했다. 그 도중에 걸걸중상이 병사하여 고구려 유민의 수장이 된 대조영은 천문령 전투에서 이해고(李楷固)의 당군을 격파하고 동모산(東牟山)에 정착하여 698년 진국(振國)을 건국했다. 이가 곧 발해로 고구려가 멸망 30년 만에 부흥한 것이었다. 실제 발해인 스스로도 고구려를 계승했음을 분명히 했는데, 이는 발해 무왕이 일본에 보낸 국서(國書)에서 고구려의 옛 땅을 수복했다고 한 것이나, 자신을 '고려국왕(高麗國王) 대흠무(大欽茂)'라 칭한 것 등에서 확인할 수 있다.

그러나 한국사의 주류를 형성한 신라인들은 발해를 동일한 역사적 전통을 공유한 공동체로 여기지 않았기에, 발해의 영역인 만주대륙도 되찾아야 할 고토로 간주하지 않았다. 실제 통일 직후 신라는 만주는 고사하고 한반도내 고구려 고토 대부분을 방치하고 있었다. 앞서 말한대로 대동강 이남지역에 진출한 것도 통일 후 무려 150여년이 지난 뒤였고, 이 때에도 고구려인들의 정신적 구심이었던 평양은 무주공산으로 남겨져 있었다.

그러다가 고려의 윤관(尹瓘)이 예종 2년(1107)에 북벌(北伐)을 단행하여 고구려의 고토인 만주 일부를 차지하는 쾌거를 이루었다.

그럼 윤관의 북벌은 진정 고구려의 고토회복 차원에서 이루진 것일까?

흔히들 고구려라는 나라는 비록 망했지만 고구려계 유민들은 만주대륙을 언젠가는 되찾아야 할 고토로 인식한 것으로 생각하고 있다. 이런 논지를 펴는 학자들은 고려가 고구려의 계승과 부활을 국시로 표방하고 국초부터 북진정책을 추진했음을 그 근거로 들고 있다. 대표적으로 거론되는 것이 고려의 평양중시정책인데, 그것은 평양이 고구려 유민들에겐 정신적 구심점이었기 때문이라 설명하고 있다. 물론 고려가 국초부터 평양을 매우 중시하는 정책을 폈던 것은 사실이다.

궁예(弓裔)는 고구려를 계승한다는 의미에서 국호를 고려라 했고, 고구려 계승을 표방한 궁예로서는 고구려계 유민의 정신적 구심, 평양을 수복하는 것이 시급한 과제였다. 이는 "이전에 신라가 당나라에 청병(請兵)하여 고구려를 격파했기 때문에 평양의 옛 서울이 묵어서 풀만 성하게 되었으니 내가 반드시 그 원수를 갚겠다."는 「삼국사기(三國史記)」 궁예조의 선언을 보면 알 수 있다. 「삼국사기」 궁예조는 또 "성책 원년(905)에 패서(浿西)에 13진(鎭)을 나누어 설치하니 평양성주인 장군 검용(黔用)이 항복했다."며, 궁예가 평양을 실제 점령했음을 보여 주고 있다. 그런데 이 때는 이미 궁예가 고구려 계승의식을 포기한 시기였다. 당초 평양이 궁예에게 중요했던 실제 이유는, 궁예 자신의 세력기반이 옛 고구려 지역이었기에 평양 수복을 내세워 그 지역민들의 지지를 획득하려는 데 있었다. 그러나 이후 국호를 마진으로 고치고 수도를 철원으로 옮겼다는 사실은 궁예가 고구려 계승의식을 포기했음을 의미하는 것이다. 궁예에게서 버림받은 평양은 중앙정계의 주목을 받지 못하고 여전히 빈 공간으로 남아 있을 수밖에 없었다.

평양이 다시 주목받게 된 것은 왕건이 고구려의 계승과 부활을 국시로 표방하며 고려를 건국할 즈음이었다. 「고려사(高麗史)」 태조 1년 9월조에는 "태조가 여러 신하들에게 타이르기를, '평양 옛 도읍이 비록 황폐화된 지 오래되었지만 고적은 아직 남아 있다. 그런데 지금은 가시넝쿨이 무성하여 여진족들이 거기서 수렵을 하고 있으며 또 수렵을 계기로 변방 고을들을 침략하여 피해가 크다. 마땅히 백성들을 옮기어 거기서 살게 하여 변방을 공고히 하고 백세(百世)의 이익이 되도록 하여야 할 것이다.'고 했다. 이리하여 평양을 대도

호부(大都護府)로 하고 사촌동생 식렴(式廉)과 광평시랑(廣評侍郎) 열평(列評)을 보내어 평양을 수비하게 했다."고 적혀 있다.

고구려 멸망 이후 여진족의 활동무대가 되었던 평양은 이렇듯 태조 왕건에 의해 우리역사의 전면에 재등장하게 되었다. 태조 2년(919) 성을 쌓고 평양을 서경으로 승격시킨 일, 재위 5년 서경에 행차하여 재성(在城)을 쌓은 일, 재위 13년 세 차례의 서경 순행과 21년에 나성(羅城)을 쌓은 일은 왕건이 평양을 얼마나 중시했는가를 보여 주는 사례들이다. 평양에 대한 왕건의 애착은 그가 후대 왕들에게 남긴 "짐은 삼한 산천의 음우(陰佑)에 따라 통일의 대업을 이루었다. 서경은 수덕(水德)이 순조로워 우리나라 지맥의 근본이 되니 대업만대(大業萬代)의 땅이다. 마땅히 네 계절의 가운데 달마다 순주(巡駐)하여 백일이 지나도록 머물러서 나라의 안녕을 이루게 하라!"는 '훈요십조' 제5조의 기사에서도 확인할 수 있다.

왕건이 이토록 평양을 중시했던 이유는 무엇이었을까? 통념대로 평양을 고구려 고토회복을 위한 북진정책의 전진기지로 삼으려 한 것이었을까? 이와 관련해서는 앞의 "평양은 가시넝쿨이 무성하여 여진족들이 거기서 수렵을 하고 있으며 또 수렵을 계기로 변방 고을들을 침략하여 피해가 크다. 마땅히 백성들을 옮기어 거기서 살게 하여 변방을 공고히 하고 백세(百世)의 이익이 되도록 하여야 할 것이다."는「고려사」기사를 주목할 필요가 있다. 문제는 이 기록 어디에서도 그간의 통설을 뒷받침해 줄 만한 근거를 찾을 수 없다는 것이다. 여기에는 다만 여진족의 침략에 대비하기 위한, 즉 국토방위의 목적으로 평양을 중시했음이 드러나 있을 뿐이다. 왕건은 평양을 국방에 있어 매우 중요한 요충지로 여기었기에 사촌동생 왕식렴을 파견하여 수비하게 했던 것이다. 이렇듯 고려가 태조 때부터 평양을 중시하여 서경으로 승격하고 군사력을 집중시킨 일은 세간의 통념과는 달리 고구려의 고토회복이 아닌 북방세력의 남하에 대비하려는 목적, 즉 국가방위 차원에서 이루어진 것이었다.

왕건의 이런 정책은 고려의 정책 입안자들에게 계승되어 구체화되었다. 고려의 기본정책을 수립하는 데 주도적인 역할을 한 인물로는 최승로(崔承老)를 들 수 있는데, 그는 시무 28조 가운데 첫 번째 조항에서 북진정책에 대한 견해를 제시하고 있다. "우리나라가 삼한을 통일한 이래 47년이 지났는데 군사들이 아직까지 편안한 잠을 자지 못하고 군량을 많이 소비하는 것은 서북지방이 오랑캐와 접경하여 방어할 곳이 많기 때문입니다. … 대체로 청천강을 국경으로 삼자는 것은 태조의 뜻이요, 압록강가의 석성(石城)을 국경으로 삼자는 것은 중국에서 정한 것입니다. 앞으로 두 곳을 판단하시어 요해(要害)로운 곳을 선택하여 국토의 경계로 결정하시기를 바랍니다." 즉 최승로를 비롯한 고려의 정책 입안자들은 북방정책의 전략을 방어 중심으로 구상했고, 그 방어의 최전선도 압록강으로 설정했다. 이렇게 입안한 북진정책의 기조는 고려왕조 내내 일관되게 유지되었다.

고려가 실제로 추진했던 북진정책에서도 이런 기조는 그대로 관철되었다. 예컨대, 성종대(981~997) 강동 6주(江東六州)로의 진출도 고구려의 고토회복이라기보다는 북방세력의 침략에 대비하기 위한 조치였다. 성종 12년(993)에 거란의 소손녕(蕭遜寧)이 군사를 거느리고 고려를 침략해 오자, 중군사(中軍使)로 출정한 서희(徐熙)는 그와 담판하여 강화조약을 맺었다. 그 내용은, 고려가 중원의 송(宋)과의 관계를 끊고 거란에 조공하는 대신에, 거란은 자신들이 여진 정벌로 확보한 압록강 동쪽 여진의 옛 땅, 즉 강동 6주를 고려에 양도한다는 것이었다. 서희는 거란군이 철수하자 여진족을 몰아내고 이 곳에 여러 성을 쌓아 군사거점으로 삼았는데, 이는 거란의 침략에 대비하는 동시에 여진족을 효과적으로 통제하기 위한 목적에서였다.

그리고 고려시대 북방개척의 최대성과라 할 수 있는 윤관의 북벌 역시 태조 이래의 북진정책, 즉 '북방세력의 침략에 대한 대비'라는 국방정책의 연장선상에서 추진되었다. 윤관이 여진족을 정벌하고 쌓은 9성의 범위를 둘러싸고는 현재에도 논란이 많지만 9성이 두만강 이북, 즉 오늘날의 만주지역까지 포함하고 있었음은 분명하다.

윤관은 방어기지인 9성의 하나로 가장 북쪽에 있는 공험진(公嶮鎭)의 선춘령에 영토의 경계비, 이른바 선춘령비(先春嶺碑)를 세웠다. 「세종실록」 지리지에 따르면, 선춘령비는 두만강유역의 경원에서 북쪽 혹은 동북쪽으로 700리 떨어진 곳에 위치하고 있다. 「동국여지승람(東國興地勝覽)」을 비롯, 조선 초에 간행된 각종 문헌들도 이런 사정을 뒷받침하고 있다. 또한 조선 초에 제작된 '동국지도(東國地圖)'에서도 공험진과 선춘령이 두만강 북쪽, 즉 오늘날의 만주에 위치하고 있었음을 확인할 수 있다. 결국 윤관이 고려와 여진의 경계로 삼기 위해 세운 선춘령비는 통설과는 달리 두만강 이남이 아니라 두만강 북쪽에 존재했던 것이다. 이는 윤관의 9성이 두만강 이

북까지도 포함하고 있었다는 사실을 보여 주는 것이라 하겠다.

그간 여러 부족으로 흩어져 살던 여진족은 11세기 후반 북만주에 위치한 완옌부[完顏部]를 중심으로 단합하기 시작, 점차 그 세력이 커져 갔다. 고려는 거란의 세 차례에 걸친 대규모 침략을 경험하는 동안 북방 변경지역 전체를 효과적인 방어체계로 구축할 필요성을 절감하게 되었다. 덕종 2년(1033)부터 쌓기 시작해 정종 10년 (1044)에 완공한 천리장성이 그 구체적인 산물인데, 이는 거란만이 아니라 여진의 침략에도 대비하려는 목적이 있었다. 여진족이 당시 에는 통일된 국가를 이루지 못한 채 각지에 흩어져 살면서 고려에 공물을 바치긴 했지만 자주 변경을 침탈하여 언젠가는 대대적인 침 략을 자행할 가능성이 농후한 세력이었기 때문이다.

고려의 우려대로 완옌부에 의해 통일된 여진은, 숙종 9년(1104) 고려에 복속된 함경도 일대의 여진족마저 통합, 함흥을 아우르고 대 여진 교섭창구가 있던 정주관(定州關)의 천리장성 부근까지 그 세 력을 뻗치기에 이르렀다. 고려는 임간(任幹)과 윤관을 보내어 전투 를 벌였지만 날랜 기병 위주의 그들에게 번번이 패했다. 이에 윤관 은 "적의 기병을 우리의 보병으로 막을 수 없었다."며 특히 병마의 양성과 훈련, 즉 기병의 양성을 건의했다. 숙종은 윤관의 건의에 따 라 정규군 외에 기병을 주축으로 한 별무반을 조직, 여진과의 전쟁 에 대비했다. 별무반은 신기군(神騎軍 : 기병) · 신보군(神步軍 : 보 병) · 항마군(降魔軍 : 승병)으로 편성되었는데, 양반 · 승려 · 이 서 · 상인 · 노예 등 여러 신분을 망라하는 총동원체제의 군단이었 다. 숙종이 여진 정벌의 뜻을 이루지 못한 채 죽자, 그 아들 예종은 부왕의 숙원을 풀고 여진족의 침략을 근본부터 뿌리뽑기 위해 재위 2년(1107)에 윤관에게 대대적인 여진 정벌을 명령했다. 이 때 동원된 병력만도 17만여 명으로, 고려가 국운을 걸고 모든 역량을 동원한 대규모 작전이었다. 여진족도 생존을 위해 결사적으로 저항했다. 예종 2년부터 그 이듬해 3월에 걸쳐 진행된 작전에서 윤관의 고려군은 몇 차례 패배도 했지만 결국은 여진족을 토벌하고 방어기지인 9성을 쌓아 고려의 영토로 편입시키는 데 성공했다. 비록 일부에 지나지 않았지만 만주대륙이 다시 한 번 한민족의 활동무대가 되었던 것이다.

그러나 여진족은 공험진과 길주를 함락시키는 등 집요하게 공세를 취해 왔다. 그러면서도 9성 반환을 조건으로 계속해서 사신을 보내 화친을 요구해 왔다. 고려로선 전세의 악화 외에도 9성을 지키는 데 더 많은 인적·물적 자원을 동원해야 하는 상황이었고, 자연 조정내에서 9성을 여진에게 돌려 주자는 주장이 일기 시작해 화친 쪽으로 국론이 기울어졌다. 고려는 결국 9성을 쌓은 지 1년 반도 못된 예종 4년에 여진족에게 9성을 반환하는 조치를 취하고 말았다.

요컨대 윤관의 북벌도 애초에 고토회복이 목적이 아닌, 단지 여진족의 침략을 방어하기 위한 제한적인 작전이었기에, 여진족에게 더 이상 도발하지 않겠다는 약속을 받아내고는 9성을 돌려 주고 말았던 것이다. 이후 만주대륙은 한민족의 활동무대에서 영원히 제외되어 버리고 말았다.

왕건, 궁예 그리고 견훤

현실주의자, 견훤

미륵세계의 건설을 꿈꾸던 이상주의자, 궁예

만들어진 성군, 왕건

태조 왕건의 유산 상속자, 광종

2장
성군과 폭군

9세기 말엽, 천년왕국 신라는 쇠망의 길로 접어들고 있었다. 지배층은 권력투쟁에 몰두하는 동시에 농민들에 대한 수탈도 한층 강화했다. 그 결과 농민들은 정든 고향을 떠나 떠돌이 생활을 하거나 산 속에 들어가 도적이 되었다. 이런 움직임은 전국을 휩쓸어 결국 농민봉기로 폭발했다.

농민봉기의 여파는 사실상 중앙정부의 지방 통치력에 종말을 고했다. 이에 지방 각지에서는 독자적인 기반을 갖춘 새로운 사회세력이 출현했다. 흔히 호족이라 하는데, 이들이 바로 그 시대 역사의 주역이었다. 당시 호족은 성주 혹은 장군이라 불리우고 있었는데, 그 세력이 미치는 지역민을 직접 지배한 것은 물론이고 독자적인 군사력을 보유하고 있었다. 이제 전국은 오직 힘만이 구성원들의 생존을 보장해 줄 수 있는 혼란과 분쟁상태, 그야말로 전쟁이 일상화된 내란상황으로 빠져들었다. 자연 동시대인들은 전국 각지에서 할거하고 있던 호족들을 통합하여 이런 혼란과 분쟁상을 극복해 줄 영웅의 출현을 고대하고 있었다.

이 시기에도 견훤(甄萱), 궁예(弓裔) 그리고 왕건(王建)과 같은 한 시대를 풍미한 영웅들이 배출되었다. "현재를 지배하는 자가 과거를 지배할 수 있다."는 말도 있듯, 고려 초기의 역사가들에게는 왕건의 최대 경쟁자인 궁예와 견

왕건, 궁예 그리고 견훤

918 왕건, 고려 건국	927 견훤, 경주 점령, 고려와의 공산 전투 승리	935 신라 경순왕이 고려에 투항, 견훤은 금산사에 유폐당함.
920 신라, 고려에 사신 첫 파견	930 왕건, 안동 전투에서 백제에 대승	936 왕건, 후삼국 통일

훤은 부정적으로 기술하는 한편, 왕건은 후삼국을 통일할 정도로 탁월한 능력을 지닌 인물로 서술해야 하는 임무가 주어졌다.

그 결과는 고려 중기에 편찬된 「삼국사기(三國史記)」에 그대로 반영되어 있는데, 그 내용은 이러하다.

"신라의 국운이 쇠퇴하고 정치가 어지러워 하늘이 돕지 아니하고 백성들이 갈 곳이 없었다. 이에 많은 도적들이 틈을 타고 일어나 마치 고슴도치 털처럼 되었다. 그 가운데서 가장 악독한 자는 궁예와 견훤 두 사람이었다. … 항우(項羽)와 이밀(李密)과 같은 특출한 재주로도 한나라와 당나라의 발흥을 막지 못했거늘 더군다나 궁예와 견훤 같은 흉악한 자가 어찌 태조와 더불어 상대할 수 있으랴? 다만 태조에게 백성들을 몰아다 주는 자가 되었을 뿐이다."

「삼국사기」의 이러한 평가는 고려 후기의 「삼국유사(三國遺事)」만 아니라 조선 초에 편찬된 「고려사(高麗史)」에도 이어지고 있다. 이런 인식은 현재까지도 지속되고 있는 실정이다.

고려 초부터 만들어지기 시작한 그들 세 사람에 대한 이런 인식은 얼마만큼이나 역사적 실체와 부합되는 것일까?

견훤

"견훤이 마음 속으로 야심을 품고 무리들을 불러모아 경주 서남지역 군·주현(州縣)들에 출몰하면서 치니 가는 곳마다 모두 호응하여 한 달 만에 무리 5천 명을 모았다. … 견훤이 서쪽으로 순행하다가 완산주에 이르니 주(州)의 백성들이 환영했다. 견훤이 인심을 얻은 것을 기뻐했다."

— 「삼국사기」 열전 견훤조

견 훤(甄萱)은 현재의 문경시 가은읍인 상주(尙州) 가은현(加恩縣)에서 가난한 농민의 아들로 태어난 것으로 알려져 왔다. 하지만 신라 말 그의 아버지 아자개(阿慈介)는 상주일대를 장악하여 장군을 자칭했던 인물이다. 신라 말 장군 혹은 성주라 자칭하던 인물들은 새로 쌓은 성이나 기존의 성을 근거지로 삼아 반독자적인 세력을 유지하던 호족들이다. 따라서 견훤은 가난한 농민출신이 아니라 유력한 호족출신임이 분명하다.

견훤산성
경북 상주 소재.
견훤은 이 곳 상주 출신이었다.

견훤은 군인의 길을 걷기 위해 약관의 나이에 고향을 떠나 신라의 수도 경주로 갔다. 이 곳에서 소정의 군사훈련을 마친 그는 한반도 남단의 교통 요충지인 순천만에서 복무했다. 이 때 "잠을 잘 때에도 창을 베고 대기했으며 그의 용감한 기풍이 항상 군사들의 선봉이 되었다."는 「삼국사기(三國史記)」 견훤조의 기록에서처럼, 견훤은 해적 소탕에 발군의 전공을 세워 비장(裨將)이라는 직책에까지 승진했다. 비장은 신라의 관제(官制)에는 나타나 있지 않지만, 사전적 의미로 보아 대장(大將)의 보좌관 혹은 단위부대의 지휘관인 것으로 보인다.

견훤이 순천만에서 군인으로 복무하고 있을 때 신라는 멸망 위기에 처해 있었다. 농민반란이 전국을 휩쓸고 있었으나 신라조정은 이미 이를 수습할 능력을 상실한 터였다. 정세를 관망하던 그는 휘하 병력을 이끌고 순천지역을 시작으로 세력을 확대해 나갔다. 봉기한 지 한 달 만인 진성여왕 6년(892)에 지금의 광주인 무진주(武珍州)를 점령했다. 그의 나이 불과 26세였다.

견훤은 전남의 나머지 군현을 차곡 차곡 장악한 데 이어 그 세력을 북상시켜 효공왕 4년(900)에 지금의 전주인 완산주(完山州)를 점령했다. 그리고 이 곳을 도읍으로 정해 국호를 '백제'라 선포했다. 그가 이처럼 백제 부활의 기치를 내걸 수 있었던 것은 이 지역에 팽배해 있던 뿌리깊은 반신라 분위기 때문이었다. 「삼국사기」는 이 때의 광경을 다음과 같이 적고 있다.

"견훤이 서부지역을 순행하다가 완산주에 이르니 주내 백성들이 그를 맞아서 위로했다. 견훤이 인심을 얻는 것을 기뻐해서 좌우에 이르기를 '내가 삼국의 시작을 상고해 보니, 마한이 먼저 일어나고 후에 혁거세가 발흥한 고로 진한과 변한이 이것을 따라서 일어났다. 이 때 백제는 나라를 금마산(金馬山)에서 개국하여 6백여 년이 되었는데, 총장(摠章) 연간에 당나라 고종이 신라의 요청에 따라 장군 소정방을 보내어 수군 13만을 거느리고 바다를 건너 왔고, 신라 김유신이 권토(卷土)하여 황산을 지나 사비에 이르러 당군과 함께 백제를 공격하여 멸했다. 이제 내가 감히 완산에 도읍하여 의자왕의 숙분(宿憤)을 설욕하지 않겠는가!'고 했다."

지금 이 왕조를 후백제라고 부르고 있는데, 이는 후대의 사가들이 구분하기 위해 붙인 이름에 불과하다. 이어 견훤은 관부(官府)와 관직을 설치하여 국가체제를 확립했다.

이 무렵 양길(梁吉)의 부하였던 궁예(弓裔)도 자립하여 철원을 도읍지로 정하고 나라를 세워 고려라 칭했다. 이제 한반도는 백제, 고구려 그리고 이름뿐인 신라가 각축을 벌이는 이른바 '후삼국 시대'로 접어들었다.

이 때의 백제 영역은 동으로 지금의 경북 선산인 일선군(一善郡)에 이르렀고, 북으로는 고구려와 경계를 두었지만 아직 뚜렷한 대결 양상을 보이지는 않았다. 다만 백제와 고구려는 나주지역을 두고 다투었다. 궁예 휘하의 왕건(王建)은 912년에 수군을 동원하여 나주를 점령했으나, 견훤은 나주 인근지역을 점령하는 데 그쳤다. 이 때까지도 견훤은 여전히 북으로는 충청도지역으로 깊숙히 진출하지 못했으며, 남으로 광주 이남지역에 대한 지배권도 확고히 하지 못한 상황이었다.

결국 고구려에게 해상권을 빼앗긴 견훤은 방향을 돌려 낙동강유역으로 진출하는 데 전력할 수밖에 없었다. 그의 주된 공격목표는 지금의 합천인 대야성(大耶城) 일대였는데, 이 곳은 신라를 압박해 들어갈 수 있는 전략적 요충지임과 동시에 궁예의 고구려와는 전면전을 피할 수 있는 곳이었다. 견훤은 901년, 916년 두 차례의 공격에도 대야성을 장악하지 못하다가 921년 드디어 함락시켰다.

대야성을 차지한 것은 견훤의 백제로서는 그야말로 웅비의 기회였다. 그것은 왕건이 궁예를 몰아내고 집권에 성공한 이후의 정세변동을 반영한 것이기 때문이다. 왕건은 집권에 성공했지만 서해안 해상세력, 황해도 및 경기 북부의 일부 지역세력의 지지를 받았을 뿐이었다. 궁예정권 때의 중요 기반세력인 청주세력은 분열되어 있었고 그나마 반 정도는 왕건에게 반기를 들고 있었다. 때문에 궁예 지배하의 많은 지역은 관망하거나 견훤에게 귀순했다. 특히 충남의 공주, 홍성 등 10여 지역이 견훤에게 귀부해 왔다. 이처럼 왕건의 세력 판도는 궁예정권 때에 비해 크게 약화되고 위축된 상태였다.

바로 이 때 견훤은 경상도 일대에서 비약적인 성공을 거두었다. 대야성을 거점으로 924년 의성을 장악하고 안동마저 넘보고 있었다. 그 이듬해 12월에는 거창 등 20여 성을 장악했다. 경애왕 4년(927)에 문경, 영천을 차지하고 이어 신라의 왕도 경주를 기습하여 경애왕을 죽이고 경순왕을 옹립했다. 왕건은 견훤의 경주 공략에 위기의식을 절감하고 신라를 구원하기 위해 황급히 출동했으나 대구 공산(公山) 아래에서 백제군에게 참담한 패배를 맛보아야 했다. 이제 견훤에 의한 삼국통일은 시간문제인 것처럼 보였다.

　이렇듯 견훤은 고려의 내분이라는 정세변동을 이용, 후삼국의 주도권을 장악했는데, 이는 그가 힘을 앞세워 전쟁만 일삼았다는 통설과 달리, 탁월한 현실감각을 지닌 실용주의자였음을 보여 준다. ·

　견훤의 실용주의적 면모는 그의 관직에서 단적으로 드러난다. 무진주를 점령한 후 그는 왕을 자칭할 수도 있었지만 그렇게 하지 않았다. 이 때 그는 "신라 서남 도통, 지휘 병마 제치 지절 도독, 전·무·공등주군사, 행전주칙사, 겸어사중승, 상주국 한남군 개국공, 식읍 2천호(新羅西南都統指揮兵馬制置持節都督全武公等州軍事行全州勅史兼御史中丞上柱國漢南郡開國公食邑二千戶)라 자서(自署)했다."는 「삼국사기」의 기록처럼, 신라의 지방관을 자처했다. 전주에서 백제를 세우고 국가체제를 정비한 후에도 그는 이 직함을 그대로 사용했다. 이 같은 사정은 당시의 금석문에서도 찾아볼 수 있는데, 견훤의 지위를 '도통 태부(都統太傅)'라고 기록한 '옥룡사 동진대사 보운탑비문(玉龍寺洞眞大師寶雲塔碑文)'이 그것이다.

　견훤이 왕이라 칭하지 않고 신라의 지방관을 자처한 것은 그가 비록 신라에 반기를 들었지만 신라왕실의 권위나 체제를 부정하지 않았음을 의미한다. 신라체제를 부정하는 급격한 변화 모색은 민심이 반을 초래할 수도 있다는 사실을 견훤은 정확히 인식하고 있었기 때문이다. 결국 그는 신라체제를 인정하면서 자신의 세력확대를 도모하는 지극히 현실적인 정책을 구사했다.

　이처럼 견훤이 실용주의자였다는 것은 그가 신라의 관등체계를 그대로 사용한 데서도 알 수 있다. 기록이 없어 백제의 관직체계에 대해서는 자세히 알 수 없으나 그 휘하에 있던 신하들은 모두 이찬

(伊粲)·파진찬(波珍飡)·아찬(阿飡)과 같은 신라의 관등을 지니고 있다. 대부분의 논자는 이를 들어 견훤이 새로운 시대에 대한 비전을 제시하지 못한 채 현상유지에 집착했다고 비판하고 있다. 하지만 그들은, 새로운 사회에 대한 비전을 제시해 후삼국을 통일할 수 있었다고 그토록 칭송한 왕건의 경우도 신라의 관등을 그대로 채용한 점에 대해서는 유독 침묵하고 있다. 가령 왕건이 집권한 후 임명한 신하들은 어김없이 이찬·파진찬·중아찬·알찬(閼飡)·일길찬(一吉飡)과 같은 신라의 관등을 지니고 있다. 심지어 왕건은 조서를 내려 "이전의 임금이 신라의 품계·관직·군현의 명칭들이 모두 비속하다 하여 새 제도를 만들었는데, 여러 해를 통용했으나 백성들이 잘 알지 못했고 혼란을 일으켰다. 이제 이런 것들을 모두 신라제도로 다시 고쳐야겠다."고 천명했다. 즉 궁예의 반신라적 관직체계가 현실과의 괴리로 많은 부작용을 일으키자 실용주의자 왕건이 구체제 질서로 회귀시켰던 것이다. 사정이 이러한데도 왕건이 신라의 제도를 답습하면 현실적인 정책이 되고 견훤이 하면 퇴행적이라 비판하는 통설론자들의 견해는 견훤에 대한 이상한 편견의 산물일 뿐이다. 결국 신라의 관직체계를 채용한 것은, 견훤도 왕건과 마찬가지로 현상유지에 집착한 퇴행적인 인물이 아니라, 탁월한 현실감각을 지닌 실용적인 지도자였음을 입증해 주는 증거가 되는 것이다.

　견훤의 실용주의적 면모는 호족세력과의 정략결혼정책에서도 여실히 드러난다. 그는 혼인을 매개로 당시 역사의 주역인 호족세력의 지지를 확보하여 자신의 세력기반을 확대하려 했다. 문헌에서 이름을 확인할 수 있는 견훤의 아들은 신검(神劍)·양검(良劍)·용검

(龍劍)·금강(金剛) 외에 막내 아들 능예(能乂) 등 모두 5명에 불과하지만 실제로는 10여 명의 아들을 두었다고 한다. 딸로는 광주의 호족인 지훤(池萱)과 순천 호족인 박영규(朴英規)에게 각각 출가시킨 딸들과 애복(哀福)이라는 딸이 있었다. 이처럼 견훤의 슬하에는 10여 명의 아들과 3명의 딸이 확인된다. 이로 보아 견훤은 왕건의 경우보다 수는 적지만 스스로 각 지역의 유력한 호족의 딸들과 결혼을 했거나 자녀들을 혼인시켰음을 알 수 있다. 왕건처럼 견훤도 호족세력의 지지를 바탕으로 자신의 세력을 확대하기 위한 가장 확실한 방법, 정략결혼정책을 추진할 정도로 당시 정세를 이용할 줄 알고 있었던 것이다.

이렇듯 견훤은 탁월한 현실감각을 지닌 실용주의자였다. 그럼 그가 통념처럼 전쟁만 일삼고 정치적 식견이라곤 전혀 없는 무모한 인물로 그려지게 된 결정적인 계기, 경주 공격의 실체를 살펴보자. 「고려사(高麗史)」는 이 사건을 다음과 같이 기록하고 있다.

"견훤이 갑자기 신라 도성에 들어갔다. 이 때 신라왕은 왕비, 궁녀, 종척(宗戚)들과 함께 포석정에 나가 연회를 차려 즐겁게 놀고 있었는데 갑자기 적병이 왔다는 소식을 듣고 창졸간 어찌할 바를 몰랐다. 왕은 부인과 함께 달아나서 성 남쪽 별궁에 숨고 시종한 신하, 악공, 궁녀들은 모두 붙잡혔다. 견훤은 군사들을 풀어 크게 약탈했다. 자신은 왕궁에 들어 앉아서 측근들에게 왕을 찾아내게 하여 군중(軍中)에 두고 핍박하여 자살하게 하고 왕비를 강제로 욕보이고 그 부하들을 풀어 궁녀들을 간음하게 했다. 그리고 신라왕의 외종제 김부(金傅)를 왕으로 세우고 왕의 아우 효렴(孝廉)과 재상 영경(英

포석정　신라의 포석정 터. 이 곳은 신라 경애왕이 927년 연회를 베풀고 놀다가 견훤에게 잡힌 뒤 자결하여 신라의 패망을 재촉한 곳으로 유명하다.

景) 등을 포로로 하고 그 자녀들과 각종 장인들, 병기 및 보배들을 모조리 약탈하여 돌아갔다."

　이 기록에 따르면 견훤은 그저 약탈할 목적으로 한 나라의 수도를 침략한 것이 된다. 그러나 신라의 왕도를 점령하고도 단지 약탈을 목적으로 했기에 신라를 멸망시키지 않는 채 그냥 철수했다는 사실은 납득하기가 어렵다. 잘 알려진 대로 당시 견훤의 백제는 군사적으로 신라와 고려를 압도하던 최대 전성기를 구가하고 있었다. 이름뿐인 신라는 그만두고라도 고려 역시 당시에는 백제에 그다지 위협적인 존재가 되지 못했기에, 견훤이 마음만 먹으면 신라를 충분히 병합할 수 있는 상황이었다.

　사정이 이러한데도 견훤은 왜 신라를 병합할 절호의 기회를 포기한 채 새 왕 옹립에 만족하고 철수했을까?

　왕건이 집권한 후 신라는 친고려 정책을 쓰고 있었다. 그것은 백제와 달리 고려의 경우는 내분에 휩싸여 있어 신라에 그다지 위협적인 존재가 아니었기 때문이다. 경명왕에 이어 924년 왕위에 오른 경애왕은 노골적인 친고려 정책을 펼치었다. 가령 925년 백제와 고려가 화친을 맺자, 경애왕은 왕건에게 "견훤은 이랬다 저랬다 거짓이 많으니 화친할 수 없다."고 하면서 화친철회를 종용했다. 심지어 927년 1월에 왕건이 현재의 경북 예천인 용주(龍州)를 칠 때에는 구원병을 보내 고려군을 도왔을 정도였다. 당연히 최고 전성기를 구가하던 견훤으로서는 신라의 친고려 정책을 그대로 두고 볼 수 없었다. 때마침 견훤에게 절호의 기회가 왔다. 즉 경애왕의 친고려 정책에 반대하는 세력이 백제에 접근한 것이다. 견훤의 백제군이 경주 인근지역인 영천을 공격하자 고려에 원병을 요청하는 등 그 위급함을 알고 있었던 경애왕이 한가롭게 포석정에서 놀고 있다가 변변한 저항도 못한 채 붙잡혔고, 또 삽시간에 도성마저 함락당했다는 것은 정황상 도저히 이해할 수 없는 일이다. 이는 분명 신라조정 내부에 친백제 세력이 있어, 이들이 아무런 방비책을 세우지 못하도록 사전에 공작을 꾸몄음을 짐작케 하는 결과이다. 그리고 그 중심 인물이 이후 견훤에 의해 옹립된 경순왕이었을 것이다.

　당시 신라는 경순왕 이전 박씨가 3대에 걸쳐 왕위에 올랐다. 게다가 그 중 경애왕은 왕건을 왕도 경주로 초청할 정도였으니 언제든지 허울뿐인 신라왕실을 들어 고려에 귀부버릴 수도 있는 인물이었다. 자연히 지배층 내부에서는 이런 상황을 그저 바라만 보고 있지 않을 집단이 형성되었을 것이다. 그들은 경순왕을 중심으로 백제의 견훤을 끌어들여 신라왕실을 보존하려 했을 것이고, 이는 견훤의 경주 진입 사건으로 표면화된 것으로 추정된다. 견훤의 경주 인근지역 공격 사실을 인지하고 있었으면서도 경애왕이 아무런 방비책도 세우지 않고 한가롭게 놀고 있었음은 이런 추정을 입증해 준다. 이는 또한 신라의 친고려 정책에 불만을 가진 견훤의 이해와도 합치되는 것이었다. 신라의 지방관을 자처한 견훤은 신하로서 경애왕의 잘못된 정책을 바로잡는다는 명분을 가지고 있었다.

이런 사정을 어느 정도 입증해 줄 수 있는 기록이 「삼국사기」 견훤조에 실려 있다. 견훤이 왕건에게 보낸 조서가 그것인데, 내용은 이렇다.

"지난번 재상 김웅렴(金雄廉) 등이 그대를 경주로 불러들이려 한 것은 … 백성들을 도탄에 빠지게 하고 나라를 멸망시키는 것이다. 때문에 내가 먼저 일에 착수하여 홀로 정의의 도끼를 휘두르며, 모든 관리들에게 해를 두고 맹세하고 6부(六部)에 의로운 취지로 설유했는데, 뜻밖에 간신은 도망가고 임금은 세상을 떠났다. 그리하여 경명왕의 외종제인 헌강왕의 외손을 받들어 왕위에 오르게 한 것은 위태롭게 된 나라를 다시 세우고 없어진 임금이 있게 하기 위해서였다."

견훤의 증언에 따르면, 그의 경주 진입은 신라의 신하로서 간신 김웅렴 등이 왕건을 끌어들여 신라를 도모하려는 음모를 막기 위해서였다는 것이다. 즉 신라병합이 아니라 간신들로부터 신라왕실을 보호하기 위해 경주를 공략했다는 것이다. 그의 증언을 액면 그대로 받아들일 수는 없지만 그가 백제라는 한 나라의 지배자로 실제 군림

하면서도 신라의 지방관을 자처해 왔음을 볼 때, 근거없는 이야기로 치부해 버릴 수는 없다.

이 때 신라는 명색뿐이었지만 천 년의 역사를 지닌 나라였다. 그만큼 신라인들의 가슴 한 가운데에는 여전히 자부심이 강하게 남아 있었다. 때문에 신라병합은 곧바로 신라인들의 엄청난 반발을 가져올 수 있었다. 견훤은 이런 분위기를 간파하고 있었기에 새 왕을 옹립한 뒤에는 경주에서 철수했던 것이다.

그런데 이러한 견훤의 실용주의적 노선은 아이러니하게도 이후 그의 파멸을 가져온 원인이 되었다. 그의 파멸은 바로 호족세력을 포섭할 목적으로 추진한 정략결혼정책의 산물이었던 것이다. 견훤이 맏아들 신검을 제치고 금강을 후계자로 지목하자, 이복형인 신검 형제가 정변으로 대응했고, 백제는 파국으로 치달았다. 그러나 이것

금산사 미륵전　전북 김제 소재. 진표가 창건한 금산사는 당시 이 지역 미륵신앙의 중심지였고, 평소 미륵신앙에 애정을 갖고 있던 견훤에 의해 증창된 절이기도 하다. 아이러니하게도 견훤은 아들 신검에 의해 이 금산사 미륵전에 감금되었다가 탈출하여 왕건에 귀부했다.

이 견훤의 실정으로 부각되어 그의 무능력을 입증하는 증거로는 될 수 없다. 왜냐 하면, 이는 왕조국가 개창기에 으례히 존재해 온 현상이기 때문이다. 잘 알려진 대로 조선은 왕조 개창기, 그것도 태조 생존시에 왕위계승을 둘러싸고 두 차례 왕자의 난이 일어났다. 그러나 이 때문에 이성계가 부정적인 평가를 받고 있지는 않다. 고려도 왕건 사후이지만 왕위계승을 둘러싸고 왕자들 간 권력투쟁이 발생했다. 고려와 조선의 경우는 백제와 달리 적대국가가 존재하지 않는 상황이었기에 왕위를 둘러싼 내분이 국가 멸망으로까지 이어지지는 않았다. 즉 왕조국가 개창기 왕위계승을 둘러싼 왕실내의 내분은 견훤만의 문제가 아니었다는 것이다.

요컨대 견훤이 그 자신 신라의 지방관을 자처한 것이나, 신라의 관직체계를 그대로 채용한 것, 또 정략결혼을 통해 당시 역사의 주역인 호족세력을 포섭하려 한 것 등은 그가 탁월한 현실감각을 지닌 실용주의자였음을 보여 주는 사례들이다. 따라서 견훤이 정치적 식견이 부족한, 그야말로 힘을 앞세워 전쟁만 일삼은 무모하고 부도덕한 지도자였다는 통념은 견훤 죽이기에 앞장선 고려 초 역사가들이 만들어낸 견훤상을 답습한 결과에 불과하다.

미륵세계의 건설을 꿈꾸던 이상주의자

궁예

"건녕 1년(894) 궁예가 명주로 들어가서 무리 3500명을 모집하여 14대(隊)로 편성했다. 김대·검모·흔장·귀평·장일 등이 부장이 되어 사졸(士卒)들과 함께 고생과 즐거움을 같이하며 주고 빼앗는 일에 이르기까지 공평하여 사사롭게 처리하지 않았다. 이러므로 여러 사람들이 그를 마음 속으로 두려워하고 사랑하여 장군으로 추대했다."

—「삼국사기」 열전 궁예조

지금껏 궁예(弓裔)는 견훤(甄萱)보다도 부도덕한 인물로 알려져 왔다. 그것은 고려의 태조 왕건(王建)이 쿠데타를 통해 궁예로부터 국가권력을 빼앗았기 때문이다. 즉, 왕건의 권력찬탈 합리화에 궁예의 부정적 인물상이 필수적이었던 것이다. 궁예라는 인물 자체에도 신망을 잃을 만한 요소가 어느 정도 있었겠지만 역사는 항상 승리자들의 입장에서 쓰여지기에 그 정도가 훨씬 과장되었을 것이다. 그 결과 오늘날까지도 궁예는 역사상 가장 잔인한 폭군으로 각인되어 왔다.

그런데 "궁예는 … 사졸(士卒)들과 함께 고생과 즐거움을 같이하며 주고 빼앗는 일에 이르기까지 공평하여 사사롭게 처리하지 않았다. 따라서 여러 사람들이 그를 마음 속으로 두려워하고 사랑하여 장군으로 추대했다.”는 「삼국사기(三國史記)」 궁예조 기사는 궁예를 부하들로부터 추앙받던 지도자, 성군의 자질을 지닌 지도자로 그리고 있다.

궁예는 출생부터가 불운했다. 「삼국사기」는 그의 아버지를 신라 47대 헌안왕으로 적으면서 혹은 48대 경문왕이라고도 전한다. 일관(日官)은 궁예의 탄생이 기이하다 하여 기르지 말라고 왕에게 진언했다고 한다. 왕은 일관의 말에 따라 궁예를 죽이려 했지만 여종의 도움으로 목숨만은 부지할 수 있었다. 이는 그가 출생시에 왕위계승을 둘러싼 권력투쟁의 대상이 되었음을 뜻하는 것이다. 이후 여종은 숨어 고생하면서 궁예를 길렀다고 한다.

소년시절 궁예는 강원도 영월에 있는 세달사(世達寺)에 출가함으로써 사회에 첫발을 내딛었다. 그는 이 곳에서 선종(善宗)이라는 법명으로 승려생활을 했다. 하지만 교리연구나 수도에는 관심이 별로 없었고, 계율을 어기는 생활을 일삼았을 뿐만 아니라 기상이 활발하고 담기(膽氣)가 있었다고 한다. 이는 그가 일반 승려와 달리, 현실의 정치·사회적 문제에 보다 관심을 가지고 있었음을 말해 준다. 이런 궁예는 신라 진성여왕 5년(891)에 나라가 혼란스럽자 서슴지 않고 승려의 옷을 벗어던지고 반란세력에 가담했다.

그는 처음에 기훤(箕萱)의 수하에 있었으나 기훤이 자신을 중용하지 않자 양길(梁吉)의 수하로 들어갔다. 그 후 진성여왕 8년(894)에 현재의 강릉인 명주(溟州) 일대를 점령하고 장군(將軍)으로 추대됨으로써 웅비의 기회를 얻었다. 「삼국사기」 궁예조는 그 과정을 이렇게 적고 있다.

“건녕(乾寧) 1년(894) 궁예가 명주로 들어가서 무리 3500명을 모집하여 14대(隊)로 편성했다. 김대(金大)·검모(黔毛)·흔장(昕長)·귀평(貴平)·장일(張一) 등이 부장(部長)이 되어 사졸(士卒)들과 함께 고생과 즐거움을 같이 하며 주고 빼앗는 일에 이르기까지 공평하여 사사롭게 처리하지 않았다. 이러므로 여러 사람들이 그를 마음 속으로 두려워하고 사랑하여 장군으로 추대했다.”

그가 장군으로 추대되었다는 사실은 양길의 휘하에서 벗어나 독자적인, 그것도 상당한 세력을 형성한 사정을 반영한 것이다. 신라 말 호족들이 장군의 칭호를 사용한 것은 기록상 궁예가 처음이다. 20여 년 후인 경명왕 6년(922)부터는 그러한 사례가 자주 보이는데, 신라에서 장군은 진골귀족이 독점하는 직위였기 때문에 궁예가 장군으로 추대되었다는 것은 이미 상당한 세력기반을 가졌음을 의미하는 것이다.

이렇듯 궁예는 반란세력에 가담한 지 불과 3년 만에 뛰어난 정치감각과 군사능력으로 반란세력의 주요 지도자로 성장하게 되었다. 물론 여기에는 신라의 왕자출신이라는 그의 출신성분도 어느 정도 영향을 미쳤을 것이다. 당시는 극도의 혼란기였기 때문에 왕자출신인 그가 군사력만 소유한다면 왕도 될 수 있으리라 추종자들이 판단했을 것이기 때문이다.

장군으로 추대된 후 궁예는 공격방향을 서쪽으로 돌려 인제·화천·금화·철원 등을 차례로 복속, 신라의 동북지역을 장악했다. 진성여왕 10년(896)에는 왕건의 아버지 왕륭(王隆)이 귀순해 왔는데, 왕륭의 귀부는 단순히 한 호족의 귀순에 머무는 것이 아니었다. 왕

릉은 패서(浿西), 곧 예성강 서쪽지역의 핵심이었던 송악(松岳)출
신으로, 그의 귀부는 패서지역 호족세력들의 연이은 귀순에 신호탄
으로 작용했다.

　898년에는 패서지역 대호족이었던 평산(平山) 박씨세력마저 궁
예에 귀부해 왔다. 「조선금석총람(朝鮮金石總覽)」 박경인 묘지(朴
景仁墓誌)는 평산 박씨 집안이 그 선조 적오(赤烏) 때에 평산에 들
어와 패서지역의 십곡성(十谷城) 등 13성을 장악하고 있었음을 전
하고 있다. 그 후손인 박직윤(朴直胤)은 고구려의 장군직명인 대모
달(大模達)을 자칭하고 있었는데, 이는 그가 고구려 유민을 대변하
는 세력임을 말하는 것이다. 패서지역의 대호족 그것도 고구려계를
대변하는 평산 박씨세력이 궁예에 귀순한 이유도 왕릉과 마찬가지
였다. 즉 궁예와 직접 싸우기보다는 타협을 통해 이 지역에서 자신
들이 누리고 있던 기득권을 보장받으려는 이유였다. 이로써 패서지
역은 궁예의 영향권 안으로 들어 왔고, 궁예는 비로소 나라를 세울
만한 세력기반을 확보하게 되었다. 「삼국사기」에 따르면, 이 때 궁
예가 이미 관직을 설치하기 시작했다고 한다. 하지만 아직까지는 건
국의 구상단계에 불과한 것이었다. 궁예는 늘어난 세력을 기반으로
효공왕 2년(898)에 패서도(浿西道)와 한산주(漢山州) 관할의 30여
주를 취했다. 이듬해에는 현재의 원주인 북원(北元)을 중심으로 한
반도 중부에서 대세력을 형성하고 있던 양길과 겨루어 승리했다. 양
길을 격파함에 따라 궁예는 남쪽으로 세력을 확장할 수 있는 기회를
마련했다. 그는 900년에 광주(廣州)와 당성(唐城 : 남양)을 점령하
여 한강 하류지역을 확보하고, 나아가 남한강 유역의 요지인 충주와

그 인근지역마저 수중에 넣음으로써 후삼국 쟁탈전에서 유리한 위치를 점하게 되었다.

이런 성과들을 바탕으로 효공왕 5년(901)에 궁예는 왕을 자칭하고 나라 이름을 고려라 했다. 신라의 왕자출신임에도 국호를 고려라 한 이유는 그의 세력기반이 옛 고구려 지역이기 때문이었다. 이 지역 고구려계 유민의 지지를 확보하기 위해서는 고구려를 계승하는 의미의 '고려'라는 국호가 유용했던 것이다.

그러나 그는 나라를 세운 지 3년 만에 수도를 송악에서 철원으로 옮겼다. 그것도 1년 전부터 후보지를 물색한 결과 단행한 천도였다. 천도 문제는 궁예의 몰락은 물론 그 후 그가 폭군으로 규정된 원인과도 밀접한 관련이 있다.

「고려사(高麗史)」 태조조는 궁예의 철원 천도 이유를 추측할 수 있는 기사를 전하고 있다.

"왕릉은 그 때 송악군 사찬(沙湌)으로 있었는데, 건녕 3년(896)에 자기 고을을 궁예에게 바치니 궁예가 크게 기뻐하여 그를 금성(金城)태수로 삼았다. 왕릉이 궁예를 달래어, '대왕이 만일 조선·숙신·변한지역에서 왕이 되려 한다면 먼저 송악에 성을 쌓고 나의 장자를 그 성주로 삼는 것이 가장 좋다.'고 말했다. 궁예가 그 말을 쫓아 왕건을 시켜 발어참성(勃禦塹城)을 쌓게 하고 이어 그를 성주로 삼았으니 그 때 태조의 나이가 20세였다."

이에 따르면 패서지역 호족세력은 아무런 조건 없이 궁예에게 귀순한 것이 아니었다. 왕릉의 경우 자신의 연고지인 송악에 대한 기득권 유지 및 강화를 협력의 조건으로 내세웠고, 평산 박씨세력 또한 이와 마찬가지였다. 앞의 박경인 묘지는 평산 박씨가 궁예에 귀순한 이후 그 자손이 크게 번창했다고 적고 있다. 이는 아직 패서지역에서 독자적인 세력을 갖추지 못했던 궁예가 그들의 기득권을 인정해 주었음을 말하는 것이다. 이렇듯 궁예의 건국은 고구려계 유민을 대변하는 왕륭 등 패서지역 호족세력과의 연합을 통해 이루어졌다. 「삼국사기」효공왕 2년조의 "궁예가 패서도와 한산주 관내 30여 성을 취했다. 이로 인해 궁예는 비로소 송악군에 도읍했다."는 기사에서도 그런 사정을 확인할 수 있다.

궁예의 건국 이후에도 고구려계 호족세력은 여전히 독자 세력을 유지하며 패서지역에서 강력한 영향력을 행사하고 있었다. 실제로 철원으로 천도한 다음 해인 905년에야 비로소 행정구역 정비가 가능했을 정도로 패서지역은 호족들의 세력이 강했다. 하기에 궁예는 철원으로 수도를 옮김으로써 이들 세력을 떠나 자신의 독자 세력을 갖추려 한 것이다.

철원의 궁예궁 터　901년 고려를 세운 궁예가 3년 만에 송악에서 이 곳 철원으로 천도한 것은 중앙집권정책을 통해 왕권을 강화하기 위한 조치였다. 송악은 자치지향적인 고구려계 호족세력의 아성이었기에 궁예의 왕권강화책에는 부적합한 곳이었다.

「삼국사기」 궁예조는 궁예가 904년 7월에 청주민 1천 호(戶)를 철원으로 이주시키고 그 다음 해에 수도를 송악에서 철원으로 옮겼다고 적고 있다. 이런 사민(徙民) 조치에는 천도와 관련된 궁예의 정치적 의도, 즉 중앙집권정책을 통한 왕권강화 의지가 강하게 반영되어 있다.

궁예는 903년 천도를 결정한 후 중앙집권체제를 수립하기 위한 일련의 조치들을 취했는데, 904년에 신라의 제도를 모방하여 관제(官制)를 정비하고 국호를 마진(摩震)으로 고친 것이 그것이다. 국호를 마진으로 고친 것은, 애초에 고구려계 유민의 지원을 얻기 위해 사용한 고려라는 국호로는 왕권강화라는 그의 의도를 관철할 수 없었기 때문이다. 또 중앙집권적인 신라의 관제를 따른 것이나 고구려계 유민의 중심지였던 송악을 떠나 철원으로 천도한 것 등도 옛 고구려 지역의 자치지향적인 호족세력과의 연합을 청산하고, 독자 세력을 기반으로 중앙집권책을 추진해 왕권을 강화하려는 의도였다. 이는 궁예가 청주민을 새 수도 철원으로 옮긴 정치적 목적이 철원을 자신의 독자적인 세력기반으로 만들려는 데 있었음을 말해 준다.

그렇다면 그는 왜 가까운 지역의 민호(民戶)가 아니라 멀리 떨어진 청주민들을 철원으로 이주시켰던 것일까? 이에 대한 해답은 바로 청주의 인적구성에서 찾을 수 있다. 신라의 수도인 경주는 국토의 중심이 아니라 동남쪽에 치우쳐 있어 지방통치에 불리한 지역이었다. 그 보완조치로 신라는 지금의 김해·충주·원주·청주·남원 등 전국의 주요 지역에 5소경을 설치하고, 경주의 진골이나 6두품 출신 귀족세력을 그 곳으로 이주시켜 이들을 통해 중앙집권체제를 유지해 왔다. 하기에 신라 5소경의 하나였던 청주는 옛 신라세력이 강한 지역이었다. 신라의 왕자출신이라는 궁예의 출신배경은 청주의 바로 이런 점과 맞아떨어졌다. 이후 청주세력은 궁예정권 아래서 요직을 독차지해 마치 궁예세력의 온상과도 같았다고 한다.

때문에 쿠데타를 일으킨 왕건이 청주인들의 반란을 두려워해 즉각 조치를 취한 것은 당연하다 할 것이다. 「고려사」 견금(堅金)조에는 이런 기사가 있다.

"견금은 청주사람으로 그 고을의 영군장군(領軍將軍)으로 있었다. 태조는 즉위한 후 '청주사람들은 변심하는 일이 많으니 제때에 방비하지 않으면 반드시 후회가 생길 것이다.'라고 생각해서 그 고을사람 능달(能達)·문식(文植)·명길(明吉) 등을 보내어 엿보게 했다. … 견금 등이 대답하기를, '저희들의 충직한 마음을 피력하고자 이해관계를 말씀드린 것이 도리어 무고하고 참소한 것처럼 되었으나, 이것을 죄로 삼지 않으시니 은혜가 막대합니다. 일편단심으로 보국을 맹세합니다. 그러나 고을사람들이 저마다 각자의 뜻을 품고 있으니 만약 난리가 난다면 제지하기 어려울 것 같습니다. 청컨대 관군을 파견하여 성원하여 주십시오.'라고 했다. 태조는 이 말을 옳게 여기고 마군(馬軍)장군 홍유(洪儒), 유검필(庾黔弼) 등을 파견하여 병사 1500명을 인솔하고 진주(鎭州)를 지킴으로써 이를 방비했다. 얼마 되지 않아 도안군(道安郡)에서 아뢰기를, '청주가 비밀히 백제와 내통하니 장차 반란을 일으킬 것이다.'고 했다. 태조는 또 마군장군 능식(能植)을 파견하여 군대를 거느리고 가서 진무하게 했다. 이렇게 되어 반란을 일으키지 못했다."

왕건은 쿠데타로 정권을 장악한 후 궁예의 세력기반인 청주에서 반란이 일어날 것을 우려해 감시하게 하고 군사를 보내 방비하게 한 것이다. 그러나 태조의 이런 조치에도 불구하고 청주세력은 기어이 모반사건을 일으키는데, 태조 1년(918) 9월 임춘길(林春吉) 주도의 모반사건과 10월의 진선(陳宣)·선장(宣長) 형제의 모반사건이 그 것이다.

왕건의 주요 세력이 자치지향적인 호족세력이었다면, 궁예의 주요 세력은 청주세력 같이 중앙집권 지향적인 신라계 세력이었다. 그 단적인 사례가 명주의 김순식(金順式) 세력이다. 명주는 궁예가 장군으로 추대되었던 곳이기도 한데, 그가 장군으로 추대될 수 있었던 것은 당시 명주의 세력가였던 김순식의 후원이 있었기에 가능했다. 즉 궁예는 불과 600명의 군사를 이끌고 명주에 들어갔으나 이 곳에서 김순식의 지원을 받아 1년이 안 되는 기간에 군사의 수를 3500명으로 늘릴 수 있었고, 그 자신도 장군으로 추대받아 자립할 수 있었다. 또한 「고려사」 왕순식조에 따르면, 즉위 후 왕건이 김순식에게 왕씨 성을 내렸으나 그는 11년 동안이나 왕건에게 귀순하지 않고 적대적인 태도를 취했다고 한다.

이렇듯 궁예는 철원천도를 결정한 후 그 주요 세력기반을 진골 등 경주출신의 귀족으로 삼았다. 이는 그들이 고구려계 유민을 대변하는 호족세력과는 달리 중앙집권 지향적이었기 때문이다. 이는 또한 신라의 왕자출신이라는 궁예 자신의 출신배경과도 어울리는 것이었다.

궁예는 또 무태(武泰)라는 자주적인 연호를 사용했는데, 이는 신라가 당나라에 사대하면서 독자적인 연호 사용을 포기한 이래 처음 있는 일이었다. 잘 알려진 대로 우리역사에서 독자적인 연호를 사용한 것은 국가의 대외적인 자주성을 나타내는 동시에 대내적으로 중앙집권을 통한 왕권강화를 지향한다는 의미도 지니고 있었다.

천도, 국호 개명, 독자적인 연호 사용 등 중앙집권체제를 지향하는 조치를 연이어 취한 궁예는 이에 내실을 기하기 위해 제도정비에 착수했다. 즉 광평성(廣評省)을 비롯한 18개의 주요 부서를 설치하는 동시에 정광(正匡) 이하 9품계의 관등(官等)을 마련했다. 또한 905년에는 패서지역에 13진(鎭)을 설치하는 등 지방제도도 정비했다.

이러한 조치들은 이전의 고구려계 호족세력의 기득권을 인정하면서 그들과 연합정권을 수립하던 형식에서 벗어나 강력한 왕권을 중심으로 한 중앙집권국가를 만들기 위한 것이었다.

그럼에도 왕권강화는 궁예에게 아직 먼 이야기였다. 계속되는 일련의 조치들이 이를 반증해 준다.

궁예는 911년에 나라 이름을 태봉(泰封)으로 또 다시 바꾸었다. 이 무렵 순군부(徇軍部)와 내군(內軍)이 새로 설치되었는데, 이 중 순군부의 설치는 병부가 군사업무를 독점함으로써 야기될 수 있는 왕권에 대한 위협을 예방하려 한 조치로 보인다. 「고려사」 환선길(桓宣吉)조에 따르면, 순군부는 병권(兵權)인 군령권(軍令權)을 관장하는 기관이었다. 이제 기존의 병부는 일반적인 군사업무인 군정(軍政)만 담당하는 것으로 그 권한이 축소되었을 뿐만 아니라 순군부의 통제까지 받게 되었다. 이는 순군부의 관부서열이 제4위인 병부보다 위인 제3위인 것으로 보아 그러하다. 친위군인 내군 설치도 순군부의 연장선에 있었던 것으로 보인다. 「고려사」 태조 원년조 기사에 따르면, 내군장군 은부(狄鈇)는 참소를 자주 행하여 무고한 사람들에게 죄를 씌웠다고 한다. 은부가 궁예의 신임을 받은 인물이라는 점에서 그의 참소행위는 곧 군 내부의 반역 움직임을 적발했음을 시사하는 것이다. 이처럼 내군 역시 군부를 보다 강력하게 통제하려는 필요에서 설치된 기관이었다. 그리고 왕의 근시기구(近侍機構)로서 인사권을 관장하던 내봉성(內奉省)이 관부서열 제9위에서 제2위로 승격되었다는 것도 그 정치적 비중이 신장되었음을 뜻한다. 이제 궁예는 내봉성을 통해 본격적으로 인사권을 행사할 수 있게 되었고, 그것은 왕권이 보다 강화되었음을 말해 준다.

계속되는 궁예의 왕권강화책은 미륵신앙에서 정점을 이룬다. 「삼국사기」 궁예조의 "궁예는 미륵불을 자칭하여 머리에 금책(金幘)을 쓰고 방포(方袍)를 입고, 맏아들은 청광보살(靑光菩薩), 둘째 아들은 신광보살(神光菩薩)이라 했다."는 기사에서 보듯 궁예는 이 세상에 하생한 미륵불로 자칭하고, 두 아들과 함께 미륵삼존불(彌勒三尊佛)을 표방했음을 알 수 있다. 이는 궁예가 표현상으로나마 미륵세계, 즉 이상세계를 건설했음을 선언한 것이었다.

또한 「삼국사기」 궁예조에 따르면, 궁예는 "외출할 때 반드시 백마를 타고 채색비단으로 말갈기와 꼬리를 장식했고, 동남동녀(童南童女)를 시켜 깃발·양산·향화(香花)를 받들고 앞에서 인도하게 했다. 또 비구 200여 명을 시켜 범패(梵唄)를 부르며 뒤를 따르게 했다."고 한다. 이런 광경은 마치 미륵불이 용화수(龍華樹) 아래에서 행한 3회의 설법 장면을 연상케 한다. 「불법미륵하생성불경(佛法彌勒下生成佛經)」에 따르면, 3회의 설법 때에는 길거리에 갖가지 번개(幡蓋)를 세우고 여러 가지 향을 태워 그 연기가 구름 같으며, 제석(帝釋)은 여러 천왕(天王)과 함께 불덕(佛德)을 노래로 찬양하고, 하늘의 꽃들이 비오듯 뿌려 부처님을 공경한다는 것이다. 이 3회의 설법으로 미륵불은 많은 중생을 구제하며 그들과 함께 기도굴출(耆闍崛出)에 올라 산봉우리를 손으로 깨면 그 속에서 대가섭(大迦葉)이 나타나고, 그 대가섭이 석가의 승가이의(僧伽梨衣)를 미륵에게 바치게 되면 모든 사람이 평등하고 온갖 고통으로부터 해방되는 이상세계가 펼쳐진다는 것이다. 따라서 궁예가 백마를 채색비단으로 장식한 것이나, 동남동녀로 하여금 깃발·양산·향화를 받들게 한 것이나, 비구에게 범패를 부르게 한 것은 이상세계의 실현을 선언한 것에 다름 아니다.

그렇다면 궁예는 왜 미륵불을 자처하고 자신의 왕국을 미륵세계라고 선언했을까?

불교에서는 미륵 출현 이전의 세계를 말법(末法)사회라고 한다. 말법시대란 백성들이 빈궁하여 절도하고, 그것을 계기로 살인과 전쟁·죄악·배신이 난무하면서 자연 인간의 수명까지 단축되는 극도의 혼란기이다. 신라 하대(下代)에는 말법사상이 크게 유행하고 있었다. 진성여왕은 각간(角干) 위홍(魏弘)에게 향가집 「삼대목(三代目)」을 편찬하게 했는데, 그것은 그들이 상대·중대·하대의 3대 중 하대에 살아간다는 말법의식을 나타낸 것이다.

이런 사정은 최치원(崔致遠)이 '봉암사 지증대사 적조탑비(鳳巖

寺智證大師寂照塔碑)'에서 신라 불교사를 시대구분하여 헌덕왕대
(809~825) 이후 자신이 사는 시기를 제3기로 파악하고 있는 것과
도 연결된다. 말법의식은 9세기 말 선사(禪師)들의 비문 속에 보다
뚜렷하게 나타나는데, 지증대사비에 따르면 지증대사가 하생한 미
륵불로 칭송받기도 했다.

　실제 신라 말은 극심한 혼란기였다. 진성여왕 때부터 전국적으로
농민봉기가 빈발했고 곧이어 신라는 후삼국으로 분열되었다. 이 때
는 삼국 간 영토가 수시로 바뀔 정도로 항상적인 전쟁상태였다. 따
라서 백성들 사이에는 미륵이 출현하여 극도로 혼란한 사회를 종식
하고 이상세계를 실현시킨다는 내용의 미륵신앙이 유행했다. 궁예
가 미륵불을 자처한 데에는 이런 배경이 작용했던 것이다.

　궁예는 미륵관심법(彌勒觀心法)을 내세워 자신의 왕권강화에 반

궁예 미륵
경기 안성 소재. 궁예는 스스로 미륵불이라 칭하고 자신의
왕조를 이상사회인 미륵세계라 선언했다.

대하는 자치지향적인 호족세력을 숙청하거나 그럴 가능성이 있는 세력의 출현을 억제하고자 했다. 궁예가 모반의 혐의를 씌워 호족세력의 대표격인 왕건을 제거하려 했던 것이 그 단적인 사례인데, 궁예는 이 때 미륵관심법으로 왕건의 모반을 밝혀낼 수 있다고 내세웠었다.

마침내 궁예는 속세의 왕조체제에 불과한 태봉왕조를 이상사회인 미륵세계라 선언하기에 이른다. 이처럼 궁예는 지상에 이상사회의 도래를 약속하는 메시아니즘인 미륵신앙마저도 왕권강화를 뒷받침하는 사상으로 이용했던 것이다.

그러나 궁예의 중앙집권정책은 당시의 정치상황에서는 조급한 것이었다. 독자적인 군사력을 보유했을 뿐만 아니라, 중앙관제를 모방한 독자적인 지배기구를 설치하여 관할지역내의 지방민을 사실상 통치하고 있던 호족들이, 연합하여 궁예정권에 대항할 경우 궁예는 곧바로 무너질 수도 있었다. 예컨대 왕건이 스스로를 사위라 낮추며 여러 지역 호족세력과의 정략적인 혼인정책을 추진한 이면에는 호족의 지지없이는 국가 유지가 어렵다는 엄연한 현실이 존재했던 것이다. 고려의 중앙집권체제 정비가 건국된 지 반 세기가 훨씬 지난 성종(981~997) 때에 와서야 비로소 일단락되었다는 사실은 그만큼 호족세력의 기반이 강력했음을 입증해 주고 있다.

하기에 궁예의 중앙집권책은 그 시도 과정에서 강력한 저항에 직면했을 것이다. 반궁예 세력의 구체적인 움직임과 관련해서는 패서지역인 신천(信川)출신의 왕후 강씨(康氏)가 주목된다. 「삼국사기」궁예조는 부인 강씨가 궁예에게 비법(非法)을 많이 저질렀다고 간

언한 죄로 죽임을 당했다고 적고 있다. 궁예는 이에 그치지 않고
자신이 신격화시켰던 두 아들마저 살해해 버렸다. 여기서 궁예가
행했다는 비법의 내용이 구체적으로 무엇인지는 알기 어렵다. 그러
나 궁예가 자신을 비판했다는 이유만으로 부인과 두 아들을 살해하
지는 않았을 것이다. 아들 둘 다 아직 어렸고, 그 중 한 사람은 이
미 태자로 책봉된 상태였음을 고려하면 더욱 그렇다. 앞서 말한 대
로, 궁예의 건국에는 패서지역 호족들의 지원이 결정적이었고, 그
들이 궁예에 협력했던 것은 자신들의 기득권을 확대하기 위한 것이
었다. 그런데 궁예가 철원으로 환도하고, 중앙집권 지향적인 청주
세력을 중용함에 따라 패서 호족들의 영향력은 감소할 수밖에 없었
다. 자연 이들의 불만은 고조되었고, 패서 세력은 그 대표적인 인물
인 왕후 강씨를 중심으로 결집, 두 아들을 내세워 궁예에 도전했을
것이다. 그 때문에 왕후 강씨는 물론 두 아들마저 죽음을 당한 것
으로 추정된다.

　이후 궁예의 탄압은 한층 강화되었지만 반궁예 세력의 저항은 결
코 무력화되지 않았다. 그들의 최후 반격이 바로 왕건의 정변이었
다. 장군 홍유 등이 왕건을 추대하여 정변을 일으킨 본질적인 이유
는 단지 궁예의 폭정 때문이 아니라 자신들의 독자적인 세력을 유지
하려는 데에 있었다. 향후 왕건이 자신의 재위기간 내내 호족세력의
기득권을 철저히 보장해 주었음을 고려하면 이는 쉽게 납득할 만한
일이다.

　요컨대, 궁예는 호족들의 기득권을 인정하지 않는 중앙집권책을
통한 왕권강화를 추진하다가 호족들의 이익을 대변하던 왕건에 의

해 축출당하고 말았다. 그 후 왕건과 그 추종자들은 자신들의 쿠데
타를 정당하기 위해 궁예의 이미지를 아내와 자식마저도 죽인 폭군
으로 그리게 되었다. 오늘날 우리에게 알려진 왜곡된 궁예상은 이렇
게 만들어진 것이다.

왕건

"혜종 · 정종 · 광종 세 임금이 왕위를 계승한 초년에는 모든 일이 안정되지 못하여 양경(兩京 : 개경과 서경)의 문무관리들이 절반이나 살해당했습니다."

—「고려사」 열전 최승로조

그렇다면 모든 기록 속에 오직 정의를 위해 행동하는 인물이자 세상의 모든 이치를 꿰뚫은 현인으로 묘사되어 있는 왕권의 실체에 접근해 보자.

「고려사(高麗史)」의 왕건에 대한 기록은 그 시작부터가 남다르다. 이에 따르면, 왕건은 후삼국 통일이라는 위대한 업적을 이룰 운명을 타고 났다. 왕건의 할아버지 작제건(作帝建) 이전의 집안 내력은 명확하지 않다. 작제건의 어머니는 즉위하기 전에 송악(松嶽) 근처에 놀러 온 당나라 황제와 관계하여 그를 낳았다고 한다. 작제건은 성장한 후 아버지를 찾아 당나라로 가다가 용왕의 딸과 혼인해 돌아왔고 그 사이에 아들 넷을 두었는데, 장남이 바로 왕건의 아버지인 용건(龍建)이다. 이런 내력으로 용건의 아들인 왕건 역시 용으로 묘사된다. 당연히 왕건의 후손도 용손(龍孫)이 된다. 흔히 군주(君主)는 용에 비유된다. 임금의 얼굴을 용안(龍顏)이라 하며, 임금의 옷에는 용을 새기고 이를 곤룡포라 한다. 이러고 보면 왕건이 용손이란 것도 실상 그가 즉위한 후 자신의 집안을 미화시키기 위해 만들어 낸 이야기에 불과하다.

이렇듯 왕건의 집안 내력은 신비화되어 있거나 미화되어 그 참모습을 찾기 어렵다. 현재 확인 가능한 정보는 그의 집안이 아버지 때에 이르러서 송악을 지배하는 호족이 되었다는 정도이다. 하지만 송악 이 외의 지역에까지 그 세력이 미칠 정도로 크지는 못해, 궁예의 영향력이 송악에 미치게 된 다음에는 왕건의 아버지가 자진하여 궁예에게 귀부했다. 그 대가로 왕건의 아버지는 철원의, 왕건은 현재의 금화인 금성(金城)의 태수가 되었다.

그런데 궁예가 왕건 부자를 각각 철원과 금성에 태수로 임명했다는 사실은 궁예가 그들을 중용했음을 의미한다. 철원과 금성은 궁예의 세력기반 가운데 중심되는 지역이었기 때문이다. 이는 왕건 부자가 단순한 호족이 아니라 당시 송악 일대, 즉 패서지역의 유력한 호족출신이었음을 반증한다. 잘 알려진 대로 왕건 집안은 그 선대부터 해상무역에 종사했고, 이를 통해 상당한 부(富)를 쌓았다. 궁예가 왕건 부자를 우대한 것은 무엇보다도 그들의 경제력을 자신의 기반으로 삼고자 함에서 비롯된 것이다. 여하튼 왕건이 아버지 용건을 따라 궁예에게 귀부한 것은 그의 인생에 중대한 전환점이 되었다. 이 때 그의 나이 약관 20세에 불과했다.

왕건 부자는 장사꾼답게 궁예와의 만남을 출세의 호기로 삼았다. 용건은 궁예를 설득하여 자신의 세력기반인 송악으로 천도하게 했을 뿐 아니라 그 곳 태수로 왕건이 임명되도록 했다. 그 결과 왕건은 궁예 휘하에서 출세가도를 달렸다. 현존하는 모든 기록이 그를 중심으로 미화한 기록들이라 궁예의 영토확장은 온통 왕건의 혁혁한 전공 때문인 것으로 되어 있다. 물론 왕건이 뛰어난 야전사령관으로서 영토를 넓히는 데 많은 공을 세운 것도 사실이다. 육전에서의 활약도 뛰어났지만 해상세력 출신답게 그는 해전에서 눈부신 성과를 거두었다.

왕건은 궁예 휘하에서 수군의 지휘권을 장악해 백제를 견제하는 중책을 맡게 되는데, 여기에 만족하지 않고 독자적인 세력기반을 구축하려 했다. 즉 정주의 유천궁(柳天弓)이나 나주의 오다련군(吳多憐君) 등 서해안 일대의 해상세력을 자기 세력화하려 했던 것이다. 궁예는 이를 방지하고자 913년 나주에 있던 왕건을 불러 시중에 임명하고 그에게 내지의 일을 맡겼다. 그러나 상황은 궁예의 뜻대로 되지 않았다. "수군에 관한 일은 모두 부장 김언(金言) 등이 맡아서 하되 출정할 일이 있을 때에는 태조에게 먼저 의논하고 행하였다."는 「고려사」 기록이 입증하듯 왕건은 이미 백관을 통솔하며 조정의 모든 업무에 깊숙히 관여할 수 있는 위치에 있었던 것이다.

궁예가 905년 도읍을 송악에서 철원으로 천도한 것은 이런 고구려계 호족세력의 아성인 송악에서 벗어나 왕권을 강화하기 위한 조치였다. 천도 후 광평성(廣評省)을 비롯한 18개의 주요 부서를 설치하는 동시에 지방제도도 정비했고, 순군부(徇軍部)와 내군(內軍)을 설치했다. 순군부의 설치는 병부가 군사업무를 독점함으로써 야기될 수 있는 왕권에 대한 위협을 예방하는 조치였고, 친위군인 내군의 설치도 순군부의 연장선에 있었다. 이는 곧바로 자신의 기득권

상실을 우려한 자치지향적인 호족세력의 반발을 가져왔다. 자연 궁예는 호족세력을 탄압할 수밖에 없었다. "태조의 지위가 백관의 우두머리가 되었다. 하지만 그것은 원래 태조의 본의가 아니고, 또 참소를 두려워하여 그 지위에 있기를 즐겨하지 않았다."는 「고려사」 기사처럼, 2인자인 왕건도 예외일 수는 없었다. 이렇게 되자 왕건은 나주의 불안한 정세를 빌미로 궁예에게 다시 나주로 보내줄 것을 요청했다. 궁예는 그의 요청을 받아들여 914년 그를 시중직에서 해임하고 수군 사령관으로서 나주로 가도록 명령했다.

이후 왕건은 작전을 성공적으로 마무리하고 철원으로 돌아왔다. 그 사이 철원에서는 반역자 색출이라는 명분하에 많은 관리들과 장군들이 희생당하고 있었다. 그 화가 돌아온 왕건에게도 미치었지만 가까스로 목숨을 부지해 또 다시 나주로 내려갔다. 915년에는 왕후 강씨(康氏)가 궁예의 숙청작업을 만류하다가 두 아들과 함께 살해당하는 사건이 일어났다. 당시는 고구려계의 아성인 패서지역의 호족에 대한 숙청작업이 진행되었던 것으로 추정되는데, 왕후는 그 희생물이었다. 계속해서 궁예는 대대적인 숙청을 단행했고, 이 과정에서 왕건의 추종자들도 심각한 타격을 입었을 것이다.

그러나 왕건은 결코 좌절하지 않았다. 그는 어떠한 상황에서도 본심을 드러내지 않고 인내하면서 때를 기다릴 줄 아는 인물이었다. 그가 나주에 머물렀을 때 오씨 집안의 한 여자와 잠자리를 같이 한 적이 있는데 그녀의 집안이 그리 대단치 않음을 알고 임신을 원치 않아 요 위에 사정해 버린 일은 그가 얼마나 무서운 자제력의 소유자였는지를 말해 준다.

「고려사」는 홍유(洪儒)·배현경(裵玄慶)·신숭겸(申崇謙)·복지겸(卜智謙) 등과 부인 유씨(柳氏)의 권유로 왕건이 마지못해 거사에 응한 것으로 기록하고 있다. 하지만 실상은 왕건이 정변을 주도했을 가능성이 농후하다. "여러 장수들이 왕건을 옹위하고 나오면서 사람을 놓아 말을 달리며 외치기를, '왕공이 벌써 의기(義旗)를 들었다.'고 했다. 이 때 분주히 달려와서 함께 참가한 자들이 이루 셀 수가 없었고 먼저 궁문으로 와서 북을 치고 떠들면서 기다리는 자도 만여 명이나 되었다."는 「고려사」 기사에서처럼, 미리 궁문에 대기하고 있던 쿠데타군이 1만여 명이나 되었다는 것은 그만큼 치밀한 준비가 이루어졌음을 입증해 준다. 또한 왕창근(王昌瑾)이라는 중국 상인이 918년 3월에 철원의 시장에서 구입한 거울에 '궁예가 몰락하고 왕건이 왕이 된다.'는 요지의 글이 새겨져 있었다 하는데, 그 해 6월 홍유 등이 이를 들어 정변을 일으켰음은 오히려 거사가 우발적이 아니라 계획적으로 추진된 것임을 반증해 준다.

궁예의 숙청과정에서 자신의 지지세력을 많이 잃은 왕건은 권력투쟁에서 밀려 불만이 쌓인 홍유 등 궁예의 측근들을 끌어들이는 공작을 진행했을 것이고, 이들은 궁예의 측근임과 동시에 정예부대인 기마부대의 지휘자들이었으므로 군대도 손쉽게 동원할 수 있었을 것이다. 그 결과 궁예는 전혀 대비하지 못한 채 속수무책으로 당할 수밖에 없었던 것이다.

왕건은 918년 6월 철원의 포정전(布政殿)에서 즉위하여 국호를 고려, 연호를 천수(天授)라 했다. 그가 국호를 다시 고려라 한 것은 자신의 지지기반이 고구려계 유민임을 분명히 하기 위한 조치였다.

또 연호를 '천명을 받았다.'는 뜻인 천수라 한 것도 자신의 즉위가 천명에 따른 것임을 강조하기 위함이었다. 이는 주군을 몰아내고 즉위한 데 따른 정치적 부담이 매우 컸음을 반증한다. 하기에 그에게는 많은 난관이 가로놓여 있었다. 먼저 여전히 궁예를 추종하는 세력이 만만치 않아 반란이 끊이지 않았고, 심지어 백제의 견훤에게 귀부하는 호족들도 생겨 났다.

즉위한 지 5일째 되던 날, 공주출신인 마군장군 환선길(桓宣吉)이 50여 명을 이끌고 내정(內庭)에 침입하여 태조를 시해하려 했다. 그로부터 9일 뒤에는 공주에 주둔해 있던 마군대장군 이흔암(伊昕巖)이 모반을 도모하다가 발각되어 죽음을 당했다. 이흔암의 처가 환씨인 점으로 미루어 이흔암과 환선길의 모반사건은 깊은 관련이 있는 것으로 보이는데, 두 사람 다 핵심적인 궁예 지지자였다. 환선길과 이흔암이 모반사건으로 처형되자, 이들과 관련 있는 공주·홍성 등의 10여 주현이 두 달 뒤 후백제에 투항해 버렸다. 궁예의 강력한 지지기반이었던 청주세력도 태조 왕건에게 등을 돌리기 시작했다. 중앙에서는 청주출신 임춘길(林春吉)이 반란을 일으켰다가 잡혀 죽었고, 이어 청주 호족인 진선(陳瑄)이 동생 선장(宣長)과 함께 반란을 일으키기도 했다. 앞선 네 차례의 반란사건은 왕건이 집권하고 불과 4개월 사이에 발생한 것이었다. 정권 유지에 위협을 느낀 왕건은 즉위 6개월 만인 재위 2년(919) 1월에 도읍을 자신의 근거지 송악으로 옮길 수밖에 없었다.

왕건은 집권에는 성공했지만 서해안 해상세력과 패서지역, 경기 북부 일부 호족세력의 지지를 받았을 뿐이었다. 궁예정권의 가장 강력한 세력인 청주세력은 분열되어 있었고, 그나마 반 정도는 이미 왕건에게 등을 돌린 상황이었다. 그 외 많은 지역의 호족들은 관망하거나 백제의 견훤에게 귀부해 버렸다. 이처럼 왕건의 세력 판도는 궁예 때에 비해 크게 약화되었던 것이다.

이런 왕건이 정권을 유지하기 위해서는 호족세력의 지지를 확보하는 것 외에는 달리 방법이 없었다. 때문에 그는 각 지역에서 할거하던 수많은 호족들의 기득권을 인정해 주는 포용정책을 취했다. 왕건의 호족 유화책은 일정한 성과를 거두어 갔다. 황해도지역의 호족들이 귀부해 오는 것을 필두로, 922년에는 강릉과 안동 부근의 여러 지역, 923년에는 성주과 벽진 등 주로 경북 일대의 호족세력이 속속 귀부해 왔다. 그 중에는 상주의 아자개(阿字盖)도 있었다. 알려진 대로 이 인물이 견훤의 아버지라면 왕건 입장에서 대대적으로 홍보했을 것은 물론이요, 견훤측의 낭패한 모습도 기록되어 있을 것이다. 하지만 「고려사」는 "상주의 적수(賊帥) 아자개가 사신을 보내어 귀부해 왔다."고 적고 있을 뿐이다. 하기에 현재로선 귀순한 아자개는 이름만 같은, 다른 인물이라고 추정할 따름이다.

왕건은 또 각 지역 유력 호족의 딸들과 정략결혼을 적극 추진해 그들을 자신의 편으로 끌어들였다. 그러다 보니 그는 공식 부인만도 29명이나 되었고, 이로써 왕건의 고려는 내부적으로 어느 정도 안정을 찾을 수 있게 되었다.

그러나 최대 위협은 외부에 있었다. 바로 전성기를 구가하던 백제의 견훤이었다. 고려 건국 초기 두 나라는 견훤이 일길찬(一吉湌) 민극(閔郤)을 보내 왕건의 즉위를 축하하기도 하고 925년에는 서로 인질을 교환하는 등 화친을 도모하기도 했지만, 한편으로는 잦은 전투를 벌이고 있었다. 이는 주로 신라의 자진 귀부를 유도하기 위해 신라 조정내에 자파 세력을 부식시키려는 세력다툼이었다. 당시 신라는 내분에 휩싸여 그다지 위협적인 존재가 되지 못했던 고려에 화친정책을 쓰고 있었다.

그러자 견훤이 927년 지금의 상주인 근품성(近品城)을 공격하고 영천을 거쳐 경주로 진격, 포석정에서 경애왕을 살해하고 경순왕을 옹립했다. 이 소식을 들은 왕건은 직접 기병 5천을 거느리고 대구 공산(公山)에서 견훤의 백제군과 싸웠다. 그러나 이 전투에서 왕건은 크게 패해 백제군에 포위되었다가 신숭겸, 김락(金樂) 등의 도움으로 겨우 도망나올 수 있었다. 930년에는 경주 인근지역인 안동이 견훤의 군대에 포위당했다. 이번에도 왕건은 직접 군대를 이끌고 구원하러 가지 않을 수 없었다. 전력은 고려군이 백제군에 비해 절대적인 열세였다. 예상대로 전투는 고려군에 불리하게 전개되었으나, 다행히 장군 유금필(庾黔弼)의 맹활약에 힘입어 전세를 역전시킬 수 있었고, 고려군은 이 전투에서 8천여 명의 백제군을 살해하는 대승리를 거두었다. 이 때 만약 고려가 졌더라면 왕건은 재기 불능의 상태에 빠졌을른 지도 모른다. 이 전투의 결과 천하의 대세가 왕건으로 기운다고 판단한 안동 주변의 30여 군현이 앞다투어 귀순해 옴으로써, 고려는 후삼국 통일의 결정적인 교두보를 마련하게 되었다. 신라조정 역시 931년에 경순왕이 왕건을 왕도 경주로 초청할 정도로 친고려 쪽으로 한층 경도되었다.

934년 홍성 전투에서도 유금필의 선전으로 고려는 대승을 거두어 공주 이북 30여 성이 귀부하는 큰 성과를 이루어 냈다. 이후 백제는 왕위계승을 둘러싸고 부자 간에 내분이 일어나 스스로 무너져 버렸다. 935년에는 신라마저 고려에 귀속했고, 견훤은 신검(神劍) 삼형제에 의해 금산사에 유폐되어 있다가 곧 탈출해서 왕건에게 의탁하는 처지로 전락했다.

마침내 왕건은 936년에 백제의 새로운 왕 신검과의 전쟁에서 손쉽게 이겨 후삼국 통일을 이룩했다. 씨는 견훤과 궁예가 뿌렸는데, 열매는 왕건이 따먹은 셈이었다. 잘 알려진 대로 왕건은 중앙집권을 지향하던 그의 주군 궁예와 달리, 신라는 물론이고 각 지역에서 독자적인 세력을 유지하던 수많은 호족들의 기득권을 철저히 보장하는 포용정책을 취해 이들의 지지를 확보하는 데 성공했다. 이것이 왕건이 후삼국을 통일하는 데 가장 큰 원동력으로 작용했다. 하지만 그의 호족정책, 특히 정략결혼정책은 왕건 이후의 고려왕조에 크나

개태사 충남 논산 소재. 이 절은 왕건이 후백제 정복을 기념하기 위해 지은 것이다. 개태사는 고려시대 내내 이 곳에 왕건의 진영(眞影)을 보관해 두고 그의 기일마다 제사를 지냈을 정도로 왕건과 관련이 깊은, 그야말로 고려왕실의 원찰(願刹)이었다.

큰 정치적 부채를 안겨 주었다.

왕건의 호족정책은 이후 6대 성종 때까지 지방관 파견은 고사하고 중앙집권체제도 제대로 갖추지 못하게 할 만큼 심각한 결과를 초래했다. 3대 정종 때까지는 왕권을 유지하는 것조차 힘들었고, 4대 광종 때에 와서야 그나마 왕권을 어느 정도 안정시킬 수 있었다. 고려왕조가 중앙집권적인 정치제제를 마련하고 지방관을 파견하여 국가의 통치기반을 확립한 것은 6대 성종 때였다. 성종 원년(981)에 당의 제도를 모방하여 중앙관제를 제정, 3성 6부를 설치하고 중앙집권체제를 실행할 수 있는 행정조직을 마련했다. 이듬해에는 전국에 12목(牧)을 설치하여 처음으로 지방관을 파견했다. 그 때서야 비로소 호족들은 중앙정부의 통제하에 들어오게 되었다.

고려가 건국된 지 1백 년이 지난 현종 9년(1030)에는 전국 군현의 총수 580여 읍 가운데 116읍에 지방관이 파견되었다. 하지만 아직 364읍은 지방관이 파견되지 않은 속현(屬縣)으로 남아 있었다. 그만큼 고려 초기에는 중앙집권체제가 취약했다. 이들 속현에 대한 지방관 파견은 예종 원년(1106)부터 다시 시작되었다. 그러나 고려왕조가 망할 때까지도 지방관이 파견된 읍은 174개 읍에 불과했다. 모든 군현에 지방관이 파견된 것은 다음 왕조인 조선왕조 초기에 가서야 완결되었다.

결국 고려왕조는 호족들의 세력을 완전히 억제하지 못한 채 그들의 기득권을 인정한 위에서 그들을 통해 지방민을 통치할 수밖에 없었다. 그 결과 고려왕조 내내 수많은 호족들은 여전히 중앙정부의 통제에 벗어나 자기 지역의 실질적인 지배자로 군림할 수 있었다.

이는 말할 것도 없이 태조 왕건의 대호족 포용정책의 산물이었다.

왕건의 무차별적인 정략결혼정책도 왕위계승을 둘러싼 권력투쟁을 야기했다. 그 최초의 사건은 왕건이 죽은 지 불과 2년밖에 안 된 945년에 발생했다. 이 때 개성과 평양에 있는 관리들 가운데 절반이 희생당했다고 한다. 3대 정종과 4대 광종이 즉위할 때에도 관리들의 태반이 살육되었다. 왕위계승을 둘러싼 권력투쟁은 이처럼 고려왕조 창업기 내내 계속되었다. 그 결과 5대 경종이 즉위한 해인 975년에는 옛 신하로서 생존한 자가 40여 명에 불과했다 한다. 견훤의 백제와 달리 당시 적대국가가 존재하지 않았기에 운좋게도 왕건의 고려는 왕조를 유지할 수 있었지만, 이 같은 피의 숙청 또한 왕건 자신이 일단 호족세력의 지지를 확보하고 보자는 식의 현상 타개책에 집착한 나머지 야기된 결과였다.

요컨대 왕건도 완벽한 영웅 그 자체가 아니라, 견훤이나 궁예와 마찬가지로 부정적인 면모도 함께 지닌 인물이었다. 그렇다고 해도 왕건은 후삼국 혼란기라는 한 시대를 풍미한, 그것도 견훤이나 궁예가 이루지 못한 통일이라는 대업을 이룬 위대한 인물임에는 틀림없다.

광종

"왕이 선대 임금(광종) 때에 참소를 입은 사람들에게 복수할 것을 허락하였더니 드디어 서로 마음대로 죽이기를 시작하여 또 억울한 일들이 생겼다."

—「고려사」 세가 경종 1년조

"**왕**이 선대 임금(광종) 때에 참소를 입은 사람들에게 복수를 허락하였더니 드디어 서로 마음대로 죽이기 시작하여 또 억울한 일들이 생겼다."

이 인용문은 「고려사(高麗史)」 경종 1년조에 실려 있는 기사이다. 이에 따르면 고려 제5대 임금 경종은 사적인 복수를 허용하는, 불법을 합법화하는 조치를 취할 수밖에 없었는데, 이는 광종대에 행해진 정적 숙청이 합법적 사후 처리가 불가능하리 만큼 극단적으로 진행되었음을 반증한다.

고려 태조 왕건(王建)은 29명의 부인에게서 25명의 왕자와 9명의 공주를 얻었다. 그의 부인들은 대부분 각 지역을 대표하는 호족의 딸이었다. 하기에 그 사이에서 태어난 25명의 왕자들 각자가 외가를 배경으로 후계자가 되려는 야심을 품을 것은 짐작되는 일이었다. 왕건도 이런 사정을 꿰뚫고 있었는지 자신을 도와 전장을 누비며 공을 많이 세운 장남 무(武)를 일찌감치 후계자로 정했다. 왕건이 무를 후계자로 정함으로써, 왕위계승을 둘러싼 왕자들 간의 권력투쟁을 사전에 차단하는 데 일단은 성공한 것처럼 보였다.

그러나 장자 무의 모후, 나주 오씨(吳氏)의 집안은 그리 세력이 강한 호족이 아니었다. 그것은 나주 오씨의 할아버지 부돈(富伅)이나 아버지 다련군(多憐君)이 둘다 관직이나 관등을 갖지 못했다는 사실에서 알 수 있다. 태조의 부인 29명 가운데 이름을 알 수 없는 서전원부인(西殿院夫人)과 장화왕후 오씨를 제외한 나머지는 모두 그들의 아버지가 관직이나 관등을 소유하고 있었다.

여러 왕자들 중 외가를 배경으로 세력이 가장 컸던 왕자는 충주 유씨(劉氏) 소생의 요(堯 : 정종)와 소(昭 : 광종)였다. 이런 사정은 그들의 혼인관계에서 단적으로 드러난다. 신명순성왕후 유씨의 소생으로는 요와 소 이 외에도 태자 태(泰)·문원대왕 정(貞)·증통국사(證通國師), 그리고 낙랑(樂浪)·흥방(興芳) 두 공주가 있었다. 그 중 요(정종)는 3명의 부인을 두었는데, 첫째와 둘째 부인은 승주(昇州)의 대호족 박영규(朴英規)의 딸이며, 셋째 부인은 청주출신 김긍률(金兢律)의 딸이다. 또 소(광종)의 부인 대목왕후 황보씨(皇甫氏)는 황주(黃州)출신이다. 태자 태는 홍주(洪州)출신인 태조의 제12비 흥복원부인(興福院夫人) 홍씨(洪氏)의 딸과 결혼했고, 정은 정주(貞州)출신 정덕왕후 유씨(柳氏)의 딸과 혼인관계를 맺었다. 그리고 낙랑공주는 경순왕 김부(金傅)에게 시집갔고, 흥방공주는 정주출신 정덕왕후 소생의 원장태자(元莊太子)와 결혼했다. 이처럼 충주 유씨는 혼인관계를 통해 순천의 박씨나 홍성의 홍씨 등 후백제

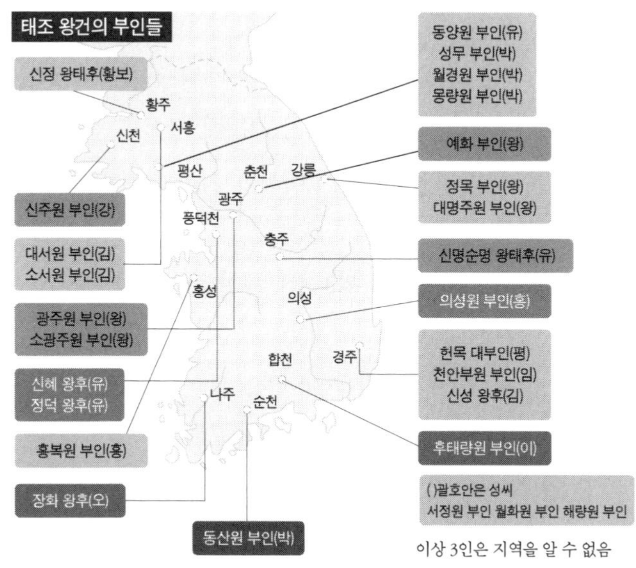

지역 호족 및 신라왕족인 경주 김씨와 유대를 맺고 있었을 뿐만 아니라, 정주 유씨나 황주 황보씨 등 패강진(浿江津) 세력과도 밀접한 관계를 유지하고 있었다.

　무엇보다도 충주 유씨는 태조 때부터 패강진 세력과의 혼맥을 통해 서경세력과도 밀접한 관계를 맺고 있었다. 광종의 첫 번째 부인인 대목왕후 황보씨가 황주출신임이 그 단적인 예이다. 광종 자신이 태조의 제22비인 신천(信川)출신 신주원부인(信州院夫人) 강씨(康氏)의 양자이기도 했다. 고구려 계승을 표방한 태조는 고구려의 수도 평양을 중시했다. 그러나 당시 평양은 거의 황폐화되다시피 한 상황이라 이의 경영을 위해서는 대규모의 사민(徙民)이 필요했다. 이 때 사민의 대상이 된 지역이 바로 황주·봉주(鳳州)·백주(白

州)·염주(鹽州) 등 모두 패강진 관할지역이었다. 자연스럽게 충주 유씨는 패강진 세력과의 혼맥을 통해 개경세력에 버금가는 서경세력과도 유대관계를 맺게 되었다. 때문에 왕건도 심복인 박술희(朴述熙)를 무의 후견인으로 삼고나서야 겨우 장자 무를 후계자로 삼을 수 있었다.

왕건이 재위 26년 만인 943년에 세상을 떠나자 무가 즉위했는데, 그가 곧 제2대 혜종이다. 이 때의 최고 실력자는 경기도 광주출신 왕규(王規)였다. 그는 왕건에게 딸을 둘이나 바쳤는데, 그 중 하나가 왕자 광주원군(廣州院君)을 낳았다. 왕규는 혜종에게도 딸을 바쳤다. 즉, 왕규는 왕건의 장인인 동시에 혜종의 장인이었던 것이다. 곧바로 왕규와 요·소 형제는 왕위를 둘러싼 치열한 권력투쟁을 벌이게 되는데, 「고려사」에 따르면, 왕규가 외손 광주원군을 임금에 앉히려고 사위 혜종을 살해하려 했으며, 끝내는 혜종이 병석에 눕자 난을 일으켰다고 한다. 그러나 이 와중에 패배하여 죽음을 당한 인물은 혜종과 그 후견인 박술희, 그리고 왕규였다. 물론 정권을 잡은 인물은 요와 소 형제였다. 두 형제는 서경을 경영하고 있던 왕건의 사촌동생 왕식렴(王式廉)의 군대를 끌어들여 왕규세력을 제거하는데 성공했다. 이 중 요가 945년에 새 임금으로 즉위했으니 그가 제3대 정종이다.

그러고 보면 왕규가 난을 일으켰다기보다는 요와 소 형제가 정변을 일으켜 정권을 장악했다는 것이 정황상 설득력이 있다. 박술희 역시 왕규에 의해 살해당했다고 되어 있지만 믿기 어려운 일이다. 혜종의 재위기간 동안 혜종 및 그 측근인 박술희와 왕규 대 요·소

형제와 왕식렴 간의 권력투쟁이 전개되었고, 그 결과도 후자의 승리로 일단락되었기 때문이다. 혜종도 즉위한 지 2년 반이 못 되어 34세의 나이로 의문에 싸인 채 세상을 뜨고 말았다.

정변을 통해 왕위에 오른 요, 즉 정종으로선 자신의 권력기반 안정을 위해 정적 제거에 나설 수밖에 없었다. 이런 사정은 "혜종·정종·광종 세 임금이 왕위를 계승한 초년에는 모든 일이 안정되지 못하여 양경(兩京)의 문무관리들이 절반이나 살해당했습니다."는 최승로(崔承老)의 증언이 뒷받침해 주고 있다. 여기서 양경은 개경과 서경을 지칭하는 것으로, 양경의 관리라 함은 정종 즉위 과정의 숙청 대상자 즉 박술희나 왕규파에 가담한 개경의 문무관리일 것이다. 기록대로 정종의 등극이 군신들의 추대에 의한 것이었다면 이 같은 피의 숙청은 일어나지 않았을 것이다. 하지만 최승로의 증언처럼, 정종의 즉위 과정에서는 관리들이 절반이나 희생되었다.

곧이어 정종은 서경천도를 강행하려 했다. 대규모 공사에 동원된 백성의 원성이 자자했음에도 불구하고 굳이 정종이 서경으로의 천도를 강행하려 한 것은 서경이 그의 즉위에 결정적 역할을 한 왕식렴을 비롯한 자파 세력의 온상이었기 때문이다. 물론 숙청에도 불구하고 개경에는 정적들이 잔존했던 사정도 그의 천도계획을 부채질했을 것이다. 하지만 그는 즉위한 지 3년 반 만에 세상을 뜨고 만다. 「고려사」에는 그의 죽음이 천둥과 벼락에 놀라 생긴 병 때문이라 하는데, 신빙성은 없지만 현재로선 정보가 없어 확인할 수 없다.

정종이 죽자 그의 친동생 소가 25세의 나이로 즉위했다. 그가 바로 제4대 광종이다. 그는 서경세력과 함께 정종의 즉위에 큰 역할을 했었다. 하지만 서경세력을 자신의 지지기반으로 삼지는 않은 것 같다. 그의 재위기간 내내 서경에 대해 배려한 예를 거의 찾아볼 수 없기 때문이다. 정종 때에 득세했던 서경의 문무관리들은 오히려 숙청의 주된 대상이었던 것으로 추정된다.

혜종·정종·광종으로 이어지는 숙청의 과정에서 원로 신하들 가운데 겨우 40여 명만이 살아남았다 한다. 물론 숙청의 절정은 광종 때에 있었다. 광종은 즉위 즉시 국초부터 당시까지 왕실을 위해 공로를 세운 자들에게 포상하는 등 자파 세력의 부식에 힘썼다. 이어 주현의 세금 액수를 정했는데, 이는 지방관이 파견되지 않는 상황에서 공무를 가탁한 호족들의 수탈행위를 방지하는 동시에 호족세력을 통제하기 위한 조치였다. 결과는 대성공이었다. 이런 사정은 "광종은 정종의 유명을 받아 왕위에 올라서 아랫 사람을 예로써 접대하고 사람을 알아보는 데 실수하지 않으며 친하고 귀한 사람에게 치우치지 않았다. 항상 호강(豪强)한 자를 누르고 소원하고 천한 자를 버리지 않고 홀아비와 과부들을 구휼했다. 왕위에 오른 후부터 8년 만에 정치와 교화가 맑고 공평하며 형벌과 은상이 지나침이 없었다."며, 광종 초의 치적은—유교에서 태평성대로 칭송하는—중국의 하·상·주(夏商周) 시대의 정치와 견줄 만하다는 최승로의 평가가 뒷받침해 주고 있다.

정권이 안정궤도에 들어서자 광종은 왕권강화와 호족세력 무력화에 본격 착수하게 된다. 먼저 광종 7년(955)에 노비안검법(奴婢按檢法)을 실시했다. 이는 원래 노비가 아니었으나 전쟁에서 포로로 잡혔거나 빚을 갚지 못하여 노비가 된 자들을 이전의 상태로 되돌려

주는 조치로서, 태조 이래의 많은 공신, 특히 호족출신인 공신들에
게 큰 타격을 주었다. 이들 노비가 바로 공신들의 경제적·군사적
기반을 이루고 있었기 때문이다. 재위 9년에는 과거제를 실시하여
집권세력의 물갈이를 시도했다. 당시의 집권세력 즉, 고려 건국과
후삼국 통일에 크게 기여한 공신들은 대부분 무인들로서, 통일전쟁
에는 필요했지만 왕권을 정점으로 한 중앙집권체제를 확립하는 데
있어서는 오히려 장애가 되는 존재였다. 과거제는 왕을 충실히 보좌
할 수 있는 신관료군을 육성하는 동시에 이러한 공신세력을 도태시
키려는 조치였던 것이다.

이런 광종의 정책은 필연적으로 호족세력의 반발을 가져왔다. 가
령 노비안검법에 대해서는 공신은 물론이고 그의 부인인 대목왕후
황보씨까지 반대했다. 공신·호족·원로대신과 장군 등 기득권 세
력의 저항에 직면한 광종은 하기에 이들에 대한 숙청작업에 착수할
수밖에 없었다. 감옥이 부족해 임시감옥을 지어야 할 정도로 그 수
가 많았으며 수많은 사람이 죽음을 당했다. 숙청작업은 일시적인 것
이 아니라 그의 말년까지 지속되었다. 친척과 인척은 물론 태자까지
도 의심을 받아 죽음을 당할 뻔했다. 이는 태자의 모친 대목왕후의
어머니 황보씨가 황해도 황주 대호족의 딸인 점과 관련이 있었을 것
이다. 그 결과 "옛 신하들과 이름난 장수와 대신들은 차례로 살육당
하고 골육 친척들도 역시 모두 멸망되었습니다."는 최승로의 지적
처럼, 광종은 피의 화신이 되었던 것이다.

광종이 주도한 숙청이 얼마나 심했는지는 물갈이된 집권세력의
구성만 보아도 알 수 있다. 「고려사」에 분명한 언급은 없지만 이들

에 대해 비판적인 입장을 취한 최승로는 이들을 '남북의 용인(庸人) 즉 용렬한 사람, 젊은 무리인 후생(後生), 투화(投化)한 사람' 등으로 묘사하고 있다. 남북의 용인은 후백제계와 발해계의 인물로 추정되고, '젊은 무리'의 상당수는 광종이 도입한 과거시험의 급제자였을 것이며, '투화한 사람'은 중국에서 고려로 귀화한 집단이었을 것이다. 그러니까 광종의 숙청 결과 공신세력이 완전히 제거되면서 후백제와 발해계 같은 소외집단, 과거출신 소장파 관리, 중국계 귀화인 등이 새로이 집권세력이 되었던 것이다.

요컨대 광종에 대해 지극히 비판적인 입장에 있었던 성종대의 유학자 최승로마저도 광종 초반의 치적에 대해서는 중국 하·은·주 시대의 정치와 견줄 만큼 높이 평가했다. 반면 노비안검법을 실시한 재위 7년 이후, 특히 개국공신을 무자비하게 숙청하는 즉위 11년 이후의 행적에 대해서는 신랄하게 비판했다. 물론 공신들에 대한 광종의 숙청은 왕조시대인 만큼 왕권을 강화하여 체제를 안정시킬 목적으로 취해진 불가피한 조치였다. 실제로 고려는 광종의 이런 업적으로 일단 안정궤도에 올랐던 것이다. 결국 아버지인 태조 왕건이 남겨놓은 유산 때문에 빛나는 업적에도 불구하고 광종의 치적은 반감되고 만 것이다.

묘청, 김부식

반역아가 아닌 개혁파의 기수, 묘청
문벌귀족의 대변자, 김부식

3장
개혁이냐 보수냐

12세기에 접어들 무렵 고려는 문벌귀족사회의 전성기를 구가했다. 당시 문벌귀족은 과거나 음서(蔭敍)를 통해 관직을 독점하여 정치권력을 장악했음은 물론이고, 전시과(田柴科)를 통한 토지분급 외에도 불법적으로 남의 토지를 빼앗아 막대한 경제력까지 소유했다. 그 결과 "열 집 가운데 아홉 집이 비어 있다."고 할 정도로, 백성들의 유망현상이 전국적으로 확산되고 있었다.

여기에다 대외적 위기까지 겹쳤다. 북방에서는 요나라가 멸망하고 북송이 몰락하는 가운데 여진족 아골타(阿骨打)가 세운 금나라가 발흥하고 있었다. 금의 등장은 곧 고려를 둘러싼 동아시아 정세에 파란을 예고하는 것이었다. 여진족의 금나라가 1125년 요를 멸망시킨 뒤 고려에 군신관계를 요구해 오면서 고려는 일대 대외적 위기상황에 봉착하게 되었다.

이런 대내외적 위기상황은 지배층 간의 분열과 갈등을 한층 고조시켰다. 구세력인 문벌귀족은 기득권 유지를 위해 국내의 다양한 개혁요구를 거부하는 한편, 대외적으로는 여론을 무시한 채 금에 대한 사대정책으로 일관했다. 이에 비해 기득권을 향유하지 못한 신진세력은 민생안정, 부패방지, 사치금지 등 산적한 현안 해결을 위한 각종 개혁안을 추진하여 대외적 위기에 대처하려 했다. 이런 현안을 둘러싼 지배층의 분열과 갈등은 극단으로 치달아 여

묘청, 김부식

러 정치적 모반사건으로 외화되었는데, 그 대표격이 바로 이자겸의 난이었다. 결국 왕의 권위는 뿌리채 흔들리고 지배층 간의 반목도 극심하여 정국은 극도로 불안정해졌다.

이 때 저명한 민족주의 역사가 단재 신채호가 '우리 역사상 1천년래 최대의 사건'라 평가했던 묘청(妙淸) 일파의 거사가 서경에서 일어났다. 「고려사(高麗史)」를 편찬한 조선 초의 역사가들은 그를 '서경의 요승(妖僧)'이라 기록하는 등 묘청의 인물됨을 극히 부정적으로 묘사하고 있다. 묘청 일파의 거사도 권력야욕에서 비롯된 것으로 기록하고 있다. 이런 평가는 묘청의 난을 진압한 김부식(金富軾)의 견해를 답습했을 가능성이 농후하다. 김부식은 「인종실록(仁宗實錄)」의 편찬을 주도했는데, 이 때 정리된 자료가 「고려사」를 편찬하는 데 활용되었을 것이기 때문이다.

그런데 묘청과 그의 정변에 대한 이런 인식은 신채호가 일제 때 쓴 '조선역사상 일천년래 제일대사건'이란 글 이후 완전히 역전되었다. 묘청은 서경 천도와 칭제건원(稱帝建元), 금국 정벌을 주창한 진취적이며 자주적인 인물인 반면에, 김부식은 기득권 유지를 위해 이에 반대한 보수적인 사대주의자였다는 것이 상식화되어 버렸다.

묘청

"묘청은 성인이고 백수한은 그에 버금가는 인물이니 국가의 대사를 모두 그들에게 자문받은 다음 시행하십시오. 그들이 아뢰고 청하는 대로 한다면 정치가 바로 잡히고 일이 성취될 것입니다."

—「고려사」 세가 인종 6년조

묘 청(妙淸)은 서경천도와 칭제건원(稱帝建元), 금국 정벌을 주창한 진취적이고 자주적인 인물이라는 것이 현재의 통념이다. 그런데 「고려사(高麗史)」에는 묘청은 오직 일신의 영달을 위해 정변을 일으킨 부도덕한 인물, 한 마디로 권력욕에 눈이 먼 요승(妖僧)으로 기록되어 있다.

그렇다면 이 중 어떤 것이 역사적 실체에 가까운 묘청의 모습일까? 이를 알기 위해서는 먼저 묘청의 난에 대해 살펴보아야 한다.

묘청이 활약한 시기는 고려의 제17대 임금 인종 때였다. 인종 6년(1128) 왕의 측근 홍이서(洪彝敍)·이중부(李仲孚) 등과 대신 문공인(文公仁)·임경청(林景淸) 등은 인종에게 이렇게 건의했다.

"묘청은 성인이고 백수한(白壽翰)은 그에 버금가는 인물이니 국가의 대사를 모두 그들에게 자문받은 다음 시행하십시오. 그들이 아뢰고 청하는 대로 한다면 정치가 바로 잡히고 일이 성취될 것입니다."

묘청은 이 건의를 계기로 중앙무대에 등장하게 된다. 묘청의 난에 대한 기사를 제외하고는 그의 행적에 관한 기록이 사서들에 없는 것으로 보아, 그 때까지의 묘청은 사회적으로 그다지 비중있는 인물이 아니었던 것으로 보인다. 묘청이 비록 당시에 풍미하던 풍수지리설에 능통했다 하더라도 서경출신의 한낱 승려에 불과했던 그의 이런 전격적인 등장을 이해하려면 먼저 이자겸(李資謙)과 그가 일으킨 정변을 이해할 필요가 있다.

이자겸의 인주 이씨(仁州李氏)는 문종 이후로 숙종을 제외한 순종·선종·예종·인종 등 무려 다섯 왕의 왕후를 배출한 당대 최고의 가문이었다. 이자겸의 사촌인 이자의(李資義)가 계림공(숙종)의 정변 때 희생된 적이 있기는 했지만 큰 타격은 입지 않았다. 이자겸의 딸이 숙종의 아들인 제16대 예종의 왕후가 되면서 그의 집안은

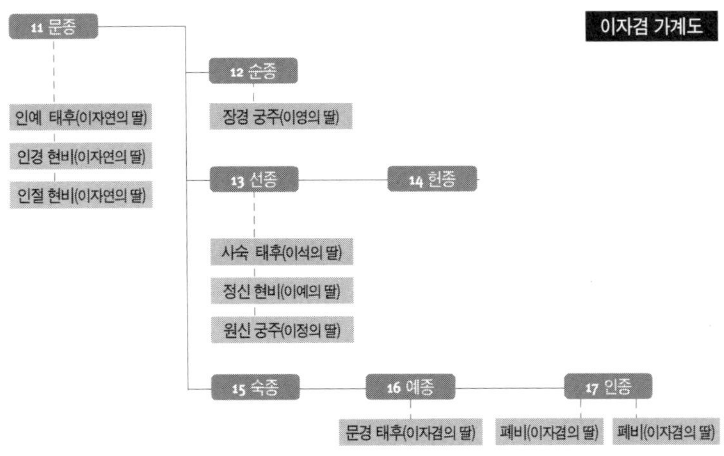

다시 한 번 위세를 떨칠 기회를 맞이한다. 하지만 예종은 한안인(韓安仁) 등 신진세력을 등용해 외척인 이자겸을 견제했기 때문에 이 때까지만해도 그다지 큰 영향력을 발휘한 것은 아니었다.

하지만 이자겸은 자신의 외손이자 예종의 아들인 인종이 13세의 어린 나이에 즉위하면서 마침내 권력의 핵심에 진출할 기회를 맞는다. "예종이 죽으매 예종의 여러 아우들이 왕의 나이가 어리다 하여 은근히 왕위를 엿보았다. 평장사(平章事) 이자겸이 왕을 받들어 중광전(重光殿)에서 왕위에 오르게 했다."는 「고려사」의 기록처럼, 이자겸은 숙부들의 왕권 도전을 물리치고 인종을 옹립하는 데 성공했다. 곧이어 한안인 등 반대 세력을 숙청하고 아예 두 딸을 인종에게 시집보내 왕후로 만들어 버렸다. 왕의 외조부이자 장인이 된 이자겸의 권세는 하늘을 찔렀다. 조정의 전권을 가진 '지군국사(知軍國事)'가 되고 싶었던 이자겸은, 인종에게 자신의 집에서 임명장을 수여해 줄 것을 요구하는 것도 모자라 임명 날짜까지 지정해 줄 정도로 무소불위의 권력을 휘둘렀다. 비록 어렸지만 인종도 그런 이자겸의 전횡을 묵과할 수만은 없었다. 제 아무리 외조부요 장인이라 해도 더 이상 방치했다가는 자신의 지위마저 흔들 지경에 이를 것이기 때문이었다.

인종 4년(1126)에 왕의 측근 김찬(金粲) 등은 인종의 이런 내심을 간파하고 이자겸 세력 제거를 위해 거사를 단행했다. 갑작스런 반격에 처음에는 당했지만 여진 정벌의 영웅인 이자겸의 사돈 척준경(拓俊京)의 활약으로 이자겸 일파는 전세를 역전시킬 수 있었다. 이 사건을 흔히 이자겸의 난이라 부르지만 실상은 친위 쿠데타에 대한 이자겸세력의 반격이었던 것이다. 이후 인종은 이자겸의 딸인 왕비 이씨의 도움으로 몇 차례 죽을 고비를 넘기기는 했으나 이자겸에 의해 사실상 연금되는 신세로 전락했다.

이제 이자겸에게는 거릴 것이 없었다. 하지만 곧 병권을 장악한 척준경의 향배가 문제로 떠올랐다. 정변 성공 뒤에는 그 주도자들 사이에 권력분배를 둘러싼 암투가 생기기 마련인데, 이자겸과 척준경의 경우도 그러했다. 인종의 측근들은 이 때를 놓치지 않고 척준경을 상대로 회유공작을 폈다. 척준경은 무장출신답게 단순한 성품인데다 애국심도 남달라서, 이자겸을 제거해야 나라가 화평할 것이라는 인종 측근의 회유공작에 쉽게 넘어 갔다. 척준경을 포섭한 인종 측근들은 척준경과 함께 이자겸 일파 제거에 성공했다. 이자겸은 유배당하고 그의 두 딸도 왕후의 지위에서 쫓겨났다. 이에 잠시나마 척준경이 전권을 장악하게 되었다.

고려는 신라 말 도선(道詵)에 의해 집대성된 풍수지리설의 영향을 강하게 받고 있던 사회였다. 가령 "짐은 삼한 산천의 숨은 도움에 힘입어 대업을 달성했다."는 '훈요십조'의 기사에서 보듯, 태조 왕건부터가 후삼국 통일대업 달성을 자신이 풍수지리설을 신봉했기 때문이라고 유언할 정도였다. 풍수지리설의 핵심은, 땅의 활력 여부가 국가나 개인의 흥망에 커다란 영향을 미친다는 '지기쇠왕설(地氣衰旺說)'이다. 이에 따르면 땅의 기운이 약한가 왕성한가, 혹은 순한가 거스르는가에 따라 국가나 인간의 길흉화복이 영향을 받는다고 한다. 즉 땅에는 만물을 기르는 힘이 있어 그 힘이 왕성하기도 하고 약하기도 한데, 땅의 기운이 왕성할 때는 그 곳에 자리잡은 국가나 개인이 흥하고, 그 반대면 멸망한다는 논리이다.

고려인들이 얼마나 지기쇠왕설을 깊이 신봉하고 있었는지는 고려에 왔던 송나라 사신 서긍(徐兢)의 지적에도 드러난다. 서긍은「고려도경(高麗圖經)」에서 이렇게 말했다.

"고려사람들은 본디 글을 알아 도리에 밝으나 음양설에 구애되어 꺼리기 때문에, 그들이 나라를 세울 때에는 반드시 그 형세를 관찰하여 장한 계책을 세울 수 있는 곳이라야 자리잡는다."

고려 중기 이후에는 지기쇠왕설이 더욱 맹위를 떨쳤다. 고려의 수도 개경의 기운도 중기로 접어들면서 쇠해지고 있다는 주장이 제기되기 시작한 것이다. 이런 인식은 여러 차례의 난리를 겪으면서 더욱 확산되어 갔는데, 이자겸의 정변으로 그 정점에 다다랐다.

비록 이자겸은 제거되었지만 난 와중에 궁궐마저 불타 인심이 흉흉해졌고, 이자겸 집권시에 그간 고려를 부모의 나라로 섬겨왔던 여진족의 금나라를, 반대로 고려가 상국(上國)으로 섬겨 조야의 사기 또한 땅에 떨어진 상황이었다. 이런 상황이 한낱 승려에 불과했던 묘청을 역사의 전면에 등장하게 만들었던 것이다.

묘청은 서경출신 정지상(鄭知常)을 통해 인종에게 접근했다. 그리고 지덕(地德), 즉 땅의 기운이 왕성한 서경이 명당임을 주장해 인종으로 하여금 그 곳으로 행차하기를 요청했다. 인종은 이자겸의 정변 다음 해인 재위 5년(1127)에 서경으로 행차했다. 이 과정에서 정지상이 당시 실력자였던 척준경을 탄핵하여 실각시키는 사건이 일어났다. 왕이 척준경의 전횡을 우려하고 있음을 간파한 정지상이 일을 벌인 것이었다. 척준경은 자신의 기반이 없는 서경에서 불의의 일격을 당하고 귀양가는 신세가 되었다. 이를 계기로 인종과 서경세력은 더욱 유착되어 갔다.

인종 6년(1128) 마침내 묘청은 국왕에게 서경 천도를 건의하는데, 그 내용은 이렇다.

"신이 서경 임원역(林原驛)의 지세(地勢)를 관찰하니 이것이 곧 풍수가들이 말하는 대화세(大花勢 : 보통의 명당보다 훌륭하고 뛰어난 大明堂·大吉地), 즉 큰 꽃 모양의 터입니다. 만약 궁궐을 지어서 거처하면 천하를 병합할 수 있으며, 금나라가 폐백을 가지고 스스로 항복해 올 것이며, 서른 여섯 나라가 모두 신하가 될 것입니다."

묘청은 나라가 잦은 변란으로 어려움에 처한 것은 수도 개경의 지

대화궁 터　평양 소재. 묘청은 이 곳에 궁궐을 짓고 서경으로 천도하면 나라가 중흥될 수 있고 금나라를 정복할 수 있다고 주장했다.

덕(地德)이 쇠한 때문이라면서 나라를 중흥시키려면 땅의 힘이 왕
성한 서경을 새로이 수도로 삼아야 한다고 주장했다. 그리하면 금나
라가 항복해 올 뿐만 아니라 천하의 36국, 즉 모든 나라가 고려의 신
하가 되어 천하를 병합할 수 있게 된다는 것이었다. 서경출신인 정
지상, 백수한 등도 "상경(上京) 즉, 개성은 터의 힘이 이미 쇠하였
고, 서경에는 왕기(王氣)가 있으니 마땅히 임금이 옮겨 앉아 상경으
로 삼아야 된다."고 청했다.

김부식(金富軾) 등 개경 문벌귀족들의 반대에도 불구하고, 그 해
9월 인종은 대신들에게 묘청 · 백수한 등과 함께 임원역에 가서 지
세를 살펴보고 새 궁궐을 짓도록 지시했다. 공사가 시작된 지 불과 3
개월 만에 대화궁이라는 새 궁궐이 완성되었다. 대화궁이 완공되자
인종은 곧바로 서경에 행차하여 새 궁궐에 들어가 한동안 서경에 머
물렀다. 이 때 묘청 일파는 인종에게 칭제건원(稱帝建元)을 건의하
는 한편, 중국과 협공하여 금나라를 멸할 것을 청했다.

당시 고려의 현안은 금나라에 대한 사대외교 문제였다. 금나라를
세운 여진족은 고구려 때부터 한민족의 예속민이었는데, 12세기 초
아골타(阿骨打)가 부족을 규합하여 만주와 중국에 걸쳐 자못 세력
을 떨치고 있었다. 이런 여파가 인종대에 이르러 고려에까지 미치게
되었다. 금나라와의 관계에서 가장 중요하게 부각된 곳이 바로 서경
이었다. 일찍이 태조 왕건이 여진족의 활동무대로 변한 평양을 개척
하여 북방 개척의 전진기지로 건설하고자 했는데, 묘청의 주장은 이
런 태조 왕건의 전례를 따른 것이었다.

왕의 측근들과 대신들 대부분은 서경이 태조 왕건 이래 중시되어

왔고 또 개경의 지력이 다되었다는 당시의 분위기 때문에 서경천도에 동조했다. 이는 김부식과 왕의 장인인 임원애(任元敱), 측근 이지저(李之氐)만이 서경천도 상소문에 서명하지 않았던 데서 알 수 있다. 물론 인종도 이에 공감하고 있었다. 인종의 결단이면 서경천도는 이제 실행될 것이었다.

그런데 묘청 일파에 의해 칭제건원과 금국 정벌 주장이 제기되면서 서경천도 자체도 무산될 위기에 직면하게 되었다. 칭제건원과 금국 정벌은 곧바로 금나라와의 외교적·군사적 충돌을 야기하여 결국 정국의 불안정을 가져올 것이기에, 정국이 안정되어야 기득권을 유지할 수 있는 개경의 문벌귀족으로선 당연히 반대할 수밖에 없었다. 그 무렵 만주에서 새로 일어난 금나라는 거란족의 요나라를 멸망시키고, 이어 송나라를 공격하여 황제 부자를 포로로 잡기까지 했기에 이처럼 강한 금나라를 치는 것은 현실적으로도 무리였고, 대부분의 신하들이 반대하고 있었기 때문에 인종 자신도 적극적으로 나설 수 있는 분위기가 아니었다.

그 와중에 결정적인 문제가 발생했다. 기왕에 묘청은 대화궁을 지으면 천하통일은 물론 금나라의 항복과 많은 나라들의 조공이 뒤따를 것이라고 예언했었다. 그러나 막상 대화궁이 완공된 뒤에도 이런 일은 실현되지 않았을 뿐만 아니라, 오히려 대화궁 근처 30여 곳에 갑자기 벼락이 떨어지고, 인종의 서경행차 길에 폭풍우가 일어 수많은 인마가 살상되는 불상사가 일어났던 것이다.

이에 김부식으로 대변되는 개경의 문벌세력들이 서경천도에 강하게 반대하고 나섰고, 인종도 마음이 흔들려 천도계획은 결국 수포로 돌아가고 말았다. 서경천도가 무산되자 묘청은 인종 13년(1135) 정월에 서경의 분사(分司) 시랑(侍郞) 조광(趙匡) 등과 협의하여 군사를 일으켰다. 이어 나라이름을 대위(大爲), 연호를 천개(天開), 군대의 호칭을 천견충의(天遺忠義)라 하고 양부(兩府 : 중서문하성과 중추원) 대신과 각 도의 수령들을 모두 서경인들로 임명했다. 그러나 묘청세력은 새로운 황제를 옹립하지 않았음은 물론이고 거사 사실을 왕에게 알려 인종이 서경으로 오기를 기다렸다. 즉 이 사건은 반역이 아니었다. 하지만 김부식 등 개경파는 서경파의 행위를 반역으로 몰고가 국왕에게 토벌을 주장했다.

하는 수 없이 인종은 김부식을 평서원수(平西元帥)로 임명하고 그에게 진압 책임을 맡겼다. 김부식은 먼저 개경에 있던 백수한·정지상 등 묘청 일파를 처형하고 난 뒤 본격적인 진압에 나섰다. 형세의 불리함을 깨달은 조광이 묘청 등의 목을 베어 개경에 보냈으나 받아들여지지 않았고, 이에 항거하다가 1136년 2월 마침내 서경이 함락됨으로써 사건은 일단락되었다.

그렇다면 묘청 등 서경파는 단순히 칭제건원과 금국 정벌만을 목적으로 서경천도를 주장했던 것일까? 결코 그렇지 않다. 인종 5년(1127) 묘청의 요청을 받은 국왕은 서경에 행차하여 15개 조항의 유신(維新) 교서를 발표했었다. 풍수지리설에 관한 1항, 관리들과 관련된 3·4·6·13항을 제외한 나머지 10개 항은 백성들의 생활 향상에 직·간접적으로 관련된 것이었다. 그 주요 내용을 보면, 사치 금지와 관리에 대한 규찰, 교육과 과거제도의 강화, 백성들의 세금 부담 경감과 그들에 대한 침탈금지, 구휼기관 정비와 구휼기금 비축

등이다. 즉 인종은 묘청 일파의 건의를 받아들여 왕권의 회복 혹은 정치기강의 확립과 함께, 민생구휼책을 통한 기층사회의 안정을 도모하기 위해 개혁안을 발표한 것이었다.

이 같은 개혁안이 발표된 후 묘청 등은 서경천도를 적극적으로 추진했다. 농민의 유망을 불러온 부정부패가 만연한 가운데 그 주역인 문벌귀족의 온상, 개경에서 이 같은 국정 쇄신이 가능할 리 없었기 때문이었다. 결국 묘청 등 신진세력은 구세력인 문벌귀족의 근거지, 개경을 벗어나기 위해 고려인들이 건국 초부터 신봉해 왔던 지기쇠왕설을 유용한 이론적 수단으로 제기했던 것이다.

요컨대 묘청의 서경천도운동은 정국의 주도권을 장악하여 각종 개혁안을 추진함으로써 국정을 쇄신하려던 것이 그 실체였다. 그리고 제4대 광종 때의 사례가 입증하듯, 왕조체제인 고려에서의 국정 쇄신은 외척 등 개경의 구세력을 무력화시켜 국왕에게 권한을 집중시킴으로써만 실현될 수 있었다. 묘청이 주장한 칭제건원이나 금국정벌론은 그 상징적인 선언에 다름 아니었다.

김부식

현 존하는 최고(最古) 역사서인 「삼국사기(三國史記)」의 편찬자 김부식(金富軾)은 너무나도 잘 알려진 인물이다. 그러나 김부식만큼 그 유명세에 비해 비판적인 평가를 받고 있는 인물도 드물다. 그는 사대적인 역사서인 「삼국사기」를 편찬한 사대주의자이자 사실(史實)마저도 마음대로 날조 조작한 역사가로, 한편으로는 묘청(妙淸)의 진취적이며 자주적인 서경천도운동을 진압한 보수적이고 사대적인 인물로 각인되어 있다.

고려왕조는 초기부터 정치 지도 이념으로 유학을 육성했다. 유학 교육을 위해 국자감을 비롯한 학교를 전국에 세워 인재양성에 힘썼으며 광종 때부터는 과거제도를 시행했다. 11세기 중엽 문종 때에는 최충(崔冲)이 세운 9재학당을 시작으로 이른바 사학12도라는 사립

학교가 설립되어 유학의 기반이 한층 확대되어 갔다. 하지만 고려사회는 여전히 불교와 도교, 풍수지리설을 신봉했기 때문에 유학은 보편적인 사회이념으로까지는 기능하지 못했다.

김부식의 집안은 아버지 김근(金覲) 때부터 과거를 통해 중앙정계에 진출했다. 김근은 국립대학 총장격인 국자제주(國子祭主)를 지내고 좌간의대부(左諫議大夫)에까지 오른 대신이었다. 김부식의 다섯 형제 가운데 승려가 된 첫째를 제외한 4형제 모두가 과거에 합격했는데, 그도 21세 때 급제하여 벼슬길에 올랐다.

김부식은 관직에 있는 내내 과거출신답게 유교이념을 충실히 실천하려고 노력했다. 예컨대 이자겸(李資謙)이 권력을 장악하고 있을 때 왕과 신하 사이의 법도를 강조하며 이자겸의 전횡을 견제하는 데 앞장섰었다. 즉, 이자겸을 따르는 자들이 '이자겸은 왕후의 부모이니 왕이 신하로서 대하지 말고 대등한 예로써 대하자.'고 건의하며, 왕에게 올리는 글에 이자겸은 신(臣)이라고 쓰지 말고, 연회석상에서도 백관들과 함께 설 것이 아니라 임금과 함께 앉게 하자고 했을 때에도, 다른 신하들은 모두 이자겸의 권세가 두려워 찬성했으나 김부식만이 홀로 반대했었다. 그는 '비록 부자 간에도 왕과 신하의 관계는 공적으로는 분별해야 한다. 외조부라면 더더욱 왕과 대등한 예로써 대할 수 없다.'고 했다. 이자겸의 추종자들이 조상들의 묘소를 참배하러 가는 이자겸에게 궁중의 악대를 보내주자 했을 때도 김부식은 묘소에서 음악을 연주하는 것은 예가 아니라며 이를 막았다. 그리고 '이자겸의 생일을 인수절(仁壽節)이라 부르자.'는 제의에도, 김부식은 당나라 현종 때부터 천자의 생일을 천수절이라 불

렀다며 '신하의 생일에 절자를 붙이는 것은 전례가 없었다.'며 반대
했었다.

이렇듯 김부식은 군신의 법도 등을 강조하는 유교이념에 충실하
려 했다. 때문에 서경천도설이 대두되었을 때도 국가의 주요 정책을
풍수지리설에 따라 결정하는 것에 반대했던 것이다. 또한 서경에 궁
궐을 건축하려면 엄청난 경비와 인력이 필요할텐데 그 부담은 고스
란히 백성들에게 지워질 것이기에 이는 백성을 위한 정치가 아니라
며 비판하고 나섰다. 또 황제를 칭하거나 독자 연호를 사용하는 것
도 중국에 대한 사대에 어긋난다며 반대했다.

김부식의 이런 태도는 그가 편찬을 주도한 「삼국사기」에 잘 나타
나 있다. "고기(古記)들은 … 임금의 어짊과 악함이나, 신하의 충직
함과 간사함이나, 나라의 편안함과 위태함이나, 인민의 다스려짐과
어지러워짐을 일일이 들추어내어 후세에게 권장하고 경계를 할 수
없게 되었습니다."는 '진삼국사표(進三國史表 : 삼국사기를 올리는
글)'의 구절에서 확인되듯, 김부식은 위정자들이 선정을 베풀기 위
해서는 과거의 역사를 잘 알아야 한다는 유교의 규범에 의거하여 이

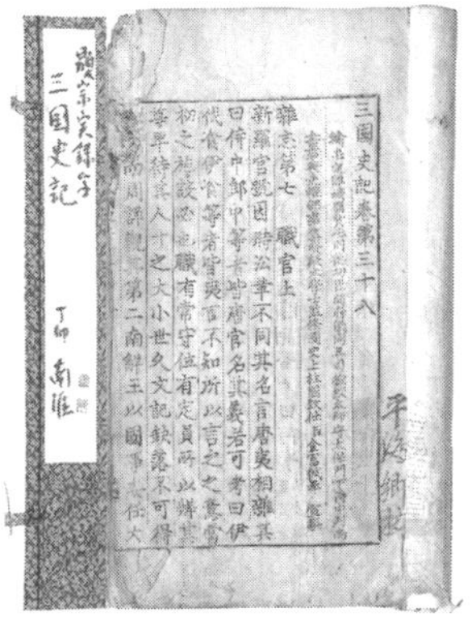

「삼국사기」
김부식이 편찬한 「삼국사기」의 한 부분.
「삼국사기」는 한국 고대사 연구의 텍스트임에도
불구하고, 지금껏 사대주의적 역사서이자 사실(史
實)마저 왜곡한 사서로 비판받고 있다.

책을 편찬했다. 또한 인간의 능력을 초월하여 일어나는 초자연적이고 신비한 것은 가능한 한 배제한다는 원칙을 지키고 있다. 이렇듯 김부식의 「삼국사기」에는 유교적 역사관이 관통되어 있는 것이다.

그러다 보니 「삼국사기」는 기본적으로 사대주의 사관에 기초하여 편찬되었다. 가령 "한편 구석의 작은 나라로서 천자의 나라에 신하의 처지로 속한 자라면 아예 사사로이 연호를 지어 쓸 수가 없다."고 못박고 있다. 그는 천자의 나라에 속한 나라는 중국처럼 황제를 칭하거나 스스로 연호를 쓸 수 없다는 인식을 가지고 있었다. 하기에 법흥왕을 비롯한 신라왕들이 스스로의 연호를 쓴 것을 비판하고 당 태종의 지시에 따라 다시 당의 연호를 쓴 것이 당연하다고 했다.

김부식의 사대주의적 면모는 특히 유교주의 역사학이 최고의 가치로 간주하는 국가의 흥망사관에 단적으로 드러나 있다. 백제의 멸망에 대해 "당 고종은 두 번이나 조서를 내려 그 원한을 풀도록 했으나 백제는 겉으로는 따르는 척하면서 속으로는 이를 어겨 대국에 죄를 지었으니 그 멸망 또한 당연하다."했고, 고구려의 멸망에 대해서도 "고구려가 도읍을 동쪽으로 옮겨온 때는 바로 수나라와 당나라가 중국의 통일을 이룩한 시기로서 오히려 조서와 명령을 거부하고 불손하게 천자의 사신을 토방에 가두었다. 이처럼 미욱하고 두려워 하지 않았기 때문에 여러 번 죄를 추궁하는 군사들을 오게 했다. 비록 어떤 때에는 교묘한 계책을 써서 큰 군대를 깨뜨렸던 일도 있기는 했으나 마침내는 왕이 항복하고 나라가 멸망하고 말았다."고 적고 있다. 하기에 신라와 관련해서는 "황제의 위력에 의지해 백제와 고구려를 평정하고 그 땅을 차지해 군현으로 만들었다."라 기록하고 있다. 이는 신라의 경우 백제나 고구려와는 달리, 중국에 사대를 잘한 결과 삼국을 통일할 수 있었다는 얘기에 다름 아니다.

그렇다고 김부식이 우리나라의 독자적인 전통과 유산을 전적으로 무시한 것은 아니었다. "생각컨대 해동의 삼국도 역년(歷年)이 오래 되었으니 당연히 그 사실이 책에 나타나 있을 것입니다. … 그런데 지금의 학사·대부(學士大夫)가 유학의 오경(五經)과 제가백가(諸子百家)의 글이나 중국 역대의 역사에 대해서는 혹 널리 통하여 자세히 말하는 사람이 있으나, 우리나라의 일에 이르러선 전혀 그 시말을 알지 못하니 매우 한탄스럽다. … 마땅히 재주와 학문과 식견을 구비한 인재를 얻어 권위있는 사기(史記)를 완성함으로써 이를 만세에 전하여 해와 별처럼 환하게 밝히고 싶다고 하셨습니다."는 '진삼국사표' 구절은 김부식이 인종의 입을 빌은 말이나, 자국의 전통과 유산에 대한 자신의 분명한 인식을 드러내고 있다.

「삼국사기」가 갖고 있는 이 같은 주체적 측면은 서술체제에서도 나타난다. 「삼국사기」는 사마천(司馬遷)의 「사기(史記)」 이래 중국 역대 정사의 서술방식인 기전체(紀傳體)에 따라 본기(本紀), 지(志), 표(表), 열전(列傳)으로 구성되어 있다. 원래 황제의 사적을 기술하는 본기에서 「삼국사기」는 삼국왕들의 사적을 다루었는데, 조선 문종 때 완성된 「고려사(高麗史)」가 본기 없이 제후의 사적을 기술한 세가(世家)로 고려왕들의 사적을 다룬 것과 비교해보면 상대적이지만 주체적인 역사서임을 알 수 있다.

또한 김부식은 당시 현존하는 사서의 원형을 되도록 살리려고도 애썼다. 최치원(崔致遠)이 비야(鄙野)하다고 해서 '왕'이라 고쳤던 거서간·차차웅·마립간 등의 칭호를 개칭할 필요가 없다는 사론 (史論)이나, 이벌찬·이찬 등의 신라 관호가 이언(夷言 : 사투리)으로서 그 원어의 뜻을 알지 못한다면서도 그대로 수록한 점 등이 이를 말해 준다. 본기 끝에 실려 있는 "신라 고사(古事)에 이르기를, '금궤가 하늘에서 내려왔기에 성을 김씨라 하였다.'고 했다. 이는 의심할 만한 일이어서 믿을 수가 없다. 그러나 신이 사(史)를 닦음에 있어서는 그 전승이 오래된 것이기 때문에 그 말을 깍아 없애지를 못했다."는 김부식의 사론은 오늘날 그가 받고 있는 비판들 가운데 일정 부분은 부당함을 보여 주는 일례가 될 만하다.

이렇듯 김부식은 기본적으로 사대주의 사관에 기초하여 「삼국사기」를 편찬했지만, 부수적이나마 주체적 입장에 서려 했고, 유교적 합리주의라는 원칙 속에서도 전승되어 내려오는 비합리적인 이야기들을 수록하는 절충주의적 자세를 취했던 것이다.

김부식이 사대주의자였다는 사실은 두 말할 나위 없다. 하지만 사대주의는 당시 고려 지식인들 대다수가 공유한 이념이었다. 일연(一然)과 이승휴(李承休)의 예만 보아도 그러하다.

김부식과 달리 일연은 오늘날 자주적인 인물로 알려져 있다. 이는 그가 편찬한 「삼국유사」에 단군신화가 수록되어 있는 것에 주로 기인한다. 그러나 그 역시 엄밀히 말해 사대주의자에 불과하다. 「삼국유사(三國遺事)」 서술방식을 한번 살펴보면, 이 책은 고조선·부여·고구려로 이어지는 단군계의 국가활동보다는 기자조선·위만조선·한사군·삼한으로 연결되는 중국계의 국가활동을 더 큰 비중으로 다루고 있다. 특히 마한은 기자조선의 후예가, 진한은 진나라

아집도

고려시대 문인관료들이 이상으
로 삼은 생활상을 그린 그림이
다. 가까운 벗들과 함께 정원에
모여 시를 짓고 그림도 감상하
며 여가를 보내고 있다.

의 유민이 세운 것으로 기술하여 삼한의 주도세력을 중국계로 파악
하고 있다. 또한 사실 기술에 있어 중국측 기록을 주로, 국내 자료는
이를 보완 설명하는 주석으로 처리하고 있다.

「제왕운기(帝王韻紀)」의 편찬자 이승휴의 경우도 예외가 아니다.
이승휴는 「제왕운기」 동국군왕개국연대(東國郡王開局年代)편 첫머

리에서, "요동에 별천지가 있사오니, 중국왕조와 두연(斗然)히 구분
되며 … 경전착정(耕田鑿井) 어진 고장 예의 집, 중국인들이 이름지
어 소중화라."며, 우리나라가 소중화(小中華)임을 자랑스럽게 노래
하고 있다.

이처럼 자주적인 인물로 알려진 일연이나 이승휴에게서도 보이듯
사대주의는 고려의 지식인 상당수가 공유하던 이념이었다. 유독 김
부식만이 사대주의자로서 비판받고 있는 현재의 역사상은 하기에
온당치 못한 것이다.

한편 김부식은 그 자신이 개경 문벌귀족의 일원으로서 그들의 기
득권을 옹호한 보수적인 인물이었다. 김부식의 보수론자로서의 면
모는 구법당의 사마광(司馬光) 옹호에서 단적으로 드러난다. 당시
중국의 선진문물을 수용하고 있던 고려는 그 곳에서 일어난 신법당
과 구법당의 논쟁에 대해서도 잘 알고 있었다. 신법당 왕안석(王安
石)은 농민생활의 안정, 생산력의 향상, 국가재정의 확보 등을 위해
개혁을 추진했는데, 이런 그의 개혁안은 지주·관료·대상인 등 기
득권층의 희생을 전제로 한 것이었다. 당연히 사마광을 중심으로 한
보수파 구법당은 '정치는 사대부를 위해 하는 것이지 서민의 이익
을 대상으로 하는 것이 아니다.'는 명분하에 왕안석의 개혁안을 맹
렬히 반대했었다. 한 번은 인종이 김부식을 불러, 사마광이 죽기 직
전 황제에게 올린 글과 훈검문(訓儉文)을 읽게 하며 감탄하다가 "사
마광의 충성과 의리가 이와 같았는데 그 때 사람들이 그를 간사한
무리라 말한 것은 무슨 까닭인가?"고 물었다. 이에 김부식은 "왕안
석과 서로 의가 좋지 못한 까닭이요, 실상은 아무런 죄도 없습니

다.”고 옹호하고 나섰던 것이다.

기득권자로서의 김부식의 이런 성향은 자기 가문의 특권을 유지하는 데에서도 그대로 드러난다. 가령 김부식의 아들 김돈중(金敦中)이 과거에서 2등으로 합격했을 당시 왕이 그 아버지를 위로하기 위해 1등으로 만든 것에 김부식이 반대하지 않은 일은, 특권을 누리려했던 김부식의 문벌귀족적 행태를 보여 주는 단적인 사례이다. 심지어 상장군 정중부(鄭仲夫)가 자신의 수염을 불태운 김돈중을 구타한 사건이 일어났을 때에도, 김부식은 그런 아들을 꾸짖기는커녕 오히려 아들을 구타했다는 이유로 정중부의 처벌만을 요구했었다.

이런 김부식이 문벌귀족의 특권을 침해하는 개혁운동, 즉 묘청(妙淸) 일파의 서경천도운동에 반대한 것은 지극히 자연스런 일이었다. 김부식은 묘청 일파가 서경에서 거사를 일으키자 진압군의 총사령군이 되어 이를 진압했고, 그 결과 개혁을 추진할 기회를 놓친 고려는 탄력을 잃고 파국의 길로 치다랐던 것이다.

묘청의 난이 진압된 이후 서경세력은 중앙정계에서 완전히 배제되어 버렸다. 서경세력의 와해는 곧바로 개경에 기반을 둔 문벌귀족세력의 독주를 가능하게 했고, 이후 더욱 득세하게 되어 왕권마저 능멸하는 지경에 이르렀다. 결국 김부식이 사망한 지 채 20년도 지나지 않은 1170년에 무신정변이 일어나 고려의 정치는 파국에 이르렀고 연이어 농민·천민의 항쟁이 폭발하는 상황에 직면했다. 이것은 바로 기득권을 가진 김부식 등 보수세력의 반대로 초래된, 개혁의 실패가 가져온 유산이었다.

이성계, 신돈

조선판 악마만들기의 희생양, 신돈
성공한 쿠데타의 주역, 이성계
태조 이성계의 유산, 왕자의 난

4장
신과 악마

1356 이성계 부자, 고려에 귀부 1366 전민변정도감 설치 1371 신돈 실각, 개혁 좌절 1388 위화도 회군

1365 신돈, 최영 등 무장세력 축출 1367 신돈, 성균관 중건 1380 황산대첩으로 이성계 출

고려 말 최대의 과제는 권문세족(權門勢族)이라는 소수 특권층에 의해 자행된 폐단을 척결하는 것이었다. 권문세족은 고위 관직에 있으면서 권력만이 아니라 경제력까지 독점하여 배타적인 특권층이 되었다. 이들은 힘없는 농민의 토지를 겸병하는 방법으로 자신들의 토지를 늘려갔는데, 그들이 소유한 농장의 규모는 '주군(州郡)에 걸쳐 있으며 산천을 경계로 했다.' 는 「고려사(高麗史)」의 기록처럼, 실로 엄청난 것이었다. 또 권문세족은 양민들까지도 자신들의 노비로 만들었다. 자연 소수 특권층인 이들에게 모든 정치·경제적 특권이 집중되었고, 그 결과 국가재정과 민생은 파탄에 이르게 되었다. 이런 상황에서 자연히 이들 권문세족에 도전하는 새로운 사회세력이 대두했다. 이른바 신흥사대부가 그들이다. 신흥사대부도 개혁노선을 둘러싸고 양분되어 있었는데, 고려왕조를 유지한 채 당면한 폐단을 개혁하려는 수성파와 왕조 자체를 바꾸려는 역성혁성파(易姓革命派)였다. 이들 중 당시 왜구토벌 과정에서 전쟁영웅으로 떠오른, 이성계(李成桂)를 중심으로 결집한 역성혁명파가 권력투쟁에서 승리하여 새 왕조 건국에 성공했다.

조선의 태조 이성계는 여느 건국자와 마찬가지로 새 왕조를 건국하는 과정

이성계, 신돈

에서 많은 난관에 직면해야 했다. 특히 이색(李穡), 정몽주(鄭夢周)와 같은 당대 최고의 지성이자 정계실력자들이 그의 길을 가로막고 있었다. 하지만 무엇보다도 태조 왕건(王建) 이래 5백 년을 이어온, 왕씨(王氏) 성을 가진 고려국왕의 존재가 가장 큰 장애였다. 사실 정몽주가 이성계 일파의 조선 건국에 목숨 걸고 반대했던 것은 그들과의 이념이나 정책상의 차이 때문이 아니었다. 그것은 곧 왕씨의 나라 고려를 보존하려는 신념에서 비롯된 것이었다. 왕씨 이 외에는 그 누구도 왕이 될 수 없다라는 인식은 비단 정몽주만이 아니라 고려인들 대부분이 공유하고 있던 생각이었다. 가령 무신집권자들이 왕위에 오르지 못한 이유도 여기에 있었다.

이런 인식을 불식시키지 않고는 새 왕조 건국의 정당성을 확보할 수 없었던 이성계 일파는 우왕과 창왕은 왕씨가 아니라는 '우창비왕설(禑昌非王說)'을 만들어냈다. 물론 조선시대 역사가들에게는 '우창비왕설'을 기정사실화 하는 동시에 태조 이성계를 신격화하는 임무가 주어졌다. 그 내용은 조선왕조 차원에서 편찬된 역사서들에 충실히 반영되어 있다. 이런 현상을 '조선왕조판 역사 바로 세우기'의 전형으로 불러도 손색이 없을 것이다.

신돈

"이 영(令)이 발표되니 권문세족들이 강점했던 전민(田民)을 그 주인에게 반환했으므로 온 나라가 기뻐했다. ⋯ 신돈이 겉으로는 공평한 척 꾸미면서 사람들에게 은혜를 베풀어 주려고 천예(賤隷)로서 양민이라고 호소하는 자는 모두 양민으로 만들어 주었다. 이에 노예로서 주인과 등진 사람들이 들고 일어나 '성인(聖人)이 나왔다.' 라고까지 했다."

—「고려사」 열전 신돈조

조선 문종 때 완성된 「고려사(高麗史)」에는 34명의 국왕이 즉위하여 475년 동안 존속한 고려의 역사가 자세하게 기록되어 있다. 「고려사」는 국왕의 사적을 기록한 부분을 '세가'라 하고, 신하들에 대한 것은 '열전'이라 하여 구분하고 있다. 그런데 「고려사」 세가에 그 사적이 실려 있는 국왕은 34명이 아닌 32명이다. 나머지 두 명 즉 32대 우왕과 33대 창왕은 신우(辛禑)와 신창(辛昌)이라는 이름으로 '열전', 그것도 신돈전(辛旽傳)에 부기되어 있다. 이는 「고려사」를 편찬한 조선 초의 역사가들이, 우왕과 창왕을 신돈의 자손이라 하여 고려의 국왕으로 인정하지 않은 까닭이다. 그리고 「고려사」는 우왕을 포악하고 무능한 군주, 즉 폭군의 전형으로 못박고 있다. 그 여파로 당시 백성들로부터 성인으로 추앙받던 신돈마저도 우왕과 창왕이 그의 자손이라는 누명을 쓰고 조선왕조 5백 년 내내 요승(妖僧)의 대명사로 불리워졌다. 이런 통념은 오늘날까지도 지속되고 있는 실정이다.

그럼 우왕이 정말로 신돈의 아들인지 그 진위 여부부터 살펴보자. 「고려사」의 관련 내용을 보면 다음과 같다.

"신우의 아명은 모니노(牟尼奴)이니 신돈의 비첩(婢妾) 반야(般若)의 소생이다. … 공민왕이 항상 아들 없음을 걱정하던 차에 하루는 미행으로 신돈의 집에 가니 신돈이 이 아이를 가리키며, '전하께서는 이 아이를 양자로 삼아 뒤를 이으소서!'라고 말했다. 이 때 왕이 아이를 곁눈으로 보며 웃기만 하고 대답하지 않았다. 그러나 마음 속으로는 이에 동의했다."

이에 따르면 아명이 모니노인 우왕은 신돈과 그의 비첩 반야 사이에서 태어난 아이였다. 그런데 공민왕이 신돈의 집을 방문했을 때 신돈이 왕에게 그 아이를 양자로 들여 후계자로 삼을 것을 건의하자 받아들였다는 것이다.

하지만 같은 책에서 이와는 다른 내용이 발견된다. 즉 신돈이 수원으로 귀양가게 되었을 때 공민왕은 측근에게, "내가 일찍이 신돈의 집에 갔을 때 그 집 여종과 내통하여 아들을 낳았으니 그 아이를 경동시키지 말고 잘 보호하라!"고 지시했고, 또 신돈을 죽인 후 이인임(李仁任)에게도, "신돈의 집에 아름다운 여자가 있었는데 자식을 낳을 수 있다는 말을 듣고 내가 가까이 하였더니 이 아이를 낳았다."고 말했다는 기사이다. 공민왕 스스로가 우왕이 자기 자식임을 인정한 「고려사」의 이들 기사는 우왕이 신돈의 자식이라는 조선 개국세력의 주장이 허위임을 말해 준다.

공민왕은 신돈을 죽인 후 모니노의 이름을 우(禑)로 바꾸고 죽은 궁인(宮人) 한씨 소생으로 삼았으며 나아가 한씨의 3대와 그의 외조에게 벼슬을 추증했다. 이후 우왕은 공민왕의 모후 명덕태후전(明德太后殿)에서 키워졌으며, 마침내 공민왕에 의해 후계자로 지명되었다.

물론 우왕의 즉위 과정에서 논란이 있었던 것도 사실이다. 공민왕이 죽자 조정은 곧 이인임 등 우왕을 옹립하려는 파와 명덕태후 등 다른 왕족을 옹립하려는 파로 갈렸다. 그러나 이런 대립은 우왕이 공민왕의 자식이 아니라서 야기된 상황이 아니었다. 당시 우왕은 10세밖에 안 된 어린아이였다. 즉 이는 어린 왕의 즉위 때마다 있어 왔던 현상 중 하나였다. 게다가 이인임이 '우왕의 즉위는 공민왕의 유훈'임을 내세우자 다른 주장은 이내 사그라졌다.

만약 우왕의 혈통에 약간의 의문이라도 제기되었더라면 반대여론이 들끓고 정국이 소용돌이에 빠져 대대적인 숙청이라도 벌어졌겠지만 그런 일은 일어나지 않았다. 더구나 우왕이 공민왕의 자식이 아니라며 이의를 제기한 인물은 실제 단 한 명도 없었다.

당시 고려사람들은 우왕이 공민왕의 혈통임을 추호도 의심하지 않았다. 가령 '나라에서 우왕과 창왕 부자가 신돈의 자손이라 하여 폐위하고 서인(庶人)으로 만들었다.'는 소식을 접한 고려 말 유학자 원천석(元天錫)은, 만약 우왕과 창왕의 혈통이 의심되었다면 일찍부터 분간하지 않고 왜 이제서야 하느냐고 질타하는 한편, 그 자신은 두 왕의 혈통을 추호도 의심하지 않으며 두 왕에 대한 충정의 마음 또한 변치 않을 것이라는 뜻을 시(詩)로써 밝히기도 했다.

조선시대 학자들 가운데도 우왕와 창왕이 왕씨(王氏)임을 밝힌 원천석의 견해를 받아들인 이들이 많았다. 예컨대 퇴계 이황(李滉)은 우·창 문제에 대해서는 원천석의 의리를 쫓겠다고 주장했다. 뒤이어 안정복(安鼎福)도 「동사강목(東史綱目)」에서, "내가 원천석의 문집을 보건대, 신우를 옮긴 일, 최영(崔瑩)이 처형된 일, 신우·신창을 폐위하고 사사한 일, 목은(牧隱)이 장단으로 귀양간 일에 대하여 다 시(詩)가 있는데 숨김없이 곧게 썼으니, 정인지(鄭麟趾)의 「고려사」에 비하면 해·별과 무지개 이상의 큰 차이가 있다. 초야에 이런 동호(董狐)와 같은 직필(直筆)이 있으니, 이것이 어찌 돌에 눌린 죽순(竹筍)이 비껴 나오는 것이 아니겠는가!"며, 원천척의 시가 정인지 등이 곡필로 편찬한 「고려사」의 기록보다도 훨씬 더 역사적 가치가 있음을 강조했다.

또한 선조 때 활동한 이기(李塈)는 우왕이 죽음을 당한 곳인 강릉지방의 민간에 전해오는 이야기를 그의 저서 「송와잡설(松窩雜說)」에 기록해 두었는데, 그 내용은 다음과 같다.

"왕씨는 용(龍)의 자손이므로, 아무리 못난 자손과 먼 후손이라도 그 몸의 어딘가에 반드시 비늘이 있었다. 세상에 전해오는 말에, '우왕의 왼쪽 어깨 위에 바둑돌 만한 비늘이 있었는데, 우왕은 항상 숨기고 나타내지 않았다. 그런데 강릉에서 죽음을 당하던 날에는 어깨를 드러내어 옆 사람에게 보이면서 내가 신씨가 아닌 줄을 너희들이 어찌 알겠느냐고 했다'고 한다. 이 일이 비록 사서(史書)에는 기재되지 않았으나 강릉사람들은 지금까지 그 얘기를 하고 있다."

이렇듯 고려인만이 아니라 조선시대 학자들까지도 우왕과 창왕이 신돈의 자손이 아니라 고려의 왕족 왕씨임을 인정하고 있었다.

사정이 이러한데도 조선 개국세력이 우왕과 창왕을 신돈의 자식이라 주장한 이유는 두말 할 것도 없이 조선 건국의 정당성을 합리화하기 위해서였다. 이성계는 처음부터 고려를 멸하고 조선을 개창한 것이 아니다. 태조 이성계는 '즉위교서'에서, "나라 이름은 그전대로 고려라고 하고 의장(儀章)과 법제(法制)는 한결같이 고려의 고사(故事)에 따른다."고 선포했다. 이성계의 즉위도 고려를 멸망시키고 조선을 개창한 후에 이루어진 것이 아니라, 고려 도평의사사(都評議使司)의 추대를 받는 형식을 취했다. 이처럼 고려를 멸한 것이 아니라 고려를 계승했음을 밝혔기 때문에, 왕씨가 아닌 이씨가 왕이 되기 위해서는 그 정당성을 뒷받침해 줄 논리가 필요했다. 그 논리가 바로 자신들이 위화도 회군으로 제거한 우왕이 공민왕의 자식이 아니라 신돈의 자식이라는 상징 조작이었다.

이런 사정은 이성계가 명나라에 올린 표문(表文)에서도 확인할 수 있는데, 내용은 이러하다.

"권지고려국사(權知高麗國事) 신(臣) 이성계는 말씀을 올립니다. 삼가 생각하옵건대, 소방(小邦)에서는 공민왕이 후사(後嗣)없이 세상을 떠난 뒤에 신돈의 아들 우가 성(姓)을 속이고 왕위를 도둑질한 것이 15년이었습니다. 무진년(1388) 봄에 이르러 망령되이 군대를 일으켜 장차 요동을 범하려고 하여, 신(臣)을 도통사(都統使)로 삼아 군대를 거느리고 압록강까지 이르게 했습니다. 신이 그윽이 스스로 생각해 보건대, 소방(小邦)이 상국(上國)의 경계를 범할 수 없으므로, 여러 장수들에게 대의(大義)로써 깨우쳐 즉시 함께 회군(回軍)했습니다."

이 기록에 따르면 신돈의 아들 우는 왕위를 도둑질한 역적으로서 상국인 명나라 영토를 침범하려 했기 때문에 이성계 자신은 이를 바로잡기 위해 회군했다는 것이다.

이성계 일파는 위화도 회군으로 정권을 잡은 후 좌군도통사(左軍都統使) 조민수(曺敏修)의 주장에 따라 우왕의 아들 창왕을 임금으로 세웠다가, 조민수가 제거된 후 창왕이 신돈의 손자라는 '우창비왕설(禑昌非王說)'을 주장해 창왕을 1년 만에 내쫓고, 가짜를 폐하고 진짜를 세운다는 '폐가입진(廢假立眞)'의 명분으로 허수아비인 공양왕을 추대했던 것이다. 끝내 이성계는 정치에 어둡고 덕이 없다는 이유로 공양왕마저 내쫓고 스스로 왕위에 올랐다.

이렇듯 우왕과 창왕이 신돈의 자손이라는 주장은 이성계 일파가 위화도 회군 후 자신들의 집권을 정당화하기 위해 집중적으로 제기한 정치공세에 불과한 것이었다. 그 결과 조선 초 사가들은 우왕과 창왕대의 사적을 「고려사」 열전, 그것도 신돈의 기록에 뒤이어서 서술했던 것이다. 이는 물론 그들이 고려의 국왕될 자격이 없었음을 공개적으로 드러내기 위함이었다.

「고려사」는 혈통만이 아니라 우왕 자체에 대해서도 극히 부정적으로 기록하고 있다. 가령 "왕이 날마다 개와 닭을 쏘아 죽이기를 상사(常事)로 일삼았기 때문에 서울 안에는 개와 닭이 거의 없어졌다.", "우왕의 음탕과 살육이 날로 심하여 갔다.", "왕과 신하가 모두 황음(荒淫) 무도하니 백성들의 원성이 높았다." 등이 그 대표적인 기사들이다. 심지어 "좌우군 도통사가 장차 출발하게 되었는데 우왕이 취해 해가 높이 떠도 자리에서 일어나지 않아서 고별하지 못했다."는 기사와 같이, 술에 취해 국가의 존망(存亡)이 걸린 요동정벌 출정식에도 참가하지 못했을 정도로 우왕을 무책임한 군주의 전형으로 기록하고 있다.

그러나 「고려사」를 자세히 보면, 우왕은 재해가 일어났을 때에는 민폐가 될 것을 우려하여 연등회 등 행사나 술을 금지하거나 토목공사를 중단케 했고, 경사가 있을 때에는 죄수를 방면하는 등 정상적인 국정을 수행했음을 알 수 있다. 더군다나 "왕이 '재상들이 이미 부자가 되었으니 녹을 주는 것을 정지하고 먼저 먹을 것이 없는 군대에 나누어 주라!'고 명령하고, 드디어 염흥방(廉興邦 : 당시 최고권력자)을 순군옥에 가두었다. 이에 나라 사람들이 모두 기뻐 '우리 왕이 밝다.'고 말했다."는 「고려사절요(高麗史節要)」 신우 14년 정월조 기사처럼, 우왕은 폐위 직전에도 백성들의 칭송을 받고 있었다.

매향비
경남 사천군 소재.
우왕 13년(1387)에 세운 것으로, 왕의 만수무강과 국태민안을 기원하는 내용이 새겨져 있다.

그럼 이제 신돈에게로 다가서 보자.

고려 말 최대의 과제는 소수 특권층인 권문세족의 폐단을 개혁하는 것이었다. 고려가 원나라에 복속된 이후 형성되기 시작한 권문세족은 정치적으로는 도평의사사를, 경제적으로는 농장을 독점하면서 배타적인 특권층이 되었다. 이들은 힘없는 농민의 토지를 겸병하는 방법으로 자신의 토지를 늘려갔고 양민들까지도 자신들의 노비로 만들었다. 이처럼 소수의 권문세족에게 정치·경제적 특권이 집중되다 보니 국가 재정과 민생은 파탄지경에 이르렀다. 이런 상황에서 개혁의 기수로 등장한 이가 있었으니, 바로 신돈이었다.

신돈의 가계에 대해서는 기록이 없어 현재로선 자세히 알 수 없다. 다만 그의 어머니가 계성현(桂城縣) 옥천사(玉川寺)의 비(婢) 출신이었다는 정도만 확인할 수 있다. 그는 어려서 승려가 되었지만 그 어미의 출신이 미천해 승려들 사이에서도 한 축에 들지 못하고 항상 산방(山房)에 거처했다고 한다. 때문에 그는 소외받는 백성의 고통을 누구보다 잘 알 수 있었다.

고려는 26대 충선왕 시절부터 권문세족을 무력화시키기 위한 개혁을 본격 시작했으나 그 때마다 권문세족의 저항에 부딪혀 실패를 맛보아야 했다. 충선왕·충숙왕·충목왕 등의 개혁이 실패한 이유는 무엇보다도 개혁 주도세력 자체의 한계에 있었다. 개혁 주도세력 역시 개혁대상인 권문세족이었거나, 권문세족보다는 못하지만 지주층으로서 기존 체제에서 일정한 기득권을 누리던 집단이었기 때문이다. 즉 개혁의 주체와 대상이 혼재되어 있었던 것이다.

공민왕은 이 점을 정확하게 인식하고 있었는데, 이는 다음의 「고려사」신돈전 기사가 뒷받침해 주고 있다.

"공민왕이 왕위에 있은 지 오래되었지만 재상들에 대해 만족하지 못했다. 왕은, 세신세족(世臣世族)은 친당(親黨)이 뿌리처럼 이어져 있어 서로 허물을 가려주고, 초야의 신진(新進)은 감정을 감추고 행동을 꾸며 명망을 탐하다가 귀하게 되면 가문이 한미한 것을 부끄럽게 여기고 대족(大族)과 혼인하여 처음의 뜻을 버리며, 유생(儒生)은 유약하여 강직함이 적고 문생(門生)·좌주(座主)·동년(同年)이라 하면서 서로 당파가 되어 사사로운 정에 따르니 이 세 부류는 모두 쓸 수 없다고 여겼다. 이에 세상을 떠나 초연한 사람을 얻어 크게 써서 인순(因循)의 폐단을 혁파할 것을 생각하고 있었다."

이런 공민왕은 "신돈을 보자 그가 도를 터득해 욕심이 없을 뿐만 아니라, 미천하여 친당(親黨)이 없어 대사를 맡길 만하다."고 여겨, 권문세족과 상관없는 미천한 출신인 신돈에게 전권을 위임하여 개혁을 전담케 했던 것이다.

천산대렵도
국립중앙박물관 소장.
공민왕의 작품으로 전한다. 공민왕(재위 1351~1374)은 충숙왕의 아들로, 1341년부터 원나라에 머물렀다. 1351년에 원나라에서 충정왕을 폐하고 그 뒤를 잇게 하여 고려로 환국했다. 그는 국내의 친원파를 추방하고 원나라 연호 사용을 금하는 등 반원운동을 적극적으로 전개했다. 1358년 신돈을 만난 후로는 자기 세력이 없던 신돈을 앞세워 전면적인 개혁작업에 착수했다.

신돈이 등장할 무렵의 고려는 최영(崔瑩) 등 무장출신들이 공민왕을 폐위시키고 덕흥군(德興君)을 옹립하려는 원의 간섭과 홍건적의 침략을 격퇴하는 데 공을 세움으로써 강력한 영향력을 행사하고 있었다. 반면 왕의 주요 측근들은 제거되어 왕권은 크게 위축되어 있었다. 공민왕은 이런 상황을 타개하기 위해 아무런 정치적 기반이 없던 신돈을 등용하여 자신이 원하는 방향으로 정계를 개편하려 했다. 하기에 정권을 잡은 신돈이 가장 먼저 착수한 작업은 무장세력 축출이었다. 공민왕 14년(1365) 5월 최영이 계림부윤(鷄林府尹)으로 쫓겨난 것을 시작으로, 무장으로서 재상의 반열에 오른 인물들은 이 때 모두 유배당했다. 반면 국왕의 측근들은 다시 중용되었다. 이는 물론 국왕의 의지에 따른 것이었다. 공민왕의 절대적인 후원하에 강력한 권한을 행사하기는 했지만 왕의 결단에 따라 하루 아침에 제거될 수 밖에 없었던 사정에서 보여지듯, 신돈은 왕의 의지를 대행하는 측근에 불과했다. 이인임 등 신돈 집권기에 요직을 차지했던 인물 대부분이 신돈이 제거되고 공민왕이 친정(親政)하게 된 이후에도 계속 정권의 핵심을 이루었던 것이 이를 반영해 주고 있다.

아무튼 신돈은 정계개편을 일단락짓고 난 뒤 공민왕의 절대적인 신임하에 대대적인 개혁작업에 착수했다. 그 핵심사업이 공민왕 15년(1366) 전민변정도감(田民辨正都監) 설치를 통한 전민추정(田民推定)사업이었다. 강제로 탈취당한 농민들의 토지를 되돌려 주고 불법적으로 노비가 된 사람들을 본래대로 양인함으로써 국가재정을 확충하고 민생을 안정시키려는 사업이 전민추정사업이며, 그 주관부서가 바로 전민변정도감이었다.

전민변정도감 판사(判事)에 임명된 신돈은 "빼앗은 토지와 노비를 서울은 15일, 지방은 40일 이내에 스스로 돌려 주어라. 돌려 주는 자는 불문에 부치겠지만 기한을 넘겨 발각되는 자는 엄중히 처벌하겠다."고 선포했다. 신돈을 시종 물욕이 많고 음탕한 인물로 묘사하고 있는 「고려사」도 이 부분에서만큼은 "이 영(令)이 발표되니 권문세족들이 강점했던 전민(田民)을 그 주인에게 반환했으므로 온 나라가 기뻐했다. … 신돈이 겉으로는 공평한 척 꾸미면서 사람들에게 은혜를 베풀어 주려고 천예(賤隷)로서 양민이라고 호소하는 자는 모두 양민으로 만들어 주었다. 이에 노예로서 주인과 등진 사람들이 들고 일어나 '성인(聖人)이 나왔다.'라고까지 했다."고 기록할 정도로, 이 사업은 성과있게 진행되었고 이를 주도한 신돈 역시 당대 최고의 인기를 구가하게 되었다.

개성 성균관　신돈의 주도하에 성균관이 중영됨에 따라, 이색을 비롯한 정몽주 · 정도전 등 유학자 그룹이 이 곳으로 집결했다. 그 결과 이들은 신돈 집권기만이 아니라 신돈이 실각한 후에도 개혁의 주체세력으로 성장하여 그 역할을 수행할 수 있었다.

개혁이 진행됨에 따라, 신돈은 보다 효과적이고 지속적인 개혁 추진을 위해서는 자신의 개혁정책을 뒷받침해 줄 정치세력이 필요함을 절감하게 되었다. 하지만 권문세족을 비롯한 기존 정치세력을 전면적으로 부정하고 그들과는 전혀 다른 새로운 개혁주체를 창출하기는 힘든 일이었다. 때문에 신돈은 기존 정치세력 가운데 상대적으로 기득권에 덜물든 집단, 즉 유학자 그룹에 주목하고 이들을 포섭하려 했다. 성균관을 건축할 때 주위에서 비용문제를 들어 이전보다 축소해 짓자고 말하자, "공자는 천하 만세의 스승인데 어찌 사소한 비용을 절약하려고 전대의 규모보다 좁게 지을 수 있느냐."며 반대했고 신돈의 의지대로 공민왕 16년에 성균관이 중영되자, 이색을 비롯 정몽주·이숭인(李崇仁) 등 유학자 그룹이 이 곳으로 모여들었다.

그러나 이들 대부분이 과거출신의 문신들이었다는 데에 문제의 소지가 있었다. 앞서 공민왕이 지적했듯이, 이들 문신들은 좌주·문생관계를 이용해 당파를 이루어 폐단을 야기했기 때문이다. 이런 현상은 "신돈이 왕에게 이르기를, '유자(儒者)들은 좌주니 문생이니 하여 안팎으로 줄지어 있으면서 서로 간청하여 그 하고자 하는 것을 자행하고, 이제현(李齊賢) 같은 자에 이르러서는 그 문생이 문하(門下)에서 또 문생을 봄으로써 드디어 나라를 메운 도적이 되었으니, 유자들의 폐해가 이와 같습니다."는 「고려사」 이제현전의 기록에서 확인할 수 있다.

신돈은 이런 폐단을 막기 위해 과거제도를 개혁했는데, 왕이 직접 과거를 주관하는 친시(親試)를 실시하는 등 시관(試官)의 권한을 축소하는 방향으로 진행되었다. 이런 조치는 과거를 통한 좌주·문생관계를 부정하려는 것이었다. 그 결과 앞으로의 과거에서 좌주·문생관계의 성립이 불가능해진 것은 물론이고, 기존의 좌주·문생관계도 큰 타격을 받았다. 그리하여 신돈 정권에는 공민왕대에 급제한 20~30대 신진 문신들이 참여하여 개혁 주체세력을 형성하기에 이르렀다.

그러나 권문세족들의 집요한 저항을 막아내기에는 신돈은 그 권력기반이 너무나 빈약했다. 공민왕도 신돈 집권기가 지속됨으로써 그를 중심으로 새로운 세력이 형성되는 것을 묵인하지 않았다. 공민왕 18년 2월 신돈이 오도도사심관(五道都事審官)을 겸하려 했을 때 왕이 이를 거부한 것이 그 예이다. 신돈이 백성들로부터 '성인'이라는 소리까지 듣게 되자 공민왕은 그를 더욱 경계했고, 공민왕 20년(1371) 결국 신돈은 역모를 꾀한다는 혐의를 받고 수원에 유배되었다가 죽음을 당했다.

집권기간은 겨우 6년에 지나지 않았지만, 신돈은 권문세족을 억누르며 백성들을 위한 개혁정책을 편 위대한 인물이었다. 또한 그에 의한 성균관의 중영은 이색·정몽주·정도전 등 신진 문신 그룹이 성장할 수 있는 결정적 계기로 작용했다. 그 결과 이들이 신돈 실각 이후 정계의 주역으로 등장해 계속적인 개혁 추진이 가능했던 것이다.

그럼에도 불구하고 「고려사」는 신돈을 '요사한 승려'니, '대역을 저지른 극악무도한 인물'이니, '탐욕스럽고 음탕하여 뇌물과 여자를 밝히는 자'니 하면서 극히 부정적으로 평가하고 있다. 하지만 그가 행했다는 구체적인 비리행위가 무엇인지는 적기하지 못한 것으로 보아, 이는 사실과는 다른 얘기임이 분명하다.

결국 조선의 개국세력은 위화도 회군 후 우왕·창왕의 폐위와 이성계의 옹립을 정당화하기 위해 그 명분으로 우왕·창왕이 신돈의 자손이라는 논리가 필요했고, 때문에 신돈 또한 부도덕하고 부패한 인물로 만들 필요가 있었다. 그 결과 신돈은 사실 확인도 불분명한, 악의에 찬 비난을 입고 요승의 전형으로 자리잡게 되었던 것이다.

이성계

"이 몸이 주거주거 일백 번 고쳐 주거 / 백골이 진토되여 넉시라도 잇고 업고 / 님 향한 일편
단심이야 가쉴 줄이 이시랴."

—정몽주의 단심가

새로운 왕조가 들어설 때마다, 건국의 주체세력들은 항상 건국의
명분과 정당성을 확보하는 방법으로 개국시조를 보통사람과는 구별
되는 존재로 신격화해 왔다. 하기에 모든 왕조의 역사서 첫머리는
항상 건국자의 영웅담으로, 혹은 믿어지지 않는 기이한 이야기로 채
워지곤 했다. 조선왕조에서 편찬된 역사서들도 예외가 아니었다. 조
선 초 역사가들이 고려의 멸망과 조선의 건국을 정당화하는 임무를
충실히 수행한 결과, 우왕과 창왕 그리고 신돈은 그 최대의 희생양
이 되었다. 물론 최대의 수혜자는 조선의 태조 이성계(李成桂)였다.

「태조실록」 우왕 6년(1380)의 황산대첩(荒山大捷) 관련 기사를
보자.

"아기발도(阿其拔都)는 갑옷과 투구를 목과 얼굴을 감싼 것을 입
었으므로, 쏠 만한 틈이 없었다. 태조가 말하기를, '내가 투구의 정
자(頂子)를 쏘아 투구를 벗길 것이니 그대가 즉시 쏘아라.' 하고는,

드디어 말을 채찍질해 뛰게 하여 투구를 쏘아 정자(頂子)를 바로 맞히니, 투구의 끈이 끊어져서 기울어지는지라, 그 자가 급히 투구를 바루어 쓰므로, 태조가 즉시 투구를 쏘아 또 정자(頂子)를 맞히니, 투구가 마침내 떨어졌다. 이두란(李豆蘭)이 곧 쏘아서 죽이니, 이에 적군의 기세가 꺾였다. 태조가 앞장서서 힘을 내어 치니, 적의 무리가 쓰러져 흔들리며 날랜 군사는 거의 다 죽었다. 적군이 통곡하니 그 소리가 만 마리의 소 울음과 같았다. 적군이 말을 버리고 산으로 올라가므로, 관군(官軍)이 이긴 기세를 타서 달려 산으로 올라가서, 기뻐서 고함을 지르고 북을 치며 함성을 질러, 소리가 천지(天地)를 진동시켜 사면에서 적을 무너뜨리고 마침내 크게 쳐부수었다. … 말을 1천 6백여 필을 얻고 무기(武器)를 얻은 것은 헤아릴 수도 없었다. 처음에 적군이 우리 군사보다 10배나 많았는데 다만 70여 명만이 지리산(智異山)으로 도망했다.”

황산대첩 최후의 장면이다. 이성계가 백마를 타고 긴창을 휘두르며 고려군을 괴롭히던 소년 적장 아기발도를 신궁(神弓)과 같은 활솜씨로 투구를 쏘아 맞히고 이어 이두란이 그를 죽임으로써 전투를 승리로 이끌었다는 내용이다. 「태조실록」을 비롯한 조선왕조의 모든 기록에 나타나는 이성계의 모습은 대개 이와 같다. 즉 이성계는 무장으로서의 비범한 재주를 가진 인물임은 물론 왜구의 침략을 비롯해 여러 차례 외국의 침략을 물리친 영웅이었다.

뿐만 아니다. 조선의 역사서들에 보이는 이성계는 무장으로서만 아니라 문신으로서도 출중한 자질을 지닌 인물이었다. “태조는 본디부터 유술(儒術)을 존중하여, 비록 군중(軍中)에 있더라도 매양

창을 놓고 휴식할 동안에는 유사(儒士) 유경(劉敬) 등을 인접(引接)하여 경사(經史)를 토론했으며, 더욱이 진덕수(眞德秀)의 「대학연의(大學衍義)」 보기를 좋아하여 혹은 밤중에 이르도록 자지 않았으며, 개연히 세상의 도의(道義)를 만회(挽回)할 뜻을 가졌었다.”는 「태조실록」의 관련 기사가 이를 단적으로 드러낸다.

조선왕조의 모든 기록들에 드러난 태조 이성계의 이와 같은 상은 말할 것도 없이 문무의 자질, 그것도 보통사람은 비교할 수 없는 비범한 자질을 겸비하고 있었던 그였기에 조선왕조를 창건한 것은 결코 우연이 아님을 강조하고자 함이었다.

이성계는 충숙왕 (복위) 후4년(1335) 화령부(和寧府)에서 태어났는데, 아버지는 이자춘(李子春)이고 어머니는 최씨였다. 본관이 전주인 그의 집안은 무슨 연유에서인지는 알 수 없지만, 이성계의 고조인 이안사(李安社) 때 원산만 근처에 자리잡았다. 이후 그의 가문은 화주(영흥), 함주(함흥) 일대의 유력자가 되었다. 원나라가 영흥에 쌍성총관부(雙城摠管府)를 설치하여 이 일대를 직할지로 편입한 이래, 이성계 집안은 이안사 때부터 대대로 원나라 벼슬 천호(千戶) 직을 역임했다. 그러다가 아자춘 때에 와서 고려조정과 관계를 맺게 되었다. 공민왕 5년(1356) 고려군이 쌍성총관부를 공격할 당시 이자춘이 고려에 내응하여 이 지역 탈환에 공을 세움으로써 동왕 10년 삭방도만호 겸병마사(朔方道萬戶兼兵馬使)에 임명되었고, 이로써 이성계 집안은 중앙정계에 진출할 발판을 마련하게 되었다.

아버지와 함께 중앙정계에 진출한 이성계는 이후 많은 전공을 세운다. 최초의 전공은 공민왕 10년 독로강만호 박의(朴儀)의 반란을 진압한 것이었다. 곧이어 홍건적이 침입하여 개경이 함락되었을 때에도 이성계는 정세운(鄭世雲) 등과 함께 개경을 수복하는 데 큰 역할을 했다. 공민왕 13년에는 원나라가 공민왕을 폐하고 덕흥군을 세우기 위해 침입했는데, 이 때는 최영(崔瑩)과 함께 이를 격퇴시켰다.

이성계가 유력한 무장세력으로 자리잡는 데에는 바로 우왕 6년(1380)의 황산대첩이 계기로 작용했다. 이 때 충청·전라·경상도를 유린하던 왜구를 토벌할 책임을 맡은 이성계는 삼도도순찰사(三道都巡察使)가 되어 오늘날의 전북 운봉 서쪽, 황산에서 적을 전멸하는 대승을 거두었다. 이 전투의 승리로 창궐하던 왜구의 기세가 한풀 꺾이게 되자 이성계는 무장세력 가운데 핵심인물로 성장하게 되었던 것이다.

황산대첩비와 비각　전북 남원 소재. 황산대첩은 고려 말 창궐하던 왜구에 큰 타격을 가하여 이후 왜구의 기세가 한풀 꺾이는 계기가 되었다. 이성계도 이 전투의 승리로 유력한 무장으로 성장했을 뿐만 아니라 전쟁영웅으로 떠올랐다.

전장을 누비던 이성계가 권력의 핵심에 진입한 때는 우왕 14년 (1388)이었다. 당시에는 임견미(林堅味)와 염흥방(廉興邦)이 정권을 장악하고 있었는데, 이들의 부정부패가 사회적으로 크게 문제되자 군부의 실력자 최영이 이성계를 끌어들여 이들의 정권을 무너뜨렸다. 그 결과 무장세력이 정권의 핵심으로 부상하여 최영이 수상인 시중, 이성계가 부수상인 수시중이 되었다. 이 즈음 명나라가 고려에 철령위(鐵嶺衛)를 설치하여 철령으로부터 공험진(公嶮鎭)에 이르는 지역을 직할통치하겠다는 통보를 해왔다. 이 지역은 원래 고려의 영토이지만 한때 원나라가 쌍성총관부를 설치하여 직접 통치한 적이 있었다. 공민왕 때에 와서 고려가 되찾았지만 원나라를 계승한 명나라가 원의 옛 영토를 회복한다며 다시 빼앗으려 했던 것이다. 당연히 고려로선 받아들일 수 없는 요구였다. 고려의 조야는 분노로 들끓었고, 우왕과 최영은 이를 응징하기 위해 요동 정벌을 결정했다. 그런데 이성계가 "작은 나라가 큰 나라를 거역할 수 없다. 여름철에 군사를 동원할 수 없다. 국력을 기울여 원정하면 왜구가 그 틈을 타 침입할지 모른다. 덥고 비가 내리는 철이라 활의 아교가 녹고 군사들은 역병(疫病)에 걸릴까 우려된다."는 그 유명한 4불가론을 내세우며 요동 정벌에 반대했다.

여기서 이성계의 4불가론을 점검해 보자.

우선 첫째 이유는 유학자 그룹과 연결된 이성계의 사대주의적 발상으로, 그나마 정치적인 수사에 불과하다. 조선 건국 후 그 주역인 정도전(鄭道傳)이 명나라가 그를 못마땅하게 여겨 잡아가려 하자 요동 정벌을 계획했다는 사실에서 더욱 그렇다. 또 남쪽의 왜구는 이미 이성계 자신이 지휘한 황산전투에서 대패하여 기세가 꺾여 있었으니 크게 우려할 정도가 아니었다. 요동 정벌에 국력을 총동원한 것도 아니었다. 흔히 요동 정벌에 동원된 병력이 10만이라 말하지만 실제 병력은 좌·우군 3만 8830명과 겸군(傔軍 : 보조군) 1만 1600명으로 모두 5만여 명에 불과했다. 끝으로 여름 장마철이라 전쟁을 못할 이유도 없다는 점에서 둘째와 넷째 이유도 핑계에 불과하다.

이성계가 4불가론을 통해 내세운 정벌불가의 근거들은 이렇듯 회군이라는 반역을 꾀할 정도로 중대한 이유는 될 수 없었다. 이성계가 정벌에 반대한 실제 이유는 다른 데 있었다. 즉, 요동 정벌군에 이성계 자신의 친위부대가 대거 동원되었기에 명나라와 전쟁하면 자신이 가장 큰 타격을 입을 것이고, 그 결과 자신의 성장을 우려해온 최영에게 숙청당할 가능성이 농후하기 때문이었다.

그러나 우왕과 최영은 이성계의 반대를 무시하고 평양에서 정벌군을 편성했다. 최영 자신이 팔도도통사(八道都統使)로서 총사령관이 되고, 도통사 조민수(曺敏修)가 좌군을, 도통사 이성계가 우군을 지휘하도록 했다. 그러나 총사령관 최영은 신변에 불안을 느낀 우왕의 만류로 출정을 포기한 채 평양에 머물렀고, 사실상 조민수와 이성계가 부대를 지휘하게 되었다. 정벌에 반대하는 장군이 이끄는 정벌군의 사기가 높을 수는 없어서 도망가는 군사들이 속출했다.

여기에 큰 비까지 내리자 이성계는 이를 핑계삼아 위화도에서 머뭇거리며 여러 장수들을 설득했다. 상국인 명나라를 감히 침범할 수 없다는 것이 그 주요 논지였다. 조민수가 이에 동조하고 나섰고 두 사람은 합동으로 우왕에게 회군을 건의했지만 우왕과 최영은 오히려 환관 김완(金完)을 보내 요동 진격을 재촉했다. 이에 좌우군도통사들은 김완을 붙잡아 억류한 채 방책을 논의했다. 이성계는 계속해서 조민수에게 회군하자고 설득했고, 끝내 조민수도 동조해 요동을 정벌하려던 정벌군은 이제 우왕과 최영을 정벌하려는 반란군으로 변했다. 그러고 보면 위화도 회군은 국왕의 명령을 거부한 반역 그 이상도 이하도 아니었다.

이성계의 반란군은 기왕에 고려의 주력군이 집중된 군대였기에 최영은 도저히 이들을 막아낼 수가 없었다. 최영은 곧 귀양터에서 죽음을 맞았고 우왕은 폐위되어 대신 그 아들 창왕이 옹립되었다. 창왕의 옹립은 이성계로선 후환이 두려워 꺼림직했지만 쿠데타의 또 다른 주역인 조민수와 대학자 이색(李穡)의 뜻이라 따르지 않을 수 없었다.

마침내 이성계는 군권은 물론이고 정부마저 장악한 명실상부한 최고 권력자가 되었다. 우왕 때에 정치 일선에서 배제되었던 이성계의 우익, 조준(趙浚)과 정도전 등 유학자들도 속속 정계에 복귀했다. 하지만 정국이 이성계 세력의 뜻대로만 굴러가는 것은 아니었다. 유학자의 대부인 이색 등이 그의 앞을 가로막고 있었다. 양 세력은 특히 전제(田制)개혁을 둘러싸고 대립했다. 당시는 농장으로 대변된 사전(私田)의 전국적인 확대에 따라 민생이 불안정한 것은 물론이고, 관리에게 녹봉을 지급하기도 어려울 정도로 국가재정 또한 파탄상태에 있었다.

집권에 성공한 이성계 세력으로선 이런 상황의 타개를 위해 사전 혁파를 기반으로 하는 전제개혁이 필요했다. 개혁의 요지는, 토지국유를 전제로 하되 그 조세징수권 일부를 국가의 공역을 담당하고 있거나 그럴 자격을 지닌 개인 또는 각 기관에 나누어 주자는 것이었다. 그러나 사전혁파론에는 조정의 대신 다수는 물론이고 유학자의 대부인 이색마저도 '국법(國法)화 된 사전'을 가벼이 폐지할 수 없다며 반대했다. 대신 그들은 공민왕 때부터 자신들이 주장해온 '일전일주론(一田一主論)'에 입각하여 사전문제를 해결하자고 했다. 즉 조세징수권 분급제는 유지하되 전주를 1인으로 확정함으로써 조세징수권이 중첩되는 데 따른 폐단만을 바로잡고자 한 것이다.

이런 반대에도 불구하고 이성계 세력은 그러나 사전혁파를 추진할 수밖에 없었다. 정도전 등 이성계 세력은 오랫동안 정계에서 배제되어 있었기에 경제적 기반이 취약했고, 이성계 휘하의 관료나 군대는 당시 국가재정상 제대로 대우받지 못해 생계유지조차 힘든 상황이었기 때문이다. 하기에 사전혁파를 통해 기존 세력의 경제기반을 무너뜨려야만 그것으로 자신들의 경제기반을 집권세력에 걸맞게 확보할 수 있는 것이었고, 휘하 군대의 생존권보장 문제 또한 일거에 해결할 수 있는 것이었다.

그 와중인 창왕 원년(1389) 11월 이른바 '김저(金佇)의 옥(獄)'이 일어났다. 최영의 조카인 김저 등이 귀양간 우왕을 알현하는 자리에서 우왕이 이들에게 이성계 제거를 지시했다는 것이다. 물론 이 사건은 유배상태의 우왕이 이런 식의 재집권 시도를 한다는 것이 거의 불가능하다는 점에서, 권력투쟁기에 흔히 일어난 다른 정치적 사건들처럼 이성계 일파가 조작했을 가능성이 농후하다. 아무튼 이성계 세력은 이 사건을 계기로 이와는 관련없던, 사전혁파에 반대하는 이색 등의 정적들을 숙청해 버렸다.

이성계 세력은 내친 김에 창왕마저 폐위시켰다. 우왕은 신돈의 아들이므로 우왕의 아들인 창왕 또한 왕씨가 아니라 신씨라는 '우창비왕설(禑昌非王說)'이 폐위의 근거였다. 하지만 앞서 말한 바와 같이 이는 창왕을 몰아내기 위한 이성계측의 정치공세에 불과한 것이었다.

어쨌든 이성계 세력은 신씨를 몰아내고 왕씨를 회복한다며 왕족 가운데 정창군(定昌君)을 왕으로 옹립했다. 그가 바로 고려의 마지막 왕인 공양왕이다. 이성계의 심복인 조준조차도 "정창군은 부귀한 가정에서 성장하여 치재(治財)만 알 뿐 치국(治國)은 모른다."고 반대했을 정도로, 공양왕은 무능한 인물이었다. 사실 공양왕 자신도 눈물을 흘리며 사양했지만 이성계파의 억지에는 어쩔 수가 없었다.

이어 공양왕 3년(1931) 이성계 세력은 자파의 최대 숙원사업이었던 전제개혁마저 일단락지었다. 과전법(科田法)이라 불린 이 전제개혁은 정상적인 소유권을 부정한 것이 아니라 여러 사람이 얽히고 설켜 있던 조세징수권을 정리한 것으로, 실상 정적들 소유의 토지나 조세징수권을 빼앗아 자신들이 나눠가진 것에 불과했다. 즉 과전법은 고려왕조에 충성해 왔던 기존 세력의 경제적 기반을 제거함으로써, 이성계 세력의 경제기반을 마련하는 한편, 앞으로 세워질 새 왕조의 관료군과 군대 양성에 필요한 재정 밑천을 마련하기 위한 정책에 불과한 것이었다. 물론 그 과정에서 억울하게 권력자에게 빼앗겼던 토지가 원주인에게 돌아갔거나 여러 곳에 중첩되어 있던 조세 부담이 징수권 정리로 일정 경감된 것도 사실이다. 그러나 과전법은 토지를 국가 차원에서 관리하는 제도이기에 사전으로 표현되는, 고려 때에 이미 발달한 토지의 개인소유권을 제한하기 위한 정책에 다름 아니었다. 하기에 과전법은 조선 건국 후 얼마되지 않아 현실적으로 무너졌고, 세조 12년(1466)에는 법적으로도 폐지되어 버린다.

이제 이성계 세력의 개국 시나리오에는 아무런 장애가 없는 듯 보였다. 그런데 공양왕 옹립까지 행동을 같이 했던 정몽주(鄭夢周)라는 인물이 새로운 장벽으로 등장하고 있었다. 이성계의 대권야망을 간파한 정몽주는 이색을 사면시키는 등 모든 역량을 기울여 세력을 모아 이성계에 대항했다. 공양왕도 왕조교체를 추진하려는 이성계파의 의도를 파악하고 있었기에 정몽주를 지원했다. 그 결과 조정에는 정몽주 세력이 조준, 정도전 등 이성계를 추종하던 유학자 대부분을 유배시킬 수 있을 정도로 성장해 역성혁명파(易姓革命派)를 압도했다. 그들은 이 기회에 역성혁명파를 무력화시키기 위해 정도전, 조준 등 이성계파 핵심인물들의 사사를 왕에게 요구했다. 그러나 이런 양 세력의 권력투쟁에 염증을 느끼던 공양왕은 이성계 세력에 대한 탄압을 중지시켰다.

이성계에게 재기의 기회가 찾아온 것이었다. 그러나 이제 신하들의 합의에 의한 왕위 추대는 기대하기 어려운 상황이었다. 그들이 취할 수 있는 방법이라곤 군사를 동원한 쿠데타밖에는 없었다. 그 최후의 임무는 새 왕조의 제3대 왕이 될 태종 이방원(李芳遠)의 몫이 되었다. 그는 일당을 보내 선죽교(善竹橋)에서 정몽주를 격살시켰고, 이성계 세력은 곧바로 이색을 비롯, 역성혁명 반대파를 귀양 보냈다. 이성계 세력은 이어 공민왕의 왕비 안씨를 위협하여 공양왕을 폐위시키는 교서를 내리도록 했고 이성계를 새 왕으로 옹립하는 데 성공했다. 이로써 34대 475년에 걸친 고려왕조는 역사의 무대 뒤로 사라지고 대신 조선왕조가 전면에 등장하게 되었다.

유교에서는 왕이 포악한 정치를 하여 민심을 잃으면 하늘의 뜻인 천명이 다른 데로 옮겨간다고 이야기한다. 때문에 왕조의 성을 바꾸는 역성혁명에 대해서도 그 정당성을 부여하고 있다. 하지만 조선은 그 개국을 반대한 핵심세력이 당시 식자들로부터 지탄의 대상이 된 권문세족이 아니라 바로 신흥사대부인 유학자들이었다. 즉 개국세력의 역성혁명론은 유학자들 내부에서조차 그 정당성을 인정받지 못했던 것이다. 성공한 쿠데타이기에 '역성혁성'이라 불리곤 있지만 사실 조선 건국은 어떤 명분으로도 정당화될 수 없는 명백한 반역행위요, 반란이었다. 자연 조선의 건국과정은 반란의 속성상 엄청난 피의 숙청을 수반할 수밖에 없었다.

선죽교 개성시 소재. 이 곳은 조선의 제3대 임금 태종 이방원이 조선왕조를 건국하는 데 최후의 장애물인 정몽주를 격살시킨 장소로 유명하다.

조선의 건국과정 자체가 불법적인 쿠데타의 연속이었기에, 삼은(三隱)으로 지칭되던 고려 말 최고의 지성, 목은(牧隱) 이색·포은(圃隱) 정몽주·야은(冶隱) 길재(吉再)만이 아니라 이른바 '두문동 72현(杜門洞72賢)'으로 대변되는 유학자들 다수가 개국세력의 역성혁명론에 동의하지 않았다. 그들은 건국 이후에도 조정의 거듭된 출사 요청을 거부한 채 초야에 은거했다. 그들을 추앙하던 제자들, 이른바 사림파가 조정에 출사하기 시작한 것도 조선왕조가 건국되고 1백여 년이 지난 성종 때에 와서였다. 이처럼 유학자들마저 부정했기에 조선 건국의 정당성은 그만큼 취약할 수밖에 없었다.

따라서 조선왕조 건국세력에겐 개국의 정당성을 확보하는 작업이 무엇보다 시급했다. 여느 왕조와 마찬가지로 조선왕조도 건국시조를 신격화하는 작업을 그 방법으로 채택했다. 그 절정판이 바로「용비어천가」이다.

총 125장으로 구성된「용비어천가」는 제1장과 2장에 전체의 주제가 요약되어 있다. 제1장에서 "해동의 여섯 용(龍)이 날으니 일마다 하늘이 복을 주신 것은 옛 성인의 일과 부합된다."고 노래했는데, 여기서 해동의 여섯 용은 목조·익조·도조·환조·태조·태종을 말한다. 목조를 여섯 용의 첫머리에 놓은 것은 조선의 건국이 태조 이성계 이전에 이미 천명을 받은 결과임을 나타내기 위한 것이었다.

제2장의 "뿌리 깊은 나무 바람에 아니 흔들릴세 / 꽃 좋고 열매 많으니 / 샘이 깊은 물은 가물에 아니 그츨새 / 내가 되어 바다로 가느니"라는 내용은 우리에게도 익숙한 것이다. 이 역시 조선의 건국이 뿌리 깊은 나무와 샘이 깊은 물처럼 오랜 연원이 있었음을 강조하려

는 것이었다.

3장부터 8장까지는 이성계의 선조인 목조~환조의 행적을 이야기하는데, 이들이 이미 그들이 살았던 고려 때부터 천명을 받고 있었음을 강조하고 있다. 즉 천명이 고려를 떠났으니 조선의 건국이 반역이 아님을 주장하는 것이다.

9장부터 14장까지는 위화도 회군에서 한양천도까지의 일을 기술하고 있다. 위화도 회군으로 고려의 인심이 태조 이성계에게로 모아졌고, 따라서 여러 사람들의 바램 때문에 부득이하게 왕위에 올랐다는 것이다. 그리고 이성계가 왕이 될 조짐이 이미 조상 때부터 보였음을 15장에서 26장에 걸쳐 설명했다. 27장에서 89장까지는 태조 이성계의 비범한 재주와 왜구를 물리친 빛나는 무공, 또 고매한 인품을 찬양하여, 그가 문무를 겸비한 위대한 인물이었음을 강조하고 있다.

인물별로 보더라도 목조 3개장, 익조 9개장, 도조 6개장, 환조 2개장, 태조가 80개장, 태종이 21개장으로 태조 이성계가 중심인물이다. 태조 관련 내용이 압도적으로 많은 데서 알 수 있듯이, 「용비어천가」는 태조 이성계에 의한 조선왕조의 건국을 정당화하기 위해 편찬된 것이다.

여기서 그치지 않고 이미 편찬이 완료된 「태조실록」도 고쳤는데, 권제(權踶), 안지(安止) 등이 참여하여 세종 24년(1438) 9월에 완성을 보았다. 그러나 세종은 28년 11월 8일에 「태조실록」을 내전(內殿)에 들여오도록 명하고, 언문청(諺文廳)을 설치하여 사적(事迹)을 상고해서 「용비어천가」에 첨가하여 써넣도록 했다. 이러한 과정을 거쳐 세종 30년에 「태조실록」에 대한 2차 수정이 있었는데, 이 때의 일은 정인지(鄭麟趾)가 담당했다.

권제와 안지, 정인지 등이 「태조실록」의 1, 2차 수정에 참가했음은 지나칠 수 없는 문제이다. 그들은 「용비어천가」 편찬 작업에도 참여했던 인물들이기 때문이다. 즉, 이들에 의해 편찬된 「용비어천가」의 내용이 수정된 「태조실록」에 포함되었을 것이며, 그 내용에 많은 영향을 미쳤을 것임은 말할 나위도 없다.

이런 과정을 거치면서 신격화된 이성계상이 만들어졌던 것이다. 그리고 세종이 「용비어천가」의 내용이 널리 알려지지 않고 있음을 지적하고, 세종 29년 10월 550부를 간행하여 신하들에게 나누어 주며 그 전파에 앞장서도록 지시한 사례에서 볼 수 있듯이, 조선은 국가차원에서 끊임없이 신격화된 이성계상을 널리 알리려는 작업을 추진했다. 이렇게 만들어지고 유포된 이성계상은 오늘날까지도 그 영향력을 발휘하고 있는 실정이다.

왕자의 난

> "임금이 이조와 병조에 명하기를, '공신(功臣)을 보전하려면 임직(任職)으로 일을 맡기지 않는 것이 옳겠다.' 고 하고, 전대(前代)의 성패(成敗)한 자취와 송 태조가 석수신·왕심기 등에게 회유한 말과, 심지어 무인년 개국공신이 실패한 연유까지를 낱낱이 들었다. 이로 말미암아 (공신 가운데 얼마 남지 않은) 하윤 등이 모두 파직되고 다만 봉군(封君)만 갖게 되었다."
>
> —「태종실록」 15년 5월 17일조

잘 알려진 대로 조선의 제3대 임금 태종 이방원(李芳遠)은 아버지 이성계(李成桂)를 도와 조선왕조를 개창하는 데 최고의 공로를 세운 인물이다. 그럼에도 불구하고 그는 개국 후 진행된 개국공신 책봉 과정에서 명단에 이름이 오르지 못했을 뿐 아니라, 오히려 정도전(鄭道傳) 일파에 의해 숙청대상 1호로 지목되어 목숨도 부지하기 어려운 지경에 직면했다. 이에 그는 난을 일으켜 정도전 일파를 제거하고 정권을 장악했고, 이후 문물제도를 정비하여 조선왕조의 기틀을 마련했다. 세종이 우리역사상 가장 위대한 군주로 추앙받는 데 이것이 토대가 되었음은 물론이다.

그러나 그에 의해 조선왕조의 기틀이 마련되는 과정에는 피의 숙청이 수반되었다. 이는 고려 광종 때의 경우와 다르지 않아 재위 말년에 이르러서는 살아남은 개국공신이 거의 없을 지경이었다. 이런 사정은 "영의정부사(領議政府事) 하윤(河崙)을 파직시켜 진산부원군(晉山府院君)으로, 찬성(贊成) 이숙번(李叔蕃)을 안성부원군(安城府院君)으로, 이조판서 한상경(韓尙敬)을 서원군(西原君)으로, 병조판서 김승주(金承霔)를 평양군(平壤君)으로 삼았다. 임금이 이조와 병조에 명하기를, '공신(功臣)을 보전(保全)하려면 임직(任職)으로 일을 맡기지 않는 것이 옳겠다.'고 하고, 전대(前代)의 성패(成敗)한 자취와 송 태조(宋太祖)가 석수신(石守信)·왕심기(王審琦) 등에게 회유한 말과, 심지어 무인년 개국공신(開國功臣)이 실패한 연유까지를 낱낱이 들었다. 이로 말미암아 하윤 등이 모두 파직(罷職)되고 다만 봉군(封君)만 갖게 되었다."는 「태종실록(太宗實錄)」 15년 5월 17일조 기사가 확인해 주고 있다.

이 기록을 액면 그대로 본다면, 태종이 공신들을 보호하기 위해 그들을 정치일선에서 물러나게 했다는 내용이다. 그러나 실은 피바람 속에서 살아남은 몇 안 되는 공신들마저 부원군으로 봉하여 정치일선에서 은퇴시킴으로써, 왕권에 도전할 만한 세력이 형성될 가능성을 아예 없애버리려는 조치였다. 여기서 주목해야 할 점은, 태종 말년에는 공신들 가운데 생존한 인물이 거의 없었다는 사실이다. 이는 그만큼 태종이 조선왕조의 기틀을 마련하는 과정에는 공신들의 엄청난 희생이 수반되었음을 반증한다. 그 스스로가 살아남은 공신들만은 보호해야 한다고 고백했을 정도이니 말이다.

이렇듯 태종은 피의 화신인 동시에 조선왕조의 기틀을 닦은 위대한 군주이기도 했다. 이런 그의 양면성을 어떻게 받아들여야 할까?

수창궁 용머리 돌조각상　현 북한 고려박물관 소장. 이성계가 즉위식을 가진 개경의 고려 궁궐 수창궁에 있었던 것이다.

　　1392년 개경 수창궁(壽昌宮)에서는 이성계의 왕위 즉위식이 열렸다. 고려 변방출신의 무장 이성계가 왕, 그것도 새 왕조의 태조가 될 수 있었던 것은 수많은 사람들의 협력과 지지가 있었기에 가능했다. 그 대표적인 인물들이 바로 개국공신이다.

　　동서고금을 막론하고 하나의 거사 뒤에는 공로자에 대한 논공행상이 뒤따르기 마련이다. 한국사만 보더라도 공이 있는 인물에겐 여러 가지 정신적·물질적 혜택이 주어졌다. 각종 혜택의 상징적인 조치가 바로 공신책봉이다. 조선시대에도 개국공신에서부터 영조 4년(1728) 이인좌(李麟佐)의 난이 진압된 후의 분무공신(奮武功臣)에 이르기까지 총 28회의 공신책봉이 있었다. 이 중 가장 비중있는 것은 역시 개국공신이다. 특별한 과오가 없는 한 개국공신은 그 왕조가 존속되는 동안 영예와 특권이 자자손손 이어지기 때문이다.

　　태조 이성계는 즉위한 지 한 달 후 공신도감(功臣都監)을 설치하여 개국공신으로 조준(趙浚), 정도전 등 43명을 책봉했다. 이어 이미 고인이 된 김인찬 등 9명을 추가하여 총 52명의 개국공신을 확정했다. 이들 공신은 3개의 등급으로 나뉘어, 1등 공신은 150~220결(結)의 토지와 15~30명의 노비, 2등 공신은 100결의 토지와 10명의 노비, 3등 공신은 70결의 토지와 7명의 노비를 각각 하사받았다.

조선 건국의 주체세력은 대략 이성계로 대변되는 무장세력, 정도전을 위시한 유학자 그룹, 그리고 이방원 등 태조의 인척들로 나눌 수 있다. 이들 그룹 중 무장이나 문신 그룹의 주도적 인물들은 개국공신에 포함되었지만 유독 이방원 등 태조의 아들들은 그 대상에서 제외되어 버렸다. 이들은 왕조 건국의 가장 큰 공신들이라 할 수 있는데, 특히 이방원은 이성계의 최대 정적인 정몽주(鄭夢周)를 제거했음은 물론이고, 이성계 추대를 위해 남은(南誾)과 함께 가장 적극적인 활동을 했을 정도로, 개국공신이 되기에 충분한 조건을 갖추고 있었다. 태조가 이런 이방원을 개국공신에서 제외시켜 버린 것은 고려의 왕건(王建)이 제2대 혜종을 후백제 정벌 공로에 대한 대가로 1등 공신에 책봉한 것과는 극히 대조되는 조치였다.

자연 이방원 등 이성계의 아들들은 개국공신 책봉에 큰 불만을 가졌고, 이른바 1차 왕자의 난이란 쿠데타를 일으켜 아버지를 실각시키고 스스로 개국공신에 오르기에 이른다.

이방원은 태조의 다섯째 아들로 태어났다. 그의 어머니는 태조의 본부인인 신의왕후 한씨(神懿王后韓氏)이다. 그는 우왕 9년(1383)인 17세 때에 문과에 급제하여 벼슬길에 올랐고, 26세 때인 1392년에 이성계의 최대 정적 정몽주 제거에 앞장섰다. 이 때 만약 그가 정몽주를 제거하지 않았다면 역성혁명파(易姓革命派)는 정몽주의 역공을 받아 재기불능 상태로 빠져들었을 것이다. 역성파는 그 핵심인물인 정도전 등이 귀양살이를 하고 있었을 정도로 수세에 몰려 있었기 때문이다. 정몽주가 제거되자 공민왕비인 왕대비 안씨를 강압하여 공양왕을 폐위케 하고 이성계를 새 왕조의 국왕으로 추대하는 일을 선두에서 추진한 것도 이방원이었다. 그야말로 이방원은 조선 건국의 1등 공신이자 정계의 실력자였다.

그런 이방원이 정작 개국공신은커녕 조선 건국과 동시에 정계에서 배제된 까닭은, 이성계가 즉위한 지 불과 한 달 만에 둘째 부인 강비(康妃) 소생의 막내 아들 방석(芳碩)을 세자로 책봉한 조치에서 드러난다. 태조와 중신들의 합의하에 이토록 신속히 세자책봉이 이루어진 것은 장차 일어날 수도 있는 왕자들 간의 왕위 계승 분쟁을 예방하려는 조치였다. 그 이면에는 이방원의 왕위에 대한 야욕을 사전에 봉쇄하려는 목적도 있었다. 왕조 개국 과정에서 보여 준 그의 과단성있는 기질과 성향은 태조나 강비, 개국공신들 모두가 그를 두려워하고 기피하게 만들었을 것이기 때문이다. 하지만 태조와 개국공신들의 책략은 불과 7년도 안 되어 판단착오임이 드러났다. 이는 오히려 1차 왕자의 난의 씨앗이 되었음은 물론이고, 태조시대의 종말을 고하는 실마리를 제공했던 것이다.

이방원 등 한씨 소생의 자식들은 방석이 세자로 책봉된 이후 정계에서 계속 소외되었다. 당시 정국을 주도하던 정도전 등 개국공신 세력은 심지어 그들의 목숨까지도 요구하기에 이른다. 이런 사정을 짐작케 하는 「태조실록」 7년 8월 26일조 기사를 보자. "이 때 여러 왕자들이 거느린 시위패(侍衛牌)를 폐하게 한 것이 이미 10여 일이 되었는데, 다만 방번(芳蕃)만은 군사를 거느림이 그전과 같았다." 즉, 제1차 왕자의 난이 일어나기 10여 일 전, 여러 왕자들의 시위군이 혁파되었다. 물론 정도전 일파가 주도한 것이다. 그런데 유독 세자의 동복(同腹)형제인 방번의 시위군만은 혁파되지 않았다. 결국 한씨 소생 왕자들의 시위군만 혁파당했다는 말인데, 이는 이방원 등 한씨 소생 왕자들을 제거하거나, 최소한 무력화시키기 위한 예비조처로 추정할 수 있는 것이다.

「태조실록」을 비롯한 당시의 역사서들은 1차 왕자의 난이 세자 방석을 후원하고 있던 정도전, 남은 등이 이방원 등 한씨 소생 왕자들을 제거하려 했기 때문에 일어난 것이라 기록하고 있다. 그러나 이후의 행적에 비추어보면 1차 왕자의 난이 이들 기록에서처럼 온전히 방어차원에서만 행해졌다는 주장은 신뢰할 수 없다. 하지만 자신들이 혹시 숙청당할 지 모른다는 위기의식을 느끼고 자위차원에서 정도전 일파를 제거했다는 점만은 분명하다. 정도전 일파에 의해 유독 이방원 등 한씨 소생 왕자들의 시위군만이 혁파당했다는 사실이 이를 뒷받침해 준다. 사병혁파는 제거까지는 아니더라도 적어도 세력 무력화를 위한 예비조치임은 분명하기 때문이다.

여하튼 이방원 등은 태조 7년(1398) 8월, 1차 왕자의 난을 일으켜 정도전, 남은 등 공신세력을 제거하는 동시에 이복형제인 방석과 방번마저 살해해 버렸다. 그 후 골육상잔의 비난에서 벗어나려는 방원의 양보로 둘째 형 방과(芳果)가 세자에 책봉되었다. 그 해 9월, 태조가 세자에 전위하니 이가 조선의 제2대 임금 정종이다. 이렇게 즉

위한 정종의 왕권은 무력했고 실권은 방원에게 있었다. 얼마 안 되어 또 다시 형제 간의 골육상잔이 재연되었다. 이번에는 1차 왕자의 난으로 실권을 장악한 이방원에게 그의 셋째 형 방간(芳幹)이 도전한 것인데, 여기에는 1차 왕자의 난에 공이 있으면서 1등 공신에 책봉되지 못한 박포(朴苞) 등이 가세했다. 결과는 방원측의 승리로 끝났다.

두 차례에 걸친 왕자의 난은 왕위계승을 둘러싼 왕자들 간의 골육상쟁일 뿐만 아니라 이방원에 의한 개국공신 세력 제거 과정이기도 했다. 이 과정에서 실권을 장악한 이방원은 왕권강화를 위한 일련의 조치를 취했다. 그에게 가장 시급한 과제는 사병혁파였다.

애초 태조는 즉위 초에 의흥삼군부(義興三軍府)를 설치하여 병권의 통제를 꾀했지만 개국공신들에겐 사병의 양성을 허용했다. 그것은 건국 초의 불안한 정세 속에서 혹시 발생할지도 모를 변란에 대비하려는 조치였다. 하지만 사병은 국왕의 군통수권을 어렵게 했음은 물론 왕위쟁탈전에 동원되기까지 했다. 이에 이방원은 2차 왕자의 난을 평정하고 세자로 책봉된 직후인 정종 2년(1399) 4월에 국왕과 세자의 시위군을 제외한 일체의 사병을 혁파했다. 이와 함께 사병적 성격이 강한 지방의 절제사(節制使) 소속 군사를 삼군부에 편입시켜 공병화(公兵化)함으로써 모든 병권을 국왕에게 집중시켰다.

그러나 사병혁파가 곧 왕권의 안정을 보장해 주는 것은 아니었다. 당시에는 공신들도 참여한 도평의사사(都評議使司)가 정국을 주도했기 때문이다. 태조 원년 7월에 이성계는 새 왕조의 관제(官制)를 반포했었다. 그 주요 내용을 보면, 고려의 제도를 토대로 일반업무는 문하부(門下府)에서 총괄하고, 군사부분의 주요 사항은 중추원 (中樞院)에서 담당하도록 했다. 그리고 국가의 재정은 삼사(三司) 에 일임하고, 인사행정은 상서사(尙瑞司)에서 관장토록 했다. 이처 럼 문하부와 중추원, 그리고 삼사 등의 기능이 별도로 설정되기는 했지만, 실상 이들 핵심적인 부서의 고위관리들이 모두 도평의사사 의 구성원이었기에 국가의 모든 업무는 도평의사사에서 관장될 수 밖에 없었다. 이런 사정은 "현재 양부(兩府 : 문하부와 중추원)의 여 러 재상의 수가 40여 명이 넘습니다. 이들이 모두 도평의사사에서 합좌(合坐)하여 국사를 의논합니다."는 「정종실록(定宗實錄)」 2년 4월 병신조 기사에서 확인할 수 있다. 여기에다 공신들은 아무런 직 임(職任)이 없어도 얼마든지 도당(都堂)에서 국가경영에 참여할 수 있었기 때문에 도평의사사의 권한은 더욱 강화될 수밖에 없었다. 실 제 태조 원년 7월의 도당 구성원을 보면, 총 29명 가운데 개국공신 이 17명, 원종공신이 9명으로 확인되고 있다. 당시의 관제대로라면 도당의 정원은 문하부 10명과 중추원 16명으로 총 26명인데,「태조 실록」 7년 4월 기묘조에 따르면, 양부의 재상 수가 무려 56명에 달 했다. 그리고 앞의 「정종실록」 기사에서 알 수 있듯이, 이 때까지도 여전히 실직도 없는 공신들까지 도당에 참여하여 국사를 총괄하고 있었다. 이처럼 도당에 참여한 공신 등에게 모든 권력이 집중되어 있었기 때문에 왕권은 상당한 제약을 받았던 것이다.

따라서 왕권안정을 위해서는 관제개혁이 필요했다. 정종 2년 4월 사병혁파와 동시에 도평의사사를 혁파하여 의정부(議政府)를 신설 하고 중추원을 고쳐 삼군부로 했는데, 삼군부의 관원은 오직 삼군부에서만 근무하게 하고 의정부에는 합좌하지 못하게 했다. 이는 정부와 군부가 분리되었음은 물론이고 의정부의 권한이 도평의사사 때보다 약화되었음을 의미한다. 때문에 이 조치는 공신세력으로 대변되는 재상합의에 의한 정치를 극복하는 데 상당한 효과를 거둘 수 있었다.

이렇듯 정종 2년의 개혁은 사병을 혁파하여 군지휘 체계상 국왕의 지위를 강화하는 한편, 태조 이래 권력의 핵심으로 자리잡아온 도평의사사를 혁파하는 데까지는 일단 성공했다. 하지만 이 때의 개혁은 "지금 재상들이 나라의 모든 일을 다 처결하기 때문에 관리들이 공공연히 권세가(權勢家)의 문전(門前)을 분주히 드나든다."는 「정종실록」 2년 12월조 기사가 보여 주듯, 공신들의 권한을 억제하는 면에서는 대단히 불철저했다. 의정부의 권한과 책임 등 구체적인 사안에 대해서는 아무런 후속조치가 없었던, 불완전한 개혁이었기 때문이다.

왕위에 오른 이방원은 결국 몇 차례에 걸쳐 관제개혁을 추진했다. 국정을 6조(曹)에 분담시키되, 가령 호조와 병조가 각각 국가의 재정과 군무(軍務)를 관장하고, 종래 상서사에서 맡아오던 인사행정도 이조와 병조에 귀속시켜 6조(曹)의 기능을 대폭 강화했다. 이는 태종 5년(1405)에 와서야 일단락되었다. 이 때도 물론 제도화되지는 않았지만 여전히 의정부에서 국정의 최종 결정권을 실질적으로 행사하고 있었다.

이어 태종 8년에는 의정부에 6조의 감독권만 부여했다. 이번 조치는 의정부의 실질적인 권한을 더욱 축소하고 6조의 권한을 보다 강화하는 한편, 6조 감독권을 의정부에 부여함으로써 6조와 의정부 간 상호 균형을 유지하려는 것이었다. 이 후에도 몇 차례에 걸쳐 약간의 변화는 있었지만 그 기틀만은 유지되었기에, 이 때의 조치는 이제야 고려의 유제가 청산되고 새 왕조 조선의 문물제도가 마련되었음을 의미하는 것이었다.

이렇듯 태종 이방원은 조선왕조체제의 기틀을 마련했다. 그 중에서도 최대의 성과는 고려시대 이래의 합좌기구인 도평의사사를 폐지한 것이다. 고려 이래 조정의 소수 재상들이 도당에 합좌하여 국가의 주요 정책을 논의·결정했는데, 왕권조차도 이들을 견제할 길이 없었기에 이들의 권한은 거의 절대적이었다. 그런데 태종의 개혁 조치로 도당의 재상에게 집중되었던 각종 권한이 6조로 분산된 것이다. 그 결과 국왕은 상징적으로 뿐 아니라 제도적으로도 국가권력과 행정체계상 최고의 정점에 자리잡을 수 있었다. 국왕의 지위와 권한이 훨씬 강화됨에 따라 자연 왕권은 물론이고 새 왕조 조선도 상대적으로 안정될 수 있었다. 왕조체제하에서는 왕권이 안정되어

경복궁 근정전
근정전은 국왕이 정사를 보는 곳으로서 경복궁의 중심 건물인 셈이다.

야만 왕조 자체도 안정을 유지할 수 있기에 이가 가진 의의는 실로 크다 할 수 있다.

그런데 그 과정에서 엄청난 피의 숙청을 수반했던 것도 사실이다. 예컨대 1, 2차 왕자의 난을 거치면서는 개국공신 가운데 정도전 등 주로 문신출신이 희생당한 반면, 이번에는 태종의 집권에도 공을 세운 조영무(趙英武) 등 개국공신 중 무장출신들이 대거 숙청당했다. 이는 이들이 기득권 유지를 위해 사병혁파에 반대했기 때문이었다. 여기서 끝난 것이 아니었다. 태종은 자신이 집권하는 데 최고 공로자라 할 수 있는 처남 민무구(閔無咎), 민무질(閔無疾) 형제 등 외척세력까지 숙청의 대상으로 삼았다. 외척 발호로 일어날 수 있는 왕권의 불안을 예방하기 위해서였다. 그 결과 태종 말년에는 공신들 가운데 생존한 인물이 거의 없을 정도가 되었다.

태종 이방원이 고려의 광종처럼 피의 화신이 된 데에는 이렇듯 불가피한 면이 있었다. 또한 그것은 태조 이성계의 판단착오에서 비롯된 측면이 농후하기에 태종에게만 책임지울 수도 없는 일이다. 이역시 조선 초 역사가들에 의해 만들어진 신격화된 이성계상은 역사적 실체에 부합되지 않는다는 것을 보여 주는 단적인 사례일 것이다. 새 왕조를 건국하는 데 목숨을 걸고 자신을 도운 공신들만이 아니라 자식들의 생명마저 보호해 주지 못한, 역사 속에 실존한 이성계가 어떻게 신과 같은 완전무결한 존재이겠는가?

요컨대 태종 이방원은 비록 이런 아버지의 유산 때문이었지만 연이은 숙청을 주도한 피의 화신이었음엔 분명하다. 동시에 조선왕조의 입장에서는 왕조의 기틀을 마련한 위대한 군주이기도 했다.

이순신, 원균

후세인에 의해 역적이 된 전형적인 인물, 원균

신격화된 전쟁영웅, 이순신

5장
종이 한장 차이의 충신과 역적

100여 년간의 전국(戰國)시대를 종결지으며 일본열도를 통일한 풍신수길(豊臣秀吉)이 20만 대군을 동원하여 조선을 침략한 것은 선조 25년(1592), 조선이 개국한 지 정확히 200년 후였다. 그 동안 북방 여진족과 남방 왜구의 침략이 없었던 것은 아니지만 이는 간헐적인 국지전에 불과했고, 나라 전체의 운명이 걸린 전면전은 이번이 처음이었다. 실로 임진왜란은 조선이라는 왕조가 망하느냐, 존속하느냐의 여부를 결정짓는 최대의 사건이었다.

일본군은 부산에 상륙한 지 20일도 안 돼 서울에 입성했고 계속해서 평양을 거쳐 함경도까지 북상했다. 그 와중에 조선의 육군은 제대로된 전투 한 번 해보지 못한 채 일본군에 연전연패당했다. 하지만 이순신(李舜臣)이 이끄는 수군은 도처에서 일본함대를 물리쳤다. 조선의 수군은 남해의 제해권을 장악하여 수륙(水陸)양면으로 협공하려던 일본군의 작전을 봉쇄했음은 물론이고, 이로써 전라도의 곡창지대를 보존할 수 있었다.

그 결과 전세(戰勢)역전의 발판이 마련되었다. 특히 전국 곳곳에서 일어난 의병은 일본군의 보급로를 차단하여 적군의 작전에 막대한 차질을 끼침으로써 정부군이 전열을 가다듬을 수 있는 시간적 여유를 벌어 주었다. 이어

이순신, 원균

명의 대군이 조선에 도착하면서 전세는 드디어 역전되었다. 이 모두는 이순신이 이끄는 수군의 빛나는 전과에 힘입은 바 컸다.

이렇듯 이순신은 임진왜란이라는 조선왕조 개국 이래 초유의 국난을 극복하는 데 가장 뛰어난 전공을 세운 인물이었다. 때문에 오늘날까지도 영웅을 넘어 민족의 성웅으로까지 칭송받고 있다. 반면, 원균(元均)은 이순신의 공을 시기하여 그를 모함한 전민족적 공적(公敵)으로 지탄받아 왔다. 하지만 「선조실록(宣祖實錄)」 37년(1604) 6월 25일자 기사는 세간의 이런 평가에 대해 근본적인 의문을 던져 주고 있다. 이 기사는 임진왜란의 공신들에 대한 포상기록인데, 그 중 1등 공신의 반열에 오른 인물은 문신 이항복(李恒福)과 정곤수(鄭崑壽), 무신 이순신 · 권율(權慄) · 원균 등이었다.

현재의 통념대로라면 민족의 공적이어야 할 원균이, 400년 전인 당시에는 그가 모함했다는 이순신과 함께 당당히 1등 공신으로 책봉되었던 것이다. 이는 역사 속에서 원균이 이순신이라는 한 영웅의 극적인 부각을 위해 희생양으로 이용당했을지도 모른다는 의문을 갖기에 충분하다.

후세인에 의해 역적이 된 전형적인 인물

원 균

일 본군이 침략하자 부산첨사(釜山僉使) 정발(鄭撥)과 동래부사(東萊府使) 송상현(宋象賢)은 각각 부산과 동래에서 적에 맞서 싸웠지만 패배해 전사했다. 중앙에서 파견한 순변사 이일(李鎰)과 도순변사 신립(申砬)도 상주와 충주에서 각각 패배하고 말았다. 일본군이 부산에 상륙한 지 불과 10여 일 만에 믿었던 도순변사 신립마저 패배하자 오랜 평화에 익숙해 있던 조선조정은 공포에 휩싸였다.

일본군이 북상하는 동안 조정은 대책을 논의했는데, 끝까지 맞서 싸우자는 주전론(主戰論)이 우세한 가운데 다른 계책도 있었다. 그중 하나가 서울을 버리고 도망가자는 파천(播遷)론이었고, 다른 하나가 중국의 요동으로 망명하자는 요동내부책(遼東內附策)이었다.

이 두 계책의 입안자와 결정자가 다름아닌 국왕 선조였다는 사실

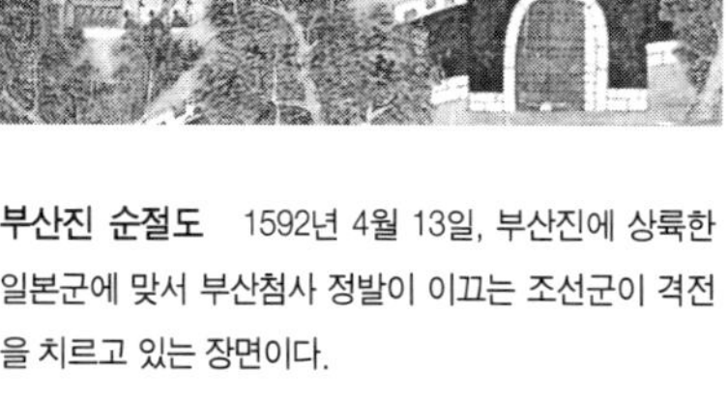

부산진 순절도　　1592년 4월 13일, 부산진에 상륙한 일본군에 맞서 부산첨사 정발이 이끄는 조선군이 격전을 치르고 있는 장면이다.

동래부 순절도　　1592년 4월 15일, 동래부사 송상현과 군민들은 힘을 합해 밀려오는 일본군에 대항했으나 모두 장렬히 전사했다.

이 임진왜란 유공자의 비극을 예고해 주고 있었다. 선조는 신하들의 극렬한 반대에도 불구하고 행선지도 정하지 않는 채, 서울을 버리고 파천을 단행했다. 파천은 외침에 맞서 나라와 백성을 수호해야 할 막중한 책무를 내팽개치고 자신의 안전만을 도모한 행위로서, 국정의 최고 책임자인 국왕이 취할 행동은 결코 아니었다.

도망가려는 국왕에 분노한 한양의 백성들은 궁궐을 불태우고 국왕 일행의 가마를 막으면서 파천을 저지하려 했다. 백성들의 봉기에 놀란 선조는 파천 결정자가 바로 자신이라는 사실을 숨기기 위해 희생양을 만들었는데, 그의 이런 정치공작에 의해 영의정 이산해(李山海)는 파천 주청자로, 좌의정 유성룡(柳成龍)은 파천에 적극 반대하지 않는 죄로 파면당했다.

멀리 평산까지 도망온 선조는 요동내부 의사를 내비치기 시작했다. 요동내부란 국왕과 소수의 비빈(妃嬪)만이 난리를 피해 요동에 들어가 명나라의 백성으로 살겠다는 망명론이었다. 이번에도 신하들은, "난을 당하면 임금은 당연히 힘써 나라와 백성을 지켜야 하고, 신하 또한 마땅히 나라와 운명을 함께 해야 합니다. 전하께서 요동으로 망명할 계획을 철회하신다면 신들이 어찌 감히 성을 지키지 않겠습니까?"라며 목청 높여 반대했다. 하지만 임진강 방어선이 붕괴되었다는 소식을 접한 선조는 이런 반대를 무릅쓰고 요동망명 계획을 관철시키려 했다.

그러나 선조의 요동망명 계획은 실현되지 못했다. 이는 선조가 계획을 철회했기 때문이 아니라 명나라에서 선조의 망명을 거절했기 때문이었다. 명나라는 조선이 일본과 결탁해 명을 치려 한다는 의혹을 가지고 있었다. 하기에 왕의 망명은 명분일 뿐 실제로는 가짜왕을 앞세워 일본군의 침략로를 열어 주려는 것이라 의심했던 것이다. 실제 명 조정에서는 최세신(崔世臣) 등을 보내어 그 진위(眞僞) 여부를 확인하기까지 했다.

선조는 세자에게 왕위를 물려 주겠다는 선위론(禪位論)을 밝히기

 5장 종이 한장 차이의 충신과 역적

도 했다. 이 또한 요동내부의 걸림돌이었던 국왕의 직무를 벗고 전쟁터에서 벗어나 안전지대인 요동으로 도망가기 위한 책략에 불과했다.

하기에 일본군이 쳐들어오자 나라와 백성을 내팽개친 채 도망간 선조와, 목숨을 바쳐 나라와 백성을 지킨 전쟁영웅들이 극명하게 대비될 것은 자명한 일이었다. 당연히 선조는 자신의 권위 유지를 위해 당시 백성들로부터 높은 인기를 얻고 있던 이순신과 같은 전쟁영웅들을 격하하는 작업을 추진할 수밖에 없었다.

전쟁영웅들에 대한 선조의 격하작업은 공신책봉 과정에서도 드러난다. 임진왜란 유공자에 대한 논공행상(論功行賞)은 선조 34년 3월에 시작해서 선조 37년 10월에 끝났다. 당시 공신은 임금을 수행한 신하에게 준 호성공신(扈聖功臣)과 전공이 있는 사람에게 준 선무공신(宣武功臣), 두 종류가 있었다. 호성공신은 '임금〔聖〕을 뒤따른〔扈〕 공신'이란 뜻에서도 알 수 있듯 도망가는 선조를 뒤따른 신하들을 포상한 것이고, 선무공신은 전공을 세운 신하들을 포상한 것이다. 상황에 비추어 볼 때, 당연히 선무공신이 훨씬 많아야 함에도 불구하고 실제로는 호성공신이 훨씬 더 많았다. 호성공신은 86명인데 비해 선무공신은 18명에 지나지 않았다. 호성공신은 자신을 따라다닌 인물이므로 많은 수를 책봉했던 것이다. 당시 사관(史官)도 선조의 이런 의도를 꿰뚫고 있었는지, "선조가 호종한 공을 녹공하려는 것은 대개 이 무리들을 위한 배려로 훗날 난리 때면 달려오게 하기 위한 것이다."며 비판했다. 그나마 선무 1등 공신은 이순신, 권율, 원균 등 이미 죽은 사람 세 명뿐이었고 살아있는 사람은 아무도

1등 공신에 책봉되지 못했다. 추천 과정에서는 곽재우(郭再祐), 이원익(李元翼) 등 당시 생존했던 사람들도 몇 명 있었지만 선조는 이들의 책봉을 거부했다. 생존한 사람을 1등 선무공신으로 책봉한다는 것은 의주로 도망쳤던 선조로서는 도저히 용납할 수 없는 일이었기 때문이다.

선조는 특히 이순신을 격하하는 작업에 집착했는데, 이는 2등으로 추천된 원균을 1등으로 격상시키는 것으로 나타났다. 이순신에게 공이 집중되는 것을 막기 위한 조치였다. 이원익·이항복·이덕형(李德馨) 등이 선조에게 공신등급을 정해 올린 것은 임진왜란이 끝난 6년 후인 선조 36년(1603)이었는데, 원안에는 원균이 1등이 아니라 2등이었다. 이에 선조는 특별히 비망기(備忘記)를 내려 원균이 2등으로 녹공된 것에 불만을 표시했다. 비망기의 일부를 보자.

"원균을 2등에 녹공해 놓았다만은, 왜란 발생 초기에 이순신은 원균이 구원을 요청해서 간 것이지 자진해서 간 것은 아니었다. 왜적을 토벌할 때 원균은 죽기를 결심하고 매양 선봉이 되어 용맹을 떨쳤다. 승전하고 노획한 공이 이순신과 같았는데, 그 노획한 적괴(賊魁)와 누선(樓船)을 도리어 이순신에게 빼앗긴 것이다."

선조는 시종일관 원균을 옹호하고 이순신을 폄하했다. 사실 선조의 이런 평가는 사실(史實)에 부합되는 측면도 있다. 경상좌수군(慶尙左水軍)이 궤멸된 상황에서 단독으로 영남해역에서 일본 수군과 맞서 싸우던 경상우수사(慶尙右水使) 원균의 거듭된 원군 요청에도 불구하고 이순신은 출전을 계속 미루고 있었다. 머뭇거리던 이순신이 출전을 결심한 것은 녹도만호(鹿島萬戶) 정운(鄭運) 등이 급히 출동할 것을 강력히 요구했기 때문이다. 정운은 "전라우수군이 오지 않고 있는데 적의 세력이 이미 서울까지 박두했으니 더없이 통분함을 이길 수 없다. 만일 기회를 잃게 되면 뒷날 후회해도 돌이킬 수 없을 것(「난중일기(亂中日記)」, 임진 5월 3일자)"이라고 하면서, 즉각 출전하는 것만이 최선책임을 강조했다. 원균의 원조 요청을 받은 지 20여 일 만인 선조 25년(1592) 5월 4일, 이순신은 하는 수 없이 출전을 결행했던 것이다. 결국 선조의 이순신에 대한 비난은 아무런 근거없이 이루진 것은 아니었다.

여하튼 이순신을 폄하한 것과는 달리, 국왕 선조는 원균에 대해서만큼은 옹호로 일관했다. 심지어 원균이 지휘한 칠천량해전(漆川梁海戰)의 패배도 그 책임을 모두 권율에게로 돌렸다. "이순신을 대신해 통제사가 되어서는 원균이 재삼 장계를 올려 부산 앞바다에 들어가 토벌할 수 없는 상황을 극력 전달했으나, 비변사가 독촉하고 원수가 윽박지르자 패전할 것을 훤히 알면서도 진(鎭)을 떠나 왜적을 공격하다가 드디어 전군이 패배하게 되자 그도 순국하고 말았다. 원균은 용기만 삼군에서 으뜸이었던 것이 아니라 지혜도 뛰어났던 것이다." 칠천량해전 패배의 책임은 원균이 아니라 원균의 공격불가 의견을 묵살한 도원수 권율에게 있다는 것이다. 그러면서 선조는 "오늘날 공로를 논하는 마당에 도리어 2등에 두었으니 어찌 원통하지 않겠는가. 원균은 지하에서도 눈을 감지 못할 것이다."라면서 1등으로 승급시키라고 명령했다. 이에 심사자들은, "원균은 당초에 군사가 없는 장수로서 해상의 대전에 참여했고, 나중에는 주사(舟師)를 패전시킨 과실이 있으므로 이순신 · 권율과는 같은 등급에 넣을 수 없어 2등에 녹공했던 것인데, 방금 성상의 분부를 받들었으니 1등으로 올려 놓겠습니다."라면서 1등으로 녹공했던 것이다.

하지만 원균이 1등 공신이 된 사정을 기록한 사관은 "원균은 주함(舟艦)을 침몰시키고 군사를 해산시킨 죄가 매우 컸다."고 한마디 덧붙여 원균을 1등으로 승급시킨 선조의 처사를 비판했다. 당시 사관은 선조가 이순신 격하사업의 일환으로 그와 대립했던 원균을 1등으로 승급시켰다는 사실을 지적했던 것이다.

그렇다면 원균의 실체는 어떠했을까? 원균은 불패의 신화를 지닌 용장은 아니었다. 하지만 남의 공이나 시기하고 모함하는 졸장은 더더구나 아니었음은 그의 행적이 말해 준다. 이순신보다 다섯 살이 많았던 그는 무과에 급제한 뒤 선전관(宣傳官)을 거쳐 조산보만호(造山堡萬戶)로 봉직했다. 이 때 변방의 오랑캐 토벌에서 세운 공으로 종3품 부령부사(富寧府使)에 특진되었다. 그 후 병사 이일(李鎰)의 휘하에서 근무하던 중 여진족의 시전부락(時錢部落)을 격파하는 데에도 큰 역할을 했다. 이 전공으로 그는 임란 2개월 전인 선조 25년(1592) 2월, 경상우수사가 되었다. 이순신이 유성룡(柳成龍)의 추천을 받아 종6품 정읍현감에서 정3품 전라좌수사로 파격 승진한 것과는 비교되는 경력이다.

임란 초기에 일본 수군의 집중적인 공격을 받고 경상좌수군이 궤멸되자 경상우수사 원균은 영남해역에서 단독으로 적과 싸웠다. 그러면서 전라좌수사 이순신에게 원군을 거듭 요청해 이순신과 연합하여 옥포(玉浦)해전에서 대승을 거두었다. 이는 조선군이 임란에서 거둔 최초의 승리였다. 원균에 대해 극히 부정적으로 서술하고 있는 「선조수정실록(宣祖修正實錄)」조차도 "이순신이 드디어 원병을 내어 거제 앞바다에서 원균을 만났는데, 원균이 이운용(李運龍)과 우치적(禹致績)으로 선봉을 삼았다. 옥포에 이르러 적선 30척이 있는지라 진격하여 크게 무찌르니 남은 적은 뭍으로 달아났다."고 하여, 원균의 역할이 컸음을 인정하고 있다.

임진왜란 3대첩의 하나인 한산도해전에서도 "왕이 '원균과 이억기(李億祺)는 이순신과 공이 같은 사람들이다. 품계를 높여 주고 글을 내려 아름다움을 포상하라.'고 지시했다."는 「선조실록」 25년 9월 1일자 기사처럼, 원균은 승리하는 데 큰 역할을 했다. 이순신과 연합, 일본 수군의 교두보인 부산포를 공격해 적선 100여 척을 격파하는 대승을 거두기도 했다.

이렇듯 옥포해전에서부터 부산포해전에 이르기까지 임란 초기 해전의 승리는 이순신 지휘하의 전라좌·우수영과 원균의 경상우수영이 연합전선을 펴 이루어 낸 성과였다.

「선조실록」은 원균이 이순신과 연합하여 한산도 등에서 승전한 일에 대해 상세히 기록하고 있는데, 대체로 이순신을 주역으로 기술하기는 했지만 원균에 대해서도 공동작전의 한 축으로 놓았지 폄하하지는 않았다. 광해군 때 편찬한 「선조실록」은 총제관 이항복이 북인 기자헌(奇自獻)으로 교체되면서, 북인의 당파적 시각이 많이 들어가 북인에 대해서는 긍정적으로, 다른 당파들에 대해서는 부정적으로 서술하고 있다. 인조반정으로 정권을 잡은 서인들은 「선조실록」의 이런 문제점을 지적하면서 수정실록을 편찬할 필요성을 제기했다. 그렇게 편찬된 「선조수정실록」이 바로 이순신에 대해서는 극찬으로 일관하고 있으면서 원균에 대해서는 폄하를 일삼은, '이순신=충신', '원균=역적'의 전거가 되는 책이다. 이는 서인들이 주도하고 남인들이 동조해 성공한 인조반정 이후 집권층의 변화와 밀접한 관련이 있다.

인조반정 직후 남인 이원익이 영상이 된 데서 알 수 있듯 반정정권은 형식상 서·남인 연합정권이었다. 이순신은 남인 영수 유성룡의 추천을 받았으므로 이 때 남인으로 분류된 반면, 북인이 집권했던 임란 말기에 조정에 비호자가 많았던 원균은 북인으로 분류되었다. 따라서 「선조수정실록」에서 이순신은 후하게, 원균은 박하게 기술했을 가능성이 농후하다. 원균을 제대로 평가하려면 이런 「선조수정실록」에 대한 엄격한 사료 비판이 요구된다 하겠다.

이순신과 원균 두 사람이 사이가 벌어진 것은 전공다툼 때문이었다고 전한다. 이런 사정은 "처음에 원균이 이순신에게 구원병을 청하여 적을 물리치고 연명(聯名)으로 장계를 올리려 했다. 이 때 이순신이 '천천히 합시다.'라고 말하고는 밤에 혼자 장계를 올리면서 원균이 군사를 잃어 의지할 데가 없었던 것과 적을 공격함에 있어 공로가 없다고 진술했으므로, 원균이 듣고 대단히 유감스럽게 여겼다. 이로부터 각각 장계를 올려 공을 아뢰었는데 두 사람의 틈은 이 때부터 생겼다."는 「선조수정실록」 25년 6월 1일자 기사에서 엿볼 수 있다.

이처럼 두 사람은 승전에 대한 전공다툼으로 사이가 벌어지기 시작하다가 다음 해인 선조 26년(1593) 8월, 이순신이 신설된 삼도수군통제사에 겸임 발령되자 원균이 반발하면서 결정적으로 멀어지게 된다. 삼도수군통제사는 오늘날의 해군참모총장과 비슷한 직으로 수군을 통괄하는 자리였으므로 관직에 먼저 진출한 원균으로서는 후배의 지휘를 받는 것을 꺼렸던 것이다. 「선조수정실록」은 원균이 이순신의 차장(次將)된 것을 부끄럽게 여기고 이순신의 지휘를 거부했다고 기록하고 있다. 이런 연유로 원균은 선조 27년 충청병사로 옮기게 되고, 얼마 후에는 다시 전라병사로 옮기게 되었다.

그러다가 선조 30년 2월, 이순신은 왜장을 체포하라는 임금의 명령을 이행하지 않은 죄로 하옥되었고, 대신 원균이 이순신의 뒤를 이어 삼도수군통제사가 되었다. 이 자리바꿈이 원균의 책략에 의한 것처럼 각색되면서 원균은 전민족적 공적(公敵)이 되었다. 즉 '원균이 이순신을 시기해 그를 모함하여 하옥시키고 삼도수군통제사직을 빼앗았으며, 그 후 칠천량해전에서 대패하여 수군이 거의 전멸되었

세병관 통영시 소재. 선조 37년(1604) 수군통제사의 본영으로 사용하기 위해 이경용이 창건한 것으로, 인조 22년 (1645)에 김용해가 규모를 확장하여 지금까지 전해진다. 거대한 50개의 기둥이 장관이다.

고 그 자신도 전사했다.'는 현재의 통념이 그것이다. 하지만 이는 사실이 아니다.

원균이 충청병사로 전임된 후 경상도 해역은 소강상태가 한동안 계속되었다. 이에 조정에서는 이순신에게 적을 공격하라는 명령을 내리지만 이순신은 움직이지 않았다. 심지어는 세자 광해군까지 내려가 이순신을 불렀으나 무슨 까닭인지 그는 이 부름에 응하지 않았다. 이런 사정은 "이순신은 처음에 힘껏 싸웠지만 그 뒤에는 적은 적일지라도 잡는 데 성실하지 않았고, 또 군사를 일으켜 적을 토벌하는 일이 없으므로 내가 늘 의심했다. 세자가 남쪽에 내려가서 여러 차례 불러도 오지 않았다."는「선조실록」선조 29년 6월 26일자에 기록된 국왕의 언급에서 확인할 수 있다.

이 때부터 선조와 조정의 대신들은 이순신을 불신하기 시작했고, 원균을 재기용하는 문제를 심각하게 고려했다. 그 와중에 이른바 요시라(要時羅)사건이 일어났다. 당시 조정은 교착상태인 전세(戰勢)를 역전시키기 위해 왜장 소서행장(小西行長)과 가등청정(加藤淸正)이 강화교섭을 둘러싸고 갈등관계에 놓여 있는 것을 이용, 양자 간의 이간책을 추진하고 있었다. 일본군 역시 재침의 결정적 장애가 될 이순신의 수군을 유인하여 격멸시킬 기회를 엿보고 있었다. 이때 소서행장은 간첩 요시라를 이용해 자신이 가등청정과 불편한 관계임을 강조하면서 가등의 일정을 알려 주고 조선의 수군이 그를 사로잡으면 전쟁이 끝날 것이라는 거짓 정보를 흘렸다. 정보를 입수한 조정에서는 이순신에게 가등을 체포하라는 명령을 내렸다. 그러나 적의 계략임을 알아차린 이순신은 가등이 도해한다는 해역으로 휘하 함대를 자주 출동시키면서도 결정적인 해상작전만은 유보했다. 이것이 사건의 개요이다. 선조 30년(1597) 2월 1일의 일이다.

당연히 조정에서는 명령에 따르지 않았다며 이순신을 하옥시키고 전라병사 원균을 삼도수군통제사로 삼았다. 이처럼 이순신이 제거된 것은 선조의 불신과 함께 어리석은 조정대신들이 일본측의 계략에 넘어간 결과이지 결코 원균의 모략 때문이 아니었다.

또한 앞의 "원균은 주함(舟艦)을 침몰시키고 군사를 해산시킨 죄가 매우 컸다."는 사관의 평가처럼, 원균이 칠천량해전 패배의 모든 책임을 져야 하는 것도 아니었다. 당시 원균은 바다와 육지에서 동시에 공격하여 안골포의 적을 쳐서 부산에 이르는 길을 트고 이어 적의 보급로를 차단하자고 주장했었다. 하지만 선조, 조정대신 그리고 도원수 권율 등은 원균의 이런 건의를 묵살한 채 수군이 먼저 바다에서 적을 막아야 한다는 수군 선공론을 결정해 버렸다.

도원수 권율의 강제적인 명령에 하는 수 없이 원균은 부산의 왜본영을 공격했지만 실패하여 거제의 칠천량으로 퇴각했다. 이 때 일본군은 해전에서 이겨야만 조선을 점령할 수 있다는 전략적 고려로, 수군을 대폭 증강하여 600여 척의 대선단을 거느리고 있었던 반면, 우리 수군은 124척에 불과했다. 그러나 권율은 이런 일본군의 전력을 도외시한 채 조정의 명령에 따라 진격을 강요했던 것이다. 결국 칠천량으로 퇴각해 있던 조선 수군은 일본군의 야간 기습공격을 받아 대패했고 원균은 전라우수사 이억기(李億祺), 충청수사 최호(崔湖) 등과 함께 전사했다.

이 때의 일을 기록한 「선조실록」 30년 11월 4일자 기사의 내용은 다음과 같다.

"도원수 권율은 장령(將領)의 명을 받았으면 밤낮으로 적개심을 돋울 것을 생각하여야 함에도 오랫동안 적과 대치하고 있으면서 한 가지의 대응책도 세우지 못했습니다. 지난 날 주사(舟師)의 전투(칠천량해전)는 조정의 명령이 있었다 하더라도 원수가 된 자로서는 힘을 헤아리고 시기를 보아서 대항하기 어려울 것 같으면 그 상황을 즉시 보고하여 후회가 없도록 했어야 합니다. 그런데 이런 계획은 하지 않고 경솔한 생각과 부질없는 행동으로 원균에게 엄한 곤장을 쳐서 독촉했다가, 마침내 6년 동안 경영하여 어렵게 마련한 주사를 단번에 여지없이 무너뜨리고 많은 산책(山柵)을 한 곳도 지키지 못함으로써 적이 호남으로 들어가 군민(軍民)이 뿔뿔이 흩어졌습니다."

이처럼 칠천량해전 패배의 일차적인 책임은 도원수 권율에게 있었다. 이는 "원균이 재삼 장계를 올려 부산 앞바다에 들어가 토벌할 수 없는 상황을 극력 전달했으나, 비변사가 독촉하고 원수가 윽박지르자 패전할 것을 훤히 알면서도 진(鎭)을 떠나 왜적을 공격하다가 드디어 전군이 패배하게 되자 그도 순국하고 말았다."는 국왕 선조의 시각과도 일치하는 것이다.

권율의 경우 행주산성의 전투에서 대승을 거둔 것도 사실이고, 교착상태에 빠진 전선을 단번에 역전시켜 일본군을 격퇴하려 했던 칠천량해전에서 대패하는 데 일차적 책임이 있는 것도 사실이다. 그럼에도 불구하고 권율은 임란 1등 공신에 책봉되었고 오늘날에도 행주대첩의 영웅으로 남아 있다.

요컨대 원균은 이순신처럼 불패의 영웅은 아니었지만 그렇다고 전민족적 공적이 되어야 할 이유도 없는, 한 사람의 용감한 장수이자 적군과 맞서 싸우다 장렬히 전사한 임란의 공신이었다. 그럼에도 불구하고 후세인들의 당파적 시각에 희생되어 오늘날까지도 오명을 뒤집어 쓰고 있다.

신격화된 전쟁영웅

이순신

"처음에 원균이 이순신에게 구원병을 청하여 적을 물리치고 연명(聯名)으로 장계를 올리려 했다. 이 때 이순신이 '천천히 합시다.' 라고 말하고는 밤에 혼자 장계를 올리면서 원균이 군사를 잃어 의지할 데가 없었던 것과 적을 공격함에 있어 공로가 없다고 진술했으므로, 원균이 듣고 대단히 유감스럽게 여겼다. 이로부터 각각 장계를 올려 공을 아뢰었다."

— 「선조수정실록」 25년 6월 1일조

서울 광화문 앞 세종로 한복판에는 위풍당당한 모습의 '이순신 장군 동상'이 우뚝 서 있다. 세종로는 서울의 대표적인 거리요, 한국의 중심을 상징하는 길이다. 이 곳에 이순신(李舜臣) 장군의 동상이 자리잡고 있다는 것은 이순신 장군이 현재 우리 사회에서 가장 존경받은 인물임을 상징적으로 보여 주는 사례일 것이다. 이순신을 이렇게 만든 최대의 공로자는 다름 아닌 박정희이다. 물론 여기에는 국난에서 나라를 구해 낸 인물이라는 식으로 자신과 이순신을 동일시하려는 박정희의 의도가 담겨 있다. 그 결과인지는 모르지만 어느 순간부터 한민족의 뇌리에 이순신은 국난에서 나라와 민족을 구원한 상징이요, 그것도 불패의 신화를 지닌 완전무결한 인물로 각인되어 왔다. 지금도 이순신은 단순한 영웅을 넘어 성웅(聖雄), 즉 성스러운 초인간적 존재로 추앙받고 있다.

그러나 이순신의 이런 위상을 의심케 하는 정보는 많다. 그 중 하나가 바로 「선조실록(宣祖實錄)」 30년 1월 27일자 이순신 문책을 논의한 어전회의 기록이다. 판중추부사(判中樞府事) 윤두수(尹斗壽)가 "이순신이 조정의 명령을 따르지 않고, 또 싸움을 기피하여 한산도에 물러나 지키기만 하니 지금의 큰 계획을 시행할 수가 없습니다. 이에 모든 사람들이 통분함을 이기지 못하고 있습니다."라고 하면서, 이순신 문책을 강하게 주장했다. 이 때 회의 참석자 모두가 그의 주장에 동조했다. 이순신의 강력한 후원자였던 유성룡(柳成龍)마저도 "제가 이순신을 천거했는데, 임진년에 공을 세워 정헌대부(正憲大夫)가 되었으니 그 보상이 지나친 것 같습니다. 대개 장수들은 그 뜻이 이루어지면 반드시 교만해지기 마련입니다."고 하며 이순신 문책론을 지지했다.

선조 25년(1592) 4월 14일 소서행장(小西行長)이 이끄는 일본군 선발대 1만 7천여 명이 부산에 상륙했다. 후속부대도 연이어 한반도에 상륙했는데, 그 총수가 무려 20여만에 이르렀다. 대비가 없었던 조선으로서는 조총으로 무장하고 잘 훈련된 일본군에게 속수무책으로 당할 수밖에 없었다. 일본군은 별다른 저항을 받지 않은 채 파죽지세로 북상하여 처음 부산에 상륙한 지 20일 만에 서울을 점령해 버렸다. 조선군은 임진강에 최후의 방어선을 구축했지만 대패하고 말았다. 이에 왕 일행은 평양을 떠나 다시 의주로 피신했고, 일본군은 평양을 거쳐 함경도로 북상을 계속했다.

육지에서의 이 같은 참패와 달리, 바다에서는 조선군이 연전연승을 거두고 있었다. 그 승리의 주역은 다름아닌 전라좌수사(全羅左

水使) 이순신이었다. 인종 원년(1545)에 태어난 이순신은 23세 때 훈련원 별과시험에 응시했으나 낙마하여 실패했고, 1576년 32세라는 늦은 나이에 비로소 식년시 무과에 급제했다. 같은 해 종9품직인 함경도 동구비보(童仇非堡)의 권관(權管)으로 부임하면서 관직생활을 시작했다. 그렇지만 그의 벼슬길은 그다지 순탄치 않았다. 조산보만호(造山堡萬戶)로 근무하던 중 침입한 여진족과 싸워 패배했는데 그 죄로 관직에서 파면된 적도 있었다.

1588년 이순신은 전라관찰사 이광(李洸)의 천거로 그의 군관겸 조방장(助防將)으로 근무하다가 그 해 종6품 정읍현감(井邑縣監)으로 봉직했다. 그러던 중 정3품직인 전라좌수사로 특진되었는데, 이는 그의 죽마고우이자 강력한 후원자인 유성룡의 추천에 의한 것이었다. 이 때가 임진왜란이 일어나기 1년 전인 1591년이었다.

1952년 4월, 부산 앞바다에 일본군이 들이닥치자 경상좌수사 박홍(朴泓)이 성을 버리고 달아나버림으로써 경상좌수군은 궤멸되었다. 경상우수군도 사정은 유사했는데, 우수사 원균(元均)은 일본 수군과 결전했지만 수영(水營)조차 함락되어 얼마 되지 않는 병력과 함선만을 보유하고 있었다. 이에 원균은 영남해역에서 적과 맞서 싸우는 한편, 전라좌수사 이순신에게 원군을 거듭 요청했다. 이순신은 요청을 받은 지 20일 후인 5월 4일에 80여 척의 선단을 이끌고 출진했다. 이어 한산도에서 경상우수군과 합류한 뒤 옥포(玉浦), 합포(合浦) 등지에서 40여 척의 적선을 대파하는 전과를 거두었다.

이후 이순신의 전라좌수군은 군비를 재정비하고 사천(泗川), 당포(唐浦), 당항포(唐項浦), 율포(栗浦) 등의 해전에서 적선 70여 척을 격파하며 승전을 거듭했다. 이 때부터 이억기(李億祺) 휘하의 전라우수군도 합류함으로써 조선 수군은 전라좌·우수군과 경상우수군이 연합전선을 구축하기에 이르는데, 물론 그 주력부대는 이순신의 전라좌수군이었다. 임란 당시 조선왕조의 수영은 충청도와 전라좌·우도 및 경상좌·우도에 하나씩, 모두 다섯 곳에 설치되어 있었다. 개전과 함께 경상좌수영은 궤멸되었고, 충청수영도 임란 초에는 유명무실했다. 때문에 경상도 수역과 접경하고 있던 전라좌수영의 이순신이 제일선을 담당할 수밖에 없었다.

마침내 이순신 주도하의 조선 수군은 7월 8일 한산도해전, 이어 9월 1일 부산포해전에서 대승을 거둠으로써 일본 수군을 거의 전멸 상태에 빠뜨렸다. 특히 한산대첩은 해전에서만 아니라 임진왜란 전반의 전국(戰局)에도 엄청난 영향을 미쳤다. 이런 사정은 "대개 왜적은 본시 수륙(水陸)이 합세하여 서쪽으로 쳐오려고 했는데 이 한

한산대첩도   이순신의 한산대첩은 수륙양면에서 협공하여 조선을 점령하려는 일본군의 전략을 무력화시켰을 뿐만 아니라, 수세에 몰린 조선군이 전국(戰局)을 공세로 반전시키는 계기를 마련했다.

번의 해전에 따라 마침내 그 한 팔이 끊어져버린 것과 다름없이 되고 말았다. 따라서 소서행장(小西行長)이 비록 평양을 빼앗았다고는 하지만 그 형세가 외롭게 되어 감히 더 전진하지 못했다. 이로 인해 나라에서 전라·충청도를 보전했고, 나아가 황해도와 평안도의 연안지역까지 보전할 수 있었으며, 군량을 조달하고 호령을 전달할 수 있었기에 국가 중흥이 이룩될 수 있었다."는 「징비록」의 기사에서 알 수 있다.

이렇듯 이순신 지휘하의 수군이 승전을 거듭하며 남해의 제해권을 장악하자, 수륙양면에서 협공하여 조선을 점령하려던 일본군의 전략은 무력화되었다. 이에 조선군은 해전에서만 아니라 육전에 있어서도 종래의 수세에서 공세로 전세를 전환시키기 시작했다. 이 와중에 도착한 명나라 이여송(李如松)의 원군은 평양 탈환에 뒤이어 서울로 진격하던 중 벽제관(碧蹄館) 전투에서 대패하고는 다시 평양으로 철수해 버렸다. 명군과 합세하여 서울을 수복하려던 권율(權慄)은 행주산성에서 웅거하고 있다가 일본군의 공격을 받았는데, 격전 끝에 3만 명의 일본군을 격퇴하는 대승을 거두었다.

이제 서울의 일본군은 진퇴양난에 빠졌다. 의병의 활동으로 육로를 통한 군수품 조달조차 여의치 않은 상황이 되자 일본군은 서울을 포기하고 병참선 확보가 가능한 경상도 해안 일대로 퇴각하기로 결정했다. 이는 풍신수길(豊臣秀吉)의 허락까지 받은 일이었다. 하지만 일본군의 퇴각은 자신들의 뜻대로 될 수 있는 문제가 아니었다. 철군할 때 조·명군의 추격을 피할 수 없었기 때문이다. 그 타개책으로 일본군은 강화협상을 제의해 왔다.

종전의 기회라 여긴 명군은 조선의 완강한 반대에도 불구하고, 일본측의 강화교섭 제안을 받아들였고, 그 와중에 일본군은 남해안 일대로 무사히 철수할 수 있었다. 하지만 명과 일본의 강화교섭은 전혀 진전이 없었다. 명은 풍신수길을 일본왕으로 삼고, 그 입공(入貢)을 허락한다는 선에서 전쟁을 일단락지으려 했고, 일본은 명의 황녀(皇女)를 일본의 후비(后妃)로 보낼 것, 조선의 4도를 일본에 할양할 것, 조선의 왕자 및 대신을 인질로 내 놓을 것 등 망상에 가까운 제안을 거듭했다. 이처럼 서로가 승전자임을 자처하며 무리한 조건을 제시했기에 협상은 결코 성공할 수 없었다. 회담이 결렬되자 일본군은 선조 30년(1597) 조선에 재차 침입해 왔다. 이것이 바로 정유재란(丁酉再亂)이다.

명과 일본의 강화교섭이 진행되는 동안 이순신은 삼도수군을 총괄하는 삼도수군통제사(三道水軍統制使)직을 제수받았다. 하지만 해전을 중지하고 거제도에 진지를 구축하고 있으면서 기회를 보아 육지에서 조선 수군을 공격하라는 풍신수길의 지시에 따라, 일본 수군이 육지에 웅거하기 시작하면서 해전은 소강상태에 접어들었다.

조정에서는 그러나 이런 사정은 고려하지 않은 채 적을 섬멸할 것만을 계속해서 지시했다. 하지만 일본 수군이 바다로 나오지 않는 상태에서 수군 단독으로 작전을 수행할 수는 없는 일이었다. 일본군이 남해안 일대에서 강력한 진지를 구축하고 있는 이런 상황에서는 사실 육군이 적을 육지에서 바다로 내몬 뒤 수군이 공격하는 수륙합동작전 외에는, 별다른 방법이 있을 수 없었다. 이순신도 수륙합동작전만이 적을 섬멸할 수 있는 방법이라는 사실을 인식하고 이를 보고했지만 조정에서는 아무런 조치도 취하지 않았다. 일본군이 남해안 일대에 집결해 있던 5년 동안, 조선의 육군은 이를 내몰기 위한 본격적인 공격을 단 한 차례도 취한 적이 없었을 정도로 실제 유명무실했다. 그런데도 선조를 위시한 조정의 대신들은 이순신의 전략 그 자체를 불신하기 시작했다.

그러던 중 선조 30년(1597) 2월 1일에 이른바 요시라(要時羅)사건이 일어났다. 이 사건은 왜장 소서행장(小西行長)이 이중간첩 요시라를 이용해 '주전파(主戰派)인 가등청정(加藤淸正)을 잡으면 전쟁이 곧 끝날 것'이라는 거짓 정보를 유출함으로써 비롯된 사건이다. 당연 정보를 접한 조선조정에서는 이순신에게 가등을 체포하라는 명령을 내렸고, 이것이 적의 계략임이 알아차린 이순신이 출진하지 않음으로써 일본측의 음모는 무산되었다. 그러나 조정에서는 명령에 따르지 않았다며 오히려 이순신을 하옥하고 대신 원균을 삼도수군통제사로 삼았던 것이다.

왜성 기장성　부산시 기장군 기장읍 죽성리 소재. 왜성은 임진왜란 당시 일본군이 조선 국내에 쌓았던 성곽이다. 기장성은 본성·자성·외곽이 유기적으로 연결되어 있으며, 왜성 가운데 규모가 가장 크다.

사실 요시라사건 이전에 일본군은 이미 재침을 결정하여 사전 준비작업을 하고 있었다. 일본군의 선봉인 소서행장과 가등청정 등은 동래·부산·울산 등지에 교두보를 재구축하고, 이어 선조 30년 4·5월부터는 김해·진주·사천 등지를 왕래하면서 작전지역을 확대하고 있었다. 그리고 같은 해 3월 중순부터는 일본군의 주력부대 14만여 명이 계속해서 바다를 건너왔다. 일본의 수군 역시 거제도 등 요새화한 함대기지를 거점으로, 남해안 해상에서 작전을 펼치면서 육군과 연합하여 한산도의 조선 수군을 유인, 공격하려 계획하고 있었다.

그런데 도체찰사 이원익(李元翼)과 도원수 권율은 이를 간파하지 못하고 부산 앞 해역으로 나아가면 패전할 것이라는 원균 등 수군 지휘부의 견해를 묵살한 채 부산포의 적 본영을 공격하라고 명령했다. 여기에다 남원을 방어하던 명군까지도 선조에게 조선 수군으로 하여금 일본군의 도해 및 보급로를 차단해 줄 것을 요구해 왔다. 이에 조정은 조·일 해상로 차단작전을 권율 등에게 독촉했고 이들은 원균에게 즉각 이 작전을 수행할 것을 강요했다. 마지못해 원균은 출진했다가 선조 30년(1957) 7월 14일 칠천량해전(漆川梁海戰)에서 적에게 대패하고 말았다.

조선 수군의 한산도 방어선이 무너지자 일본 수군이 일시 남해의 제해권을 장악했다. 일본군은 이를 기회로 수륙양면으로 재차 북상하기 위해 영·호남을 전면 공격하기 시작했다. 당황한 조정에서는 별 수 없이 서인 신분으로 강등되어 권율의 원수부에서 백의종군하고 있던 이순신을 삼도수군통제사로 재기용했다. 이 때 그가 수습한 전함은 12척에 불과했다. 그럼에도 전남 해남과 진도 사이의 좁은 해협인 명량(鳴梁)에서 130여 척의 일본 함대를 격파하는, 세계 해전사에 신화로 남을 만한 극적인 승리를 거두었다. 이 승리로 다시 한 번 수륙양면으로 북상하려던 일본군의 전략은 좌절되었다.

수군의 패배로 전략상 차질을 빚고 있던 일본군에게 또 한 가지 비보가 날아들었다. 풍신수길이 사망한 것이었다. 이제 일본군은 화급하게 철군할 수밖에 없었다. 한편 이순신은 철수하는 일본군을 맞아 결전을 치를 준비를 하고 있었다. 일본군의 철수를 그대로 방치했다가는 언제 또 다시 침범할 지 모를 일이기 때문이었다. 그는 그 최후의 결전장을 노량(露梁)해협으로 택하고, 일본의 철군을 묵인하고 있던 명의 수군제독 진린(陳璘)을 설득하여 조·명 연합함대를 구축하는 데 성공했다.

조·명 연합함대는 마침내 선조 31년(1598) 11월 19일, 노량에서 적함 2백여 척을 불태우는 대승을 거두었다. 그리고 이순신 자신은 이 해전에서 적의 유탄에 맞아 전사했다. 절명하는 순간에도 조카 완(莞)에게 "싸움이 지금 급하니 내가 죽었다는 말은 절대로 하지 말라."고 지시할 정도로 그는 영웅다운 죽음을 맞았다. 그의 순국과 함께 오랜 전쟁도 끝이 났다.

그러나 당시 국왕 선조는, 조선이 일본의 침략을 물리친 것은 이순신과 같은 조선 장수들의 분투 때문이 아니라 명의 구원병 때문이었다는 논리를 폈다. 그가 이런 자기 변명적이고 자기 방어적인 논리를 편 데에는 다 이유가 있었다.

일본군이 파죽지세로 북상하자 국왕 선조는 행선지도 정하지 않는 채, 서울을 버리고 파천(播遷)을 단행했었다. 이어 최후의 방어선인 임진강 전선이 붕괴되었다는 소식을 접하고는 파천으로도 모자라 요동내부(遼東內附)계획까지 관철하려 했다. 명의 거절로 성사되지는 못했지만 이는 전란을 맞아 나라와 백성들을 지켜야 할 한 나라의 국왕이 취할 만한 행동이 결코 아니었다.

선조는 또 세자에게 왕위를 물려 주겠다는 선위론(禪位論)를 밝히기도 했다. 당초 선위론은 요동내부의 걸림돌이었던 국왕의 직무를 세자에게 양위하고 선조 자신은 전쟁터에서 벗어나 안전지대인 요동으로 도망가기 위한 계략하에서 제시된 것이었다. 그러나 막상 명의 원군이 도착하고, 이순신 등의 활약으로 전황이 조선에 유리하게 돌아가자, 선위론은 파천과 요동내부로 실추된 국왕 자신의 권위를 회복하기 위한 의도적인 정치행위로 바뀌었다.

선조가 임진왜란 7년 동안 선위를 밝힌 횟수는「선조실록」에 기록된 것만 해도 20회나 된다. 그 중 명군 도착 이후에 내비친 선조의 선위론에는 항상 '임시' 내지 '섭정(攝政)'이라는 단서가 붙어 있었다. 즉 이 때의 선위론은 혹은 명의 문책을 피하기 위한 방도로, 혹은 신하들의 충성도를 시험하기 위한 방도로 사용되었던 것이다. 선조가 선위론를 밝힐 때마다, 신하들은 실제 며칠씩 업무를 중단한 채 정청(庭廳)을 열고 꿇어앉아 선위의 부당성을 목청 높여 외치는 것으로 자신의 충성심을 증명해 보여야 했다.

선조의 이런 정치 행태를 볼 때, 그가 이순신과 같은 전쟁영웅들을 제거 대상으로 점찍은 것은 어쩌면 당연한 수순이었다. 백성들은 일본군이 쳐들어오자 나라와 백성을 내팽개친 채 도망가던 선조의 모습을 선명하게 기억하고 있었다. 선조도 파천에 분노한 백성들이 자신의 피난길을 가로막으며 돌을 던지고, 심지어는 궁궐을 불태우기까지 하는 장면을 직접 목도했었다. 이런 선조가 백성들의 추앙을 받던 전쟁영웅들을 아예 제거하거나 최소한 그 신망도를 격하시키려 했던 것은 지극히 자연스러운 일이었던 것이다.

선조의 이런 올가미에 걸려든 대표적인 인물이 바로 김덕령(金德齡)이다. 1594년 1월, 담양에서 3천여 명의 의병을 모아 순창과 남원을 거쳐 영남으로 진출한 김덕령은 이 때 의령에 주둔하고 있던 곽재우(郭再祐)에게 글을 띄워 의병 상호간의 협력체제를 제의할 만큼 뛰어난 전략가이기도 했다. 선조도 한때는 진주에 주둔 중이던 김덕령에게 각도의 의병을 모두 소속시킬 정도로, 그를 중용했었다. 그런데 충청도에서 반란을 일으킨 이몽학(李夢鶴)이 사람을 모으면서 "나는 충용장(忠勇將) 김덕령, 병조판서 이덕형(李德馨), 도원수 권율(權慄) 등과 내통하고 있으므로, 이들은 거사만 하면 반드시 우리에게 호응할 것이다."라고 거짓으로 선전하는 일이 발생했다. 도원수 권율의 명령에 따라 이몽학의 봉기를 진압하기 위해 출진했다가 중간에 난이 진압되었다는 소식을 듣고 돌아온 김덕령은, 이에 영문도 모른 채 진주목사 성윤문(成允文)에게 체포당했다. 좌의정 정탁(鄭琢), 우의정 김응남(金應南) 등이 적극적으로 무고임을 주장했으나, 20여 일간에 걸친 혹독한 고문으로 그는 서른이라는 젊은 나이에 생을 마감하고 말았다. 이후 120년이 지난 영조 때 신원되었을 정도로, 그의 억울한 죽음은 대대로 식자들의 탄식거리였다.

김덕령 같은 인물이 죽어 나가는 판에 임진왜란 최고의 전쟁영웅

인 이순신이 무사할 리 없었다. 이순신은 출진 명령을 어겼다는 죄
명으로 옥에 갇혔는데, "이순신은 조정을 속였으니 임금을 업신여
긴 죄가 있으며, 적을 내버려두고 잡지 않았으니 나라를 저버린 죄
가 있고, 심지어 남의 공로를 빼앗고 또 남을 죄에 빠뜨렸으니 방자
하고 기탄이 없는 죄가 있다."는「선조실록」30년 3월의 기사는 그
가 받은 혐의를 구체적으로 말해 준다.

　이순신이 걸려들자 선조는 그를 죽이기로 결심했다. 하지만 우의
정 이원익(李元翼) 등이 목숨만은 살려줄 것을 주장한 데다가, 선조
의 의견에 적극적으로 동조하는 신하도 없어, 이순신은 겨우 목숨만
을 건진 채 서인으로 강등되어 원수부에 충군(充軍)되었다. 그의 백
의종군은 이렇게 이루어진 것이다. 그러나 선조의 이런 의도에도 불
구하고 당시 사람들은 이순신을 존망위기에 처한 조선왕조를 구하
는 데 최고의 공적을 세운 인물로 평가했다. 이는「선조실록」31년
11월 27일자의 사론(史論)만 보아도 알 수 있다.

　"사신은 논한다. 이순신은 사람됨이 충용(忠勇)하고 재략(才略)도
있었으며 기율(紀律)을 밝히고 군졸을 사랑하니 사람들이 모두 즐겨
따랐다. … 불의에 진격하여 한참 혈전을 하던 중 순신이 몸소 왜적
에게 활을 쏘다가 왜적의 탄환에 가슴을 맞아 선상(船上)에 쓰러지
니 순신의 아들이 울려고 하고 군사들은 당황했다. 이문욱(李文彧)
이 곁에 있다가 울음을 멈추게 하고 옷으로 시체를 가려놓은 다음 북
을 치며 진격하니 모든 군사들이 순신은 죽지 않았다고 여겨 용기를
내어 공격했다. 왜적이 마침내 대패하니 사람들은 모두 '죽은 순신
이 산 왜적을 물리쳤다.'고 했다. 부음(訃音)이 전파되자 호남(湖南)

일도(一道)의 사람들이 모두 통곡하여 노파와 아이들까지도 슬피 울지 않는 자가 없었다. 국가를 위하는 충성과 몸을 잊고 전사한 의리는 비록 옛날의 어진 장수라 하더라도 이보다 더할 수 없다. 조정에서 사람을 잘못 써서 순신으로 하여금 그 재능을 다 펴지 못하게 한 것이 참으로 애석하다. 만약 순신을 병신년과 정유 연간에 통제사에서 체직시키지 않았더라면 어찌 한산(閑山)의 패전을 가져왔겠으며 양호(兩湖)가 왜적의 소굴이 되었겠는가. 아, 애석하다."

이처럼 이순신은 당시에도 최고의 찬사를 받고 있었을 뿐 아니라 오늘날까지도 민족의 영웅으로 칭송받고 있다. 임진왜란 때에 세운 그의 위대한 공적으로 보아 이런 찬사나 칭송을 받기에 전혀 손색이 없다. 그렇다고 해도 이순신 불사설(不死說) 등을 내세우면서 신격화된 존재로까지 추앙하는 오늘날 세간의 일부 평가는 결코 바람직하지 않다.

박정희의 신격화 사업에 부응하듯, 선조의 행태와 이순신의 극적인 죽음이 맞물리면서 그의 죽음을 둘러싼 여러 가설이 현재 이순신 성웅화 작업의 일환으로 제기되고 있다. 이순신은 적의 유탄에 맞아 죽은 것이 아니라, 국왕 선조에 의해 역적의 누명을 쓰고 죽을 바에야 자신의 명예와 가문 및 측근의 안전을 지키기 위해 스스로 장렬한 죽음을 택했다는 자결설과 다른 곳에 은둔했지 결코 죽지 않았다는 불사설이 그 주요 내용이다.

이순신 자결론을 본격적으로 제기한 인물은 조선 숙종 때의 문신인 이민서(李敏敍)이다. "김덕령이 죽고 난 후 여러 장수들이 저마다 스스로 제 몸을 보전하지 못할까 걱정했다. 곽재우는 마침내 군사를 해산하고 산 속에 숨어 화를 모면했으며, 이순신도 바야흐로 전쟁 중에 갑주를 벗고 앞장서 나섬으로써 스스로 탄환에 맞아 죽었다. 호남과 영남 등지에서는 부자, 형제들이 서로 의병이 되지 말라고 경계했다.” 이런 이민서의 이순신 자결설은 사실, 임진왜란 당시 파천과 요동내부를 주장했으면서도 오히려 이순신과 같은 전쟁영웅들을 죽이려 했고 실제 김덕룡을 죽인 선조의 용렬한 행위를 비판하려는 목적에서 제기된 것에 불과하다.

그러나 박정희의 신격화 사업 이후 이를 근거로 이순신 자결론은 더욱 증폭되었다. 이것도 모자라 최근에는 은둔론까지 제기되어 이순신은 결코 죽지 않았다는 불사설이 널리 유포되어 있는 실정이다. 은둔론은 이순신의 조카인 이분(李芬)이 쓴 행장(行狀)을 그 근거로 삼고 있는데, 그 내용은 다음과 같다.

“19일 새벽, 공이 한창 독전하다가 문득 지나가는 탄환에 맞았다. ‘싸움이 한창 급하다. 내가 죽었단 말을 하지 말라.’는 말을 마치고 공은 세상을 떠나셨다. 그 때 공의 맏아들 회(薈)와 조카 완(莞)이 활을 쥐고 곁에 섰다가 울음을 참고 서로 말했는데 … 그렇지만 지금 만일 곡성을 내었다가는 온 군중이 놀라고 적들이 또 기세를 얻을지 모릅니다.’ … 그런 다음 곧 시체를 안고 방안으로 들어갔기 때문에, 오직 이순신을 모시고 있던 종 김이(金伊)와 회·완 세 사람만이 그의 죽음을 알았을 뿐, 공이 직접 믿던 부하 송희립(宋希立) 등도 알지 못하여 그대로 기를 휘두르며 독전(督戰)하기를 계속했다.”

그런데 여기서, 총을 맞고 처음에는 ‘내가 죽었단 말을 하지 말라.’고 말하다가 곧바로 죽었다는 대목도 이상하지만, 전투가 한창

일 때 총사령관이 총에 맞았는데 그 주위에 부하들이 없었다는 것은 있을 수 없는 일이라는 것이 은둔설의 근거이다. 또 군인도 아닌 20세 전후의 맏아들과 조카인 회와 완이 몇 시간 동안이나 깃발을 흔들면서 은밀히 함대를 지휘했으나, 아무도 몰랐다는 것도 말이 안 된다는 것이다. 은둔론은 실제 함대를 지휘한 인물은 아들과 조카가 아니라 송희립 등 이순신이 신뢰했던 측근 장수였다고 주장한다. 은둔 계획과 관련해 송희립 등에게 화가 미칠 것을 우려해 아들과 조카가 지휘한 것으로 말을 맞추었다는 것이다. 즉 불사설의 요지는, '이순신은 노량해전에서 죽은 것이 아니라 방안으로 들어간 후 모처로 숨어 은둔했다.'는 것이다.

이순신 불사설 역시 결론적으로 말해 신빙성이 전혀 없다. 은둔론이 그 근거로 든 이분의 행장은 사실 이순신의 죽음을 장렬하고 극적인 것으로 미화하기 위해 서술된 것일 뿐이다. 이분은 이순신 사망 35년 후에 태어난 인물로서 이순신의 죽음을 직접 목격한 것도 아니었다. 은둔론이 설득력을 가지려면 현장을 직접 목격한 사람의 증언이 있어야 한다.

당시 전라좌수영의 기록에 따르면, 대장선에는 항상 90명의, 기를 든 나졸(羅卒)이 배치될 뿐 아니라 이순신이 있던 쪽에도 60명의 군사들이 있었다 한다. 수십 명의 부하들이 지켜보는 상황에서 어떻게 장수가 일부러 총에 맞거나, 몰래 살아남아 은둔할 수 있겠는가? 당시 일본군의 조총이 일부러 총에 맞아도 살 수 있을 만큼 성능이 나쁜 것도 아니었다. 「선조실록」의 "이순신 진중에 정운(鄭雲)이라는 사람이 왜의 조총을 맞고 죽었는데, 참나무 방패 3개를 관통하고 쌀

2석을 또 뚫고 지나 정운의 몸을 관통한 다음 선장(船藏)으로 들어 갔다."는 기사에서 알 수 있듯이, 조총에 명중되면 거의 죽게 되어 있었다. 게다가 이순신이 맞은 조총은 임진왜란 초기의 것도 아니고 1594년 이후 대대적으로 개량한 조총이었다.

당시 상황을 지휘했던 도원수 권율은, "통제사 이순신이 죽은 뒤에 다행히 손문욱(孫文彧) 등이 지혜롭게 일을 처리하여 우리 군사들이 죽을 각오로 싸웠습니다. 손문욱이 친히 판옥선에 타고 적의 상황을 살펴보고 지휘 독전했습니다."라고 전황을 보고했는데, 이 보고서가 바로 이순신의 순국 장면과 일치하는 것이다.

한편 이순신도 인간이었기에 다른 사람의 공을 깎아내리고 자신의 공만을 내세우려고도 했었다. "처음에 원균이 이순신에게 구원병을 청하여 적을 물리치고 연명(聯名)으로 장계를 올리려 했다. 이때 이순신이 '천천히 합시다.'라고 말하고는 밤에 혼자 장계를 올리면서 원균이 군사를 잃어 의지할 데가 없었던 것과 적을 공격함에 있어 공로가 없다고 진술했으므로, 원균이 듣고 대단히 유감스럽게 여겼다. 이로부터 각각 장계를 올려 공을 아뢰었다."는 「선조수정실록(宣祖修正實錄)」 25년 6월 1일자 기사는 '이순신은 결점이라고는 찾아볼 수 없는 완전무결한 존재였다.'라고 내세우는 세간의 일부 주장에 쐐기를 박고 있다.

실제 이순신은 자신과 자신의 부하의 전공만 자세히 열거할 뿐, 다른 장수나 그 부하의 군공(軍功)은 개략적으로 기술하거나 아예 기록조차 하지 않은 사례가 많았다. 예컨대 「선조실록」 선조 25년 8월 16일자 기사를 보면, 이순신의 보고에 따라 이순신 자신이 정2품

자헌대부(資憲大夫)로 가자되는 등 이순신과 그의 부하만이 대부분 논공행상(論功行賞)되고 다른 장수나 그 부하는 그 과정에서 거의 배제되었음을 알 수 있다. 그러자 원균도 조정에 별도로 보고하여 휘하 장졸들이 그 전공에 맞는 관직을 제수받도록 했는데, 이는 「선조실록」 선조 25년 8월 24일 기사에서 확인할 수 있다. 또 전라우수사 이억기도 독자적으로 조정에 전공을 보고하고 자신의 전공을 인정받고 있다.

이런 전공다툼은 "우리나라에서 사살했다는 수효를 가지고 왜적의 군사를 헤아려 본다면 일본의 군사는 이미 다 없어졌을 것이다. 그런데 과연 그러한가? 참으로 왜적에게 웃음거리가 되고 후세에 비난을 남길까 염려된다."는 선조의 개탄처럼, 임진왜란 당시 보편적인 현상이었다. 아무튼 이순신 역시 인간이기에 전공다툼이라는 폐단에서 결코 자유롭지 못했던 것이다.

요컨대 이순신은 임진왜란이라는 초유의 국난을 맞아 멸망위기에 처한 조선왕조를 구한 영웅임에 틀림없다. 그리고 오늘날 민족의 영웅으로 칭송받는 데도 임진왜란 때에 세운 그의 빛나는 전공으로 보아 전혀 손색이 없다. 하지만 박정희의 신격화 사업에 부응하듯 자결설이나 불사설 등을 내세워 신격화된 존재로까지 추앙하는 세간의 일부 평가는 바람직하지 않다. 이순신도 자신의 공만을 과시하는 등 결점있는 한 사람의 인간일 뿐, 결코 완결무결한 존재, 즉 신과 같은 존재는 아니었기 때문이다.

인조, 광해군

실용주의자, 광해군

명분론자, 인조

인조반정의 유산, 효종의 북벌론

6장
명분이냐 실리냐

<table>
<tr><td>**1608** 광해군, 경기도에 대동법 시범 실시</td><td>**1611** 토지조사사업 시행</td><td>**1618** 광해군, 양면 외교정책 구사</td></tr>
<tr><td>**1609** 조선, 일본과 국교 재개</td><td>**1616** 청 건국</td><td>**1623** 인조반정</td></tr>
</table>

17세기 초 조선왕조는 개국 이래 최대의 위기상황에 직면해 있었다. 7년에 걸친 왜란이 남긴 피해, 특히 인구감소와 경작지의 황폐화는 그야말로 조선 사회를 붕괴 직전으로 몰아갔다. 가령 임란 후 전국의 경작면적은 임란 전 면적의 3분의 1수준에도 못미쳤고 특히 경상도의 경우는 6분의 1에 불과했으니 말이다. 거기에다 기근과 전염병까지 창궐해 백성들의 참상은 이루 말할 수가 없었다. 국가재건에 필요한 나라의 재정 역시 인구와 경작지의 감소로 바닥을 드러내고 있었다.

밖의 상황도 위기를 불러오기는 마찬가지였다. 당시 중원에서는 명나라가 서서히 무너져내리고, 누르하치가 이끄는 여진족이 점차 세력을 확대하고 있었다. 나라 전체가 임진왜란의 후유증에 시달리는 와중에 남부에서는 일본의 위협이 여전했고, 북부에서는 누르하치의 위협이 커져 갔다. 명나라 역시 왜란 이후 나라를 다시 세워준 은혜, 즉 재조지은(再造之恩)을 내세워 조선에 대한 내정간섭을 강화하고 있었다.

이런 상황에서 조선이 생존해 갈 수 있는 유일한 길은 어떤 방법으로든 전쟁을 피하고, 국가재건에 모든 국력을 기울이는 것이었다. 또 다시 전쟁에 휘

인조, 광해군

말린다면 조선사회는 회복불능의 상태로 빠져들 것이었기 때문이다. 결국 위정자들에게 부여된 최우선적인 책무는 급변하는 국제정세에 대응해 실용주의적 외교정책을 구사하여 남의 전쟁에 휩싸이지 않는 것이었다. 그러기 위해선 만성화된 권력투쟁을 청산하고 국력을 집결시켜 전후 복구사업에 온 힘을 쏟는 한편, 혹시 현실화될 수도 있는 외국의 침략에 대비해 국방을 강화하는 등 전쟁 대비책도 마련해야 했다.

이 때 재위한 국왕이 바로 광해군이다. 역사는 승리한 자들의 기록이기에 패자에겐 가혹한 평가를 내리기 마련이다. 더구나 쿠데타와 같은 정변을 일으켜 정권을 장악한 세력이라면 자신들의 집권을 합리화하기 위해서라도 패배한 집단의 치적이나 행적을 혹평하는 것이 일반적이다. 광해군의 경우도 예외가 아니었다. 그의 모든 치적은 인조반정을 주도한 인조와 서인 일파에 의해 철저히 부정당했다. 그 결과 광해군은 지금껏 어머니를 내쫓고 형제마저 살해한 패륜아이자, 명나라가 베푼 은혜를 저버린 배신자이며, 민생을 파탄낸 주범으로 알려져 왔다. 심지어 그는 조선왕조 27명의 국왕들 가운데 연산군과 함께 왕의 명칭조차도 빼앗긴 임금이 되었다.

실용주의자

광해군

"왕이 지시하기를, '… 우리나라는 중국의 번방(藩邦)으로서 울타리를 굳게 지키는 것이 마땅하니 이는 자신을 지키기 위한 계책이 될 뿐만 아니라 정리(情理)로 볼 때에도 그런 것이다. 훈련되지 않은 군졸을 적의 소굴로 몰아넣는 것은 비유컨대 양떼를 가지고 호랑이를 공격하는 것과 같으니, 정벌에는 아무런 도움을 주지 못한 채 우리나라 입장에서 보면 도리어 수비하지 못하게 되는 근심만 있게 될 것이다.' 라고 했다."　　－「광해군일기」 10년 윤4월 20일조

선조의 비 인목대비는 광해군 15년(1623) 3월 14일, 왕을 폐위해 광해군으로 삼고 능양군(綾陽君)을 즉위시킨다는 내용의 교지를 발표한다. 이 교지는 「인조실록(仁祖實錄)」 인조 1년 3월, 갑진조에 실려 있다.

대비의 교지는 자신에 대한 광해군의 패륜을 지적하는 것으로 시작, 광해군에 대한 비난으로 일관하고 있다. 천자의 고명을 받은 어머니인 자신을 폐하고 자신의 부모를 형벌하여 죽이고 일가를 몰살시켰으며 품 속의 어린 자식인 영창대군(永昌大君)을 빼앗아 죽이고 형 임해군(臨海君)마저 죽였다고 비난했다. 또한 교지는 여러 차례 큰 옥사와 궁궐을 짓기 위한 토목공사에 따른 부역과 수탈로 인해 백성들이 살 수가 없을 정도였다고 하면서 그의 치적에 대한 비

판도 곁들이고 있다. 마지막으로, 임진왜란 때 재조지은(再造之恩)을 베푼 명나라를 배반하여 인륜마저 저버렸다고 비난하고 있다.

이렇듯 인목대비의 교지는 부모를 폐하고 형제를 죽이는 패륜행위, 대규모의 토목공사를 일으켜 민생을 파탄시킨 실정, 임진왜란 때 은혜를 베푼 명에 대한 배신 등이 광해군 폐위의 주된 명분임을 보여 주고 있다.

이 세 가지 비난은 과연 정당한 것일까? 우선 광해군이 폐위당할 정도의 패륜행위를 저질렀는가부터 살펴보자.

임진왜란 발발 당시 집권당이었던 동인이 쫓겨나고 서인이 잠시 집권했다가 왜란이 끝날 무렵에는 일본에 대한 강경책을 주도하고 의병장도 다수 배출한 북인들이 집권하게 된다. 그런데 선조 말년에 와서 북인들이 선조의 후사를 둘러싸고 둘로 갈라졌다. 그 중 영의정 유영경(柳永慶)이 이끄는 소북(小北)은 인목대비의 아들 영창대군을 지지했고, 이이첨(李爾瞻)과 정인홍(鄭仁弘)이 이끄는 대북(大北)은 전란 중에 세자로 책봉되어 사실상 국정을 총괄하면서 백성들의 정신적 구심으로 역할했던 광해군을 지지했다. 선조의 뜻이 적자(嫡子)인 어린 영창대군에게 있었기에 세자 광해군은 몇 번이나 위기에 몰렸지만, 왕위계승을 둘러싼 소북과 대북의 대립이 한창이던 차에 갑자기 선조가 죽은 바람에 겨우 왕위에 오를 수 있었다.

이렇듯 광해군은 오랫동안 세자로도 인정받지 못했을 뿐 아니라 적자와 장자가 모두 생존해 있는 불안한 상황에서 왕위에 올랐다. 여기에 명나라마저 그의 왕위계승을 인정하지 않고 있었다. 하기에 광해군의 입장에선 왕위계승 서열상 자신보다 우선 순위에 있던 장자 임해군과 적자 영창대군이 틀림없는 왕권 도전자였다. 이는 광해군만이 아니라 집권세력인 대북 일파의 인식이기도 했다.

타고난 성품이 사납고 방자하여 광해군에게 일찍이 세자의 자리를 빼앗겼던 선조의 장자 임해군은, 광해군이 즉위한 그 달에 불궤를 꾀했다는 명목으로 유배당한다. 당시 광해군은 명나라가 자국의 황제계승 싸움 때문에 자신의 책봉을 늦추고 있는 데다가, 조선의 왕위계승에 대한 진상조사단을 파견하기까지 하자 명나라에 극도의 반감을 가지게 되었다. 이 때 진상조사단의 대표로 조선에 온 요동도사 엄일괴(嚴一魁)가 유배지의 임해군을 만나자 광해군은 형 임해군을 사사한다.

그러나 이는 왕조국가에서 흔히 일어나는 현상에 불과하다. 즉 장차 국왕의 지위를 넘볼 만한 존재에 대해 사전 예방 조치를 취한 것일 뿐이었다. 그것도 자신보다 왕위계승 서열상 앞서있던 장자가 아닌가.

그러나 적자인 영창대군이 살아있는 한 광해군의 정통성은 언젠가는 도전받을 문제임이 분명했다. 때문에 그것이 설사 허위일지라도 왕위를 노린 모반사건에 대해 광해군은 민감하게 반응할 수밖에 없었다. 광해군 재위 5년(1613) 4월, 조령(鳥嶺)에서 일어난 강도사건 '칠서(七庶)의 옥'은 집권 대북세력에게 영창대군을 칠 기회를 제공했다.

강도사건의 범인을 잡고 보니 의외로 대신들의 서자 일곱 명이 관련되어 있었는데,「연려실기술(練藜室記述)」폐주 광해군 고사본말조에는 이 중 박순(朴淳)의 서자인 박응서(朴應犀)가 심문 도중 "우리는 단순한 도적이 아닙니다. 국구(國舅 : 인목대비의 아버지) 김제남(金悌男)과 몰래 통해 양식과 무기를 준비해서 영창대군을 임금으로 받들려고 도모한 것입니다."고 자백한 것으로 기록되어 있다.

국구 김제남은 이 사건으로 사약을 받았고, 불똥은 자연 여덟 살밖에 안 된, 인목대비의 아들 영창대군에게로 튀었다. 영창대군은 서인으로 강등되었다가 이듬해 2월에 살해되었다. 물론 이 사건 역시 대북정권이 조작했을 가능성이 농후하다.

친정아버지와 아들이 대역죄로 죽은 마당에 인목대비라고 무사할 수는 없었다. 드디어 광해군 10년(1618) 대북의 정인홍, 이이첨 등은 인목대비 폐모론(廢母論)을 주창하고 나섰다. 그러나 이는 영창대군이나 임해군 사사 때와는 격이 다른 문제였다. 형제를 죽이는 것까지는 역대의 전례도 있고 해서 비난 정도에서 그칠 수 있었다. 하지만 유교국가 조선에서 비록 계모라지만 자식이 어머니를 폐모시킬 수는 없었다. 이는 국가권력의 차원을 뛰어넘어 유교의 도덕규범에서 최고의 가치로 삼는 강상(綱常)과 관련된 문제였던 것이다.

영창대군 묘 경기 안성 소재. 영창대군은 광해군 6년(1614) 억울하게 죽음을 당했다. 왕조시대에는 잠재적인 왕권 도전자의 죽음이 일상화된 현상이었다. 적자출신인 영창대군은 서자출신인 광해군에겐 언젠가는 자신의 직위에 도전할 매우 위험스러운 인물로 간주되었다.

서인과 남인은 물론이고 소북계열 인사들까지 귀양을 무릅쓰고 폐모에 반대했음은, 이것이 얼마나 무리한 조치였나를 보여 준다. 인목대비 폐모는 결국 서인 일파에게 쿠데타의 명분을 제공했다.

다음으로, 서인들의 또 다른 반정명분이 되었던 민생파탄과 명나라 배신론에 대해 살펴보자. 인목대비는 그 교서에서 명나라가 '의리에 있어서는 군신 사이지만 은혜에 있어서는 부자 사이'라며 광해군이 명나라를 배신한 것은 부왕 선조와 어머니인 자신을 배신한 것과 같음을 강조하고 있다. 그렇다면 과연 명나라는 조선에 아버지와 같은 나라이며, 광해군은 이런 명나라를 배신하고 민생을 파탄시켰는가?

광해군이 세자의 지위에 있으면서 실상 국정의 최고 책임자로서 치뤄낸 임진왜란은 이후 동아시아 국제정세에 급격한 변화를 야기했을 뿐만 아니라, 조선사회 내부에도 새 왕조 개창에 버금가는 국가재건이라는 시대적 과제를 부여했다. 광해군은 이런 국내외적 상황에 효과적으로 대처한 현명한 군주였다.

광해군과 대북정권은 광해군 즉위 원년인 1608년, 우선 경기도에 한해 시범적으로 대동법을 실시했다. 대동법 실시 이전, 공납(貢納)제는 가난한 농민들에겐 자기 부담량을 넘어서는 많은 부담을 지우는 반면, 부유한 사대부는 사실상 납부대상에서 제외해 준 불공평한 과세제도였다. 이런 의미에서 소유토지를 기준으로 한 누진세인 대동법은 불균형을 시정할 수 있는 획기적인 세법이었다. 당연히 토지 소유자인 양반들의 반대가 잇달았는데, 광해군은 이들의 반발을 무마하며 경기도에 대동법을 시험 실시하는 단안을 내렸던 것이다. 이 외에도 광해군은 전란의 피해를 복구하는 데 탁월한 능력을 발휘했다. 그는 전쟁으로 피폐된 산업을 재건하고 전후 복구사업에 필요한 재정을 충당하기 위해 과세의 근거인 양전(量田)사업과 호적정리를 실시하는 한편, 외국의 침략에 대한 대비책으로 성곽과 무기를 수리하고 군사훈련을 강화했다.

이런 정책들도 시의적절한 것이었지만 광해군의 정책 가운데 최대 성과를 낳은 것은 바로 외교정책에서였다. 1617년 후금의 누루하치는 명나라의 전략적 요충지인 무순과 청하를 점령했다. 이는 누르하치가 만주를 석권하는 서막인 동시에 명의 심장부인 북경이 바로 그 위협에 노출된 것을 의미했다. 명나라 조정은 온통 들끓었고 누르하치를 막기 위한 대책 마련에 고심했다. 그 대비책으로 명나라는 원정군 편성을 결정하고, 조선에게도 군대를 징발하여 협공할 것을 요구해 왔다. 과거 임진왜란 때에 명이 원군을 보내 망해가는 조선을 살려 주었으니 이제 조선이 그 은혜를 갚아야 한다는 것이었다.

명의 파병 요구를 둘러싸고 조선에서는 광해군과 신하들 사이에 격렬한 논쟁이 벌어졌다. 광해군은 명의 요구에 확고하게 반대하는 입장을 취했는데, 그 이유인 즉슨, '우리는 아직 왜란의 후유증에 시달리고 있으며, 명도 누르하치의 위세를 당해내지 못했는데 우리의 훈련되지 않은 군대를 보내봤자, 양떼를 가지고 호랑이를 공격하는 것과 다를 바 없다. 그리고 군대 파견은 민생을 파탄시킬 뿐만 아니라 누르하치와 원한을 맺게 할 것이 뻔하다.'는 것이었다. 그러나 대부분의 신하들은 '명은 부모의 나라이자 재조지은을 베푼 은인'이라며, 파병에 찬성하는 입장이었다.

광해군과 신하들 사이의 치열한 논쟁은 별다른 결론도 없이 계속되었다. 하지만 광해군의 입장에 동조하는 신하는 몇 명에 불과했고, 그간 대북파의 영수로 광해군 보위에 앞장섰던 이이첨마저 파병에 찬성하는 신하들의 대열에 섰다.

하는 수 없이 광해군은 강홍립(姜弘立)을 도원수, 김응서(金應瑞)를 부원수로 하는 1만여 명의 조선군을 파견하게 되었다. 그러나 강홍립에게 '상황판단을 정확히 하고 패하지 않는 싸움이 되도록 최선을 다하라.'고 비밀스레 지시했다. 후금과 전력을 다해 싸우지 말고 상황을 보아 유리한 쪽에 붙어 전력을 보존하라는 밀지였다. 한 마디로 실리외교를 취하자는 것이었다. 이에 출진한 강홍립은 명이 이미 후금의 상대가 아님을 알고 후금과 싸우는 체하다가 항복하고는 조선의 참전이 자의가 아님을 후금에게 설명했다.

후금은 명과 후금 사이에 낀 조선의 사정을 이해하고 동정을 표시

투항하는 강홍립　왼쪽은 1619년 압록강을 건넌 강홍립 휘하 원정군이 후금군과 대치하고 있는 장면이다. 오른쪽은 강홍립이 청 태조 누르하치에게 항복하고 있는 장면이다. 정조 때 간행된 「충렬록」에 실려 있다.

했는데, 이후 강홍립이 후금 진영에 있으면서 광해군에게 계속해서 밀서를 보냈으므로 조선은 후금의 사정을 정확히 파악할 수 있었다.

간단하게 말해 남의 전쟁에 우리 피를 흘릴 이유가 없다는 것이 광해군의 정책이었다. 또한 외교정책은 현실적인 측면을 가장 우선적으로 고려해야 한다는 것이 광해군의 기본 생각이었다. 임진왜란 때 요동으로 망명하겠다는 선조를 명나라가 일본의 앞잡이로 생각해 받아들이지 않은 사건은 광해군으로 하여금 '조선은 명나라에겐 또 다른 오랑캐에 불과함'을 깨닫게 했다. 그리고 왜란 때의 참전 경험을 통해 조선의 사정을 꿰뚫고 있던 명은 광해군이 둘째라는 것을 빌미로 왕위계승문제를 간섭하고, 여러 명목의 사절을 수시로 보내 은을 비롯한 각종 물자를 수탈해 갔으며, 심지어는 조선을 직할령으로 삼으려는 기도까지 했었다. 광해군은 이 냉혹한 국제정세를 정확히 파악하고 있었던 것이다. 또한 왜란 당시 부왕 선조를 대신해 일선을 누비면서 몸으로 전쟁을 겪었기에 전쟁의 참혹함과 그 후과를 누구보다 잘 알고 있었다. 이런 광해군에겐 전쟁을 막는 것이 최우선이었고, 그러기 위해선 현실적인 외교대책 외에 다른 선택의 여지가 없었다. 그러면서도 광해군은 최악의 상황, 즉 전쟁에도 대비했다. 화포와 전차를 비롯한 무기를 제작하고 비축하는 데 힘썼고, 무과를 자주 시행하여 우수한 군사를 선발하고 조련했으며, 서울이 함락되는 최악의 상황을 상정하여 피난처이자 최후의 방어선인 강화도를 정비하기도 했다.

광해군의 이런 현실적인 외교정책은 조선사회에 평화를 가져다 주었다. 평화는 7년간의 전란에 지친 백성들의 생활을 안정시키고

초토화된 국토를 재건하는 데 절실한 것이었다. 하지만 이런 평화는 곧이은 인조반정에 의해 그 밑바닥에서부터 깨지고 만다.

요컨대 광해군은 임진왜란 후 국가재건에 힘쓰는 동시에 대동법과 같은, 백성들을 위한 정책을 추진한 개혁적인 인물이었을 뿐만 아니라, 전쟁이 아닌 평화를 위해 허울뿐인 명분론에서 벗어나 실용주의적 외교정책을 구사한 현명한 지도자였다.

광해군 묘 경기 남양주 소재. 광해군은 임란 후 국가를 재건하기 위해서는 전쟁이 아닌 평화가 필요하다는 것을 인식하고 허울뿐인 명분론에서 벗어나 실용적인 외교정책을 구사했던 현명한 지도자였다. 뿐만 아니라 대동법과 같은 백성들을 위한 정책을 추진한 개혁적인 군주였다.

명분론자

인조

―「인조실록」 인조 3년 6월 을미조

인조반정은 중종반정과는 달랐다. 중종은 정변이 일어난 순간까지도 자신이 추대되리라는 사실을 몰랐지만, 인조는 그 준비과정에서 군자금을 대기도 하고 반정 당일에는 군사를 직접 지휘했을 정도로 주도적인 역할을 했다.

제16대 국왕 인조는 선조의 아들 정원군(定遠君 : 훗날 원종으로 추대됨.)의 맏아들로 태어났고 어머니는 인헌왕후(仁獻王后)이다. 인조의 동생 능창군(綾昌君)은 역모에 관련된 증거가 없었음에도 불구하고 광해군에 의해 사사당했다. 이는 그가 평소 무예에 능하고 신망도 높아, 잠재적 위험인물로 여긴 광해군이 역모와 관련시켜 제거해 버린 것이었다. 인조는 이 때 뇌물을 쓰며 구명운동을 벌였지만 역부족이었고 아들의 죽음으로 실의에 빠진 아버지 정원군마저 병을 얻어 세상을 떴다. 반정이 일어난 1623년 3월 13일은 인조의 아버지 정원군의 3년상이 끝난 지 꼭 1년이 되는 날이었다.

문제는 인조반정이 조선에 또 다시 전쟁을 불러왔다는 것이다. 인조반정은 외교정책의 급선회를 의미했다. 반정으로 집권한 인조와 서인정권은 명과의 의리를 중시하는 명분론적인 외교정책을 구사했다. 친명배금정책(親明排金政策)이 그것이다. 실제로 서인정권은 평안도 가도(椵島)에 주둔하면서 후금의 배후를 위협하고 있던 명나라 장수 모문룡(毛文龍)에게 병력과 군량을 원조하는 한편, 후금과의 사신 왕래를 끊어버렸다. 자연 조선에 대한 후금의 의구심이 높아 갔고, 이 때 이괄(李适)의 난이 일어났다.

반정 1년 만인 1624년, 반정공신 이괄이 논공행상(論功行賞)에 불만을 품고 난을 일으켰다. 이에 인조가 서울을 버리고 공주로 도망하는 등 한동안 나라가 시끄럽더니 겨우 진압되었다. 서인정권 내의 자중지란인 이괄의 난은 엉뚱하게도 후금에 침공구실을 제공했다. 즉 서울을 점령했다가 진압된 이괄의 잔당이 후금으로 도망가 인조 즉위의 부당성을 호소했고, 조선의 내부분열을 눈치챈 후금군이 '전왕 광해군의 원수를 갚는다.'며 인조 5년(1627) 1월 압록강을 넘어 침략해 온 것이다. 곧 정묘호란이었다. 이괄군을 피해 서울을 버리고 공주로 도망간 지 3년 만에 인조는 다시 강화도로 피난할 수밖에 없었다. 다행히 이 때는 후금군도 조선과의 장기전을 벌일 형편이 아니어서 후금을 형으로 모시며 조공을 바친다는 내용의 정묘조약을 맺고는 물러갔다.

반정 후 서인정권이 취한 대외정책의 명분은 숭명배금이었지만 이처럼 정묘호란 당시 그들이 취한 대외정책은 사실상 광해군의 기조를 그대로 답습한 것이었다. 특히 반정의 핵심인물인 이귀(李貴)

나 최명길(崔鳴吉) 등이 주창한 주화론(主和論)은, 그들의 가치관에서 보면 광해군의 화친정책보다 한층 더 굴욕적인 성격의 것이었다. 그럼에도 이들이 그런 정책을 취한 것은 정국이 불안정한 반정 초기에 후금에 적대정책을 취하는 것 자체가 모험일 수밖에 없었기 때문이다. 그러나 이는 그들이 내세운 반정의 명분을 스스로 폐기한 것으로, 자신들의 정변은 오직 권력을 잡기 위한 쿠데타에 지나지 않았음을 고백한 것에 다름 아니다.

더 큰 문제는 그 이후였다.

정묘호란을 통해 후금군의 위력을 확인한 인조와 서인정권으로서는 국방력을 강화해 후금과의 일전에 대비하든지, 아니면 후금과 화친정책을 취하든지 둘 중의 하나를 선택했어야 했다. 하지만 서인정권은 국방력 강화라는 알맹이는 빠뜨린 채, 친명배청만을 드높게 외쳤다.

한편 후금은 중원정복을 실행에 옮기기 전에 배후의 조선문제를 해결해야 했기에 국호를 청으로 바꾼 후 인조 10년(1632) 조선에 형제관계를 군신관계로 바꿀 것과 더 많은 조공을 바칠 것을 요구해 왔다. 아울러 주전론(主戰論)을 주장하는 대신들과 왕자들을 볼모로 보낼 것을 요구했다. 광해군의 실용주의 외교정책을 부인하고 들어선 인조와 서인정권으로서 오랑캐에게 인질을 보내는 것은 심각한 자기부정이었기에 받아들일 수 없었다. 드디어 인조는 재위 14년(1636) 3월 향명대의(向明大義)를 위해 후금과 화(和)를 끊는다는 내용의 선전교서(宣戰敎書)를 팔도에 내려보냈다. 즉 명나라를 향한 대의를 밝히기 위해 후금과의 국교관계를 단절한다는 것이었다.

남한산성 경기 광주 소재. 인조와 서인정권은 이 곳 남한산성에 들어가 장기항쟁을 결의했지만, 기대했던 전국의 원병은 오지 않았고 식량마저 떨어져 농성 40여 일 만에 청군에 항복해 버렸다.

문제는 선전교서를 현실적으로 뒷받침할 만한 국력이 조선에게는 없다는 점이었다.

그 해 12월, 끝내 청 태종은 여진족 7만, 몽고족 3만 등 총 12만 명으로 구성된 군사를 이끌고 압록강을 건넜다. 임경업(林慶業) 장군이 지키는 의주의 백마산성을 우회해 남하한 청군은 보름이 채 안 되 개성을 점령했다. 자연 조선으로선 장기전을 꾀할 수밖에 없었는데, 이를 위해 강화도로 옮기려던 인조는 길이 끊겨 한겨울에 남한산성으로 들어가게 되었다. 그러나 남한산성은 곧 청군에 포위되어 식량이 떨어졌고, 기대했던 전국의 원병도 오지 않았다. 더구나 강화도마저 함락되어 왕자와 비빈(妃嬪)들이 포로로 잡혀 버렸다. 이런 상황에서도 남한산성내 조정은 주화파와 주전파로 나뉘어 논쟁만을 일삼았다. 결국 농성 40여 일 만에 주화파 최명길은 인조의 명을 받아 "조선 국왕은 삼가 대청국 관온인성(寬溫人聖) 황제께 말씀을 올리나이다. 소방(小邦)이 대국을 거역하여 스스로 병화(兵禍)를 재촉했고 고성(孤城)에 몸을 두게 되어 위난이 조석(朝夕)에 닥쳤습니다."로 시작하는 굴욕적인 항복문서를 작성했다. 그리고 인조는 삼전도에 나아가 세 번 절하고 아홉 번 머리를 조아리는 삼배구고두(三拜九叩頭)의 황제 알현 예를 행하며 용서를 빌었다.

조선은 청의 요구대로 신하의 예를 행하고 조공을 약속하는 한편, 명과 단교하고 청이 명을 정벌할 시에는 원병을 파견하기로 약속했다. 그리고 소현세자(昭顯世子)와 봉림대군(鳳林大君), 삼학사(三學士)를 비롯한 수많은 대신들과 수행원들이 볼모가 되어 심양으로 끌려 갔다. 이처럼 서인정권이 불러온 두 차례의 병화는 임란으로 상처입은 조선에 또 한번의 결정적인 타격을 가했다. 그 과정에서

삼전도비
서울 송파 소재. 인조가 세 번 절하고 아홉 번 머리를 조아리는 황제 알현 예를 행하며 용서를 빌었던 삼전도에, 청 태종의 명령으로 세운 기념비이다.

백성들이 입은 고통과 피해는 이루 말할 수 없는 것이었다. 즉 반정 명분으로 내세웠던 민생안정을 서인들 스스로 파괴한 것이나 다름 없었다.

한편 인조를 비롯한 반정주역들은 소현세자를 독살한 혐의마저 받고 있다. 인조의 장남인 소현세자는 인조반정으로 세자로 책봉되었고, 이어 강석기(姜碩期)의 딸을 아내로 맞이했다. 그는 인조 15년(1637) 청나라의 요구에 따라 세자빈 강씨, 봉림대군, 대신 남이웅(南以雄) 등 관원 180명과 함께 인질이 되어 심양으로 끌려 갔다.

인조 23년(1645) 인질생활 8년 만에 꿈에도 그리던 조국에 돌아온 소현세자는 그러나 귀국 후 두 달 만에 34세의 젊은 나이로 죽고 만다. 당시 소현세자의 염습에 참여했던 진원군 이세완의 증언에 따르면, 세자는 온몸이 사약을 먹고 죽은 사람처럼 검은 빛이었고, 이목구비에서 피가 흘러나와 그 얼굴 빛조차 분별할 수 없었다고 한다. 소현세자는 아버지 인조와의 갈등 때문이었는지, 귀국한 지 두 달 만에 병석에 누웠는데, 병세를 학질로 진단한 의관에게서 침을 맞았다. 그런데 병이 난 지 불과 3일 만에 죽고 말았던 것이다. 혹여 의관이 침을 잘못 놓았다 해도 이세완의 증언에서와 같은 모습으로 죽을 수는 없는 것이었다.

청나라에 있는 동안, 소현세자는 조선과 청의 원만한 관계를 위해 청의 고관들과 친분을 맺는 한편, 교분상 필요한 자금마련을 위해 무역에도 관여했었다. 그의 이런 행적과 관련해 조선에는, 세자가 청을 부추겨 조선왕을 자신으로 교체하고 인조는 심양으로 들어오게 할 것이라는 풍문이 전해졌다. 인조는 청이 세자를 후하게 대우

하는 것에 의심을 품는 동시에 세자의 영리행위를 왕위찬탈을 위한 자금조달로 단정짓고, 심복 내시들을 심양에 파견하여 세자의 동태를 감시하게 했다. 이런 정황은 소현세자가 인조의 동의하에 독살당했을 가능성이 농후함을 입증해 준다.

세자 사후 인조가 취한 행동들도 세자 독살 혐의를 짙게 해준다. 돌연한 세자의 죽음에 조정은 큰 충격을 받았고 하기에 치료를 담당한 의관을 처벌하라는 논의가 빗발쳤다. 그러나 인조는 이를 묵살했을 뿐만 아니라 사인에 대한 관심조차 보이지 않았다. 또한 세자가 죽은 지 40일 만에 새로 세자를 정하자는 의견을 제시했다. 더구나 세자가 죽으면 세손(世孫)에게 왕위를 전하는 것이 당연함에도, 인조는 버젓이 살아있는 세손이 아니라 죽은 세자의 두 아우(봉림대군과 인평대군) 가운데서 택하자고 했다. 물론 대신들 다수가 반대 의견을 가지고 있었지만 그 정도가 심하지 않아 사실상 인조의 결정을 묵인했다.

결국 소현세자의 두 아우 중 위인 봉림대군이 세자로 결정되었다. 이는 소현세자의 아들과 강빈(姜嬪)에겐 죽음을 의미했다. 왕위계승자의 지위에 있던 사람이 왕으로 즉위하지 못하면 그 주변인물들의 종말은 뻔한 것이었다. 인조는 분란이 일어나기 전에 선처한다는 명분으로 우선 강빈의 형제 4명을 귀양보냈다. 이어 대신들의 선처 요구를 묵살한 채, 자신을 독살하려 했다는 혐의를 씌워 강빈에게 사약을 내렸다. 또한 소현세자의 아들 셋 중 둘도 의문의 죽음을 당했다.

요컨대 인조를 비롯한 반정의 주역들은 반정의 명분으로 광해군의 부모를 폐하고 형제를 죽인 패륜, 토목공사를 일으켜 민생을 망친 실정, 임진왜란 때 은혜를 베푼 명에 대한 배신 등을 들었었다. 하지만 실상 그들은 청의 침략을 자초하여 민생을 파탄냈고, 청과의 전쟁 패배로 명과의 외교관계를 단절함으로써 숭명사대도 결과적으로 파기해 버렸으며, 소현세자 독살과 강빈 옥사을 일으켜 골육상쟁마저 일으켰다.

결국 인조와 서인 일파가 이른바 반정이라는 이름의 쿠데타를 일으킨 목적은 오직 권력찬탈에 있었던 것이다. 이와 관련하여 대표적인 주화론자 정태화(鄭太和)는 "반정공신 가운데 자신들의 부귀영화를 마음에 두지 않고 오직 종묘사직을 위해 일어난 인물은 최명길(崔鳴吉), 장유(張維) 등 몇 사람에 불과했다."고 회고하고 있다. 게다가 반정 초부터 시중 여론도 반정세력이 일신의 부귀영달을 위해 쿠데타를 일으켰음을 폭로하고 있다. 「인조실록(仁祖實錄)」 인조 3년 6월 을미조에 실려 있는 상시가(傷時歌)라 불린 노래가 이를 상징적으로 보여 준다. 반정공신들의 행태를 풍자한 이 노래는 반정 초기부터 백성들 사이에 크게 유행했다고 한다. "아, 너희 훈신(반정 공신)들아 스스로 뽐내지 말아라 / 그(대북파)의 집에 살면서 그의 전토를 점유하고 / 그의 말을 타며 그의 일을 행한다면 / 너희들과 그 사람이 다를 게 뭐가 있나!"

효종의 북벌론

"내(효종)가 일찍이 나와 이 일을 함께 맡은 자는 오랑캐에게 죽은 집안 자제이지, 그 나머지는 어렵다고 생각했다. … 여러 신하는 오직 목전의 부귀만을 도모하고 이런 일(북벌)을 하다가 나라가 망하고 집안이 엎어질 것만 두려워하기 때문에 말이 이 일에 이르면 마음을 떨지 않는 자가 없다. 나 혼자 개탄할 뿐이다. 그들 모두는 단지 자신이나 위하는 생각뿐 나를 도우려 하지 않는다."

─「송서습유」권 7 잡저 악대설화

소현세자는 누구보다도 대청관계를 유화적으로 이끌어 나갈 수 있는 인물이었다. 그는 인질생활 8년 동안 날로 부강해지는 청의 모습을 직접 목격하고 오랑캐로만 여겼던 청의 문물이 조선에 결코 뒤지지 않음을 인식하고 있었다. 때문에 청의 존재를 현실적으로 인정한 위에서, 청의 선진문물을 적극 도입하여 국력신장을 꾀하려 했다. 실제 소현세자는 귀국할 때 천문·수학·천주교 관련서적과 여지구(輿地球) 등을 가져오기도 했다. 그런 그가 의문의 죽음을 당해 버렸다. 그러자 인조는 국법상 세자의 지위를 물려받는 것이 당연한 세손(世孫)을 제쳐두고, '국유장군론(國有長君論)'을 내세워 봉림대군을 세자로 책봉해 버렸다. 그가 바로 효종(1649~1659)이다.

인조가 봉림대군을 후계자로 택한 것은 봉림대군이야말로 자신의 배청숭명정책(排淸崇明政策)을 실현하는 데 가장 적합한 인물이었기 때문이다. 같은 인질생활을 했음에도 봉림대군은 소현세자와는 다르게 청에 대한 적개심과 복수심이 대단했다. 인조의 판단대로 실제 봉림대군은 즉위하자마자 대청 무력 정벌을 시도하는 북벌론(北伐論)을 결의하고 그 계획과 준비에 온 힘을 쏟았다.

조선 건국 초 동아시아는 종주국 명나라를 중심으로 중국과 그 주변 국가들 간의 관계를 차등적으로 규정하는 중화주의적 국제질서를 유지하고 있었다. 건국과 함께 조선왕조도 이런 질서하에 존명사대(尊明事大)의 입장을 취하면서 안정적인 국제관계를 유지하는 동시에 선진적인 명의 문물을 적극 수용했다. 하지만 당시 조선의 대명 사대관계는 실질적으로 내정상의 간섭을 받는 것이 아니라 의례적인 것에 불과했다. 더구나 이는 국제적으로나 국내적으로 조선왕조의 권위와 안정을 이룩하는 방편으로 이용되기도 했다.

그런데 임진왜란 때에 명나라가 원병(援兵)을 파견하여 조선을 도움으로써 조선의 대명 사대관계는 형식뿐이 아닌 실질적인 호혜관계임이 확인되었다. 이로써 조선왕조와 사대부의 존명사대적 태도는 명분론적 차원을 넘어 실질적인 정당성을 확보하게 되었다. 이제 조선의 사대부에겐 명나라에 '나라를 다시 세워 준 은혜(再造之恩)'를 입었다는 인식이 확고하게 자리잡았고 그만큼 그들 사이에 존명사대의식이 맹위를 떨치게 되었다.

문제는 여기서 그치는 것이 아니었다. 재조지은을 입은 조선이 멸망한 명나라를 대신해 그 원수를 갚아야 한다는, 즉 청나라를 정벌해야 한다는 북벌론이 조선사회에 대두했던 것이다. 물론 여기에는

송시열 초상

송시열은 북벌론의 이론적 지주였지만 실제 북벌을 추진할 의사는 전혀 없었다. 그런데 그의 북벌론은 조선 후기 사상계를 지배했고, 그 결과 조선사회는 외부세계로부터 고립되어 더욱 낙후됨과 동시에 외부세계에 대한 정보에 관심을 두지 않아 제국주의의 침략에 적절하게 대응하지 못했다.

나라의 상징인 인조가 청 태종에게 삼전도에서 무릎을 꿇고 사죄해야만 했던 치욕의 상처를 치유하는 차원에서라도 청을 정벌해야 한다는 여론도 게재되어 있었다. 그 북벌론의 주도자가 바로 효종이었고, 인조반정의 주역인 서인 일파도 이에 적극 호응했다.

서인들의 기본태도는 효종의 스승이기도 한 송시열(宋時烈)의 북벌론을 통해 확인할 수 있다. 그의 입론은 기축봉사(己丑封事)에 잘 드러나 있다. "우리나라는 실로 신종황제의 은혜를 입어서 임진의 변(變)에 종묘사직이 이미 폐허가 되었다가 다시 보존되고 생민(生民)이 거의 죽었다가 다시 소생했으니, 우리나라의 나무 한 그루 풀 한 포기와 생민의 머리털 하나 하나에도 황은(皇恩)의 미치는 바 아님이 없습니다." 이어 그는 청의 실체를 인정하자는 주화파(主和派)의 주장을 '공자 이래의 대경대법(大經大法)을 몽땅 땅에 쓸어버리고 군자(君子)·부자(父子)를 모르는 금수(禽獸)의 무리가 되자는 것'이라고 반박하면서, 10년 아니 20년이 걸리더라도 명나라 신종황제의 망극한 은혜를 갚아야 한다고 강조했다.

효종은 북벌을 추진하기 위한 사전 정지작업으로 주화파(主和派)인 영의정 김자점(金自點) 일파를 조정에서 축출했다. 이에 김자점은 새 임금이 훈신들을 몰아내고 신진사류를 중용하여 장차 군사를 일으켜 북쪽으로 쳐들어 가려 한다고 청나라에 밀고했다. 효종 1년(1650) 청은 이 문제를 조사하기 위해 사신까지 파견했으나, 다행히 영의정 이경석(李景奭) 등이 의주로 귀양가는 선에서 일단락되었다.

그 후 북벌계획은 한동안 주춤했다. 하지만 효종은 재위 3년부터 북벌군 10만 양성을 목표로 다시 북벌준비를 본격화했다. 효종은 병조판서에 박서(朴遾)를 임명하여 그로 하여금 북벌준비를 관장하게 했고, 박서가 1년 만에 사망하자 신임 병조판서 원두표(元斗杓)에게 그 역할을 넘겼다. 그리고 친위대인 어영군(御營軍)을 증원한 데 이어 하나의 독립된 군영인 어영청(御營廳)으로 다시 확대 개편하고, 그 대장으로 이완(李浣)을 임명했다. 또한 특별히 선발한 무사

이완의 투구
이완(1602~1674)은 효종의 북벌계획을 실무적으로 뒷받침한 인물이었다. 현종 14년(1673) 포도대장을 거쳐 우의정에 이르렀다.

들을 수령 등 지방관으로 임명하여 지방차원에서도 북벌준비사업을 추진하게 했다. 그 결과 효종 6년 9월에는 효종이 세자·원두표·이완 등과 함께, 어영군·지방군 등 1만 3천여 장병을 거느리고 노량진 백사장에서 군사 퍼레이드를 벌일 만큼, 북벌진영은 그 위용을 과시하게 되었다.

그러나 당시의 국내외적 상황을 고려한다면 효종의 북벌계획은 결코 순조롭게 진행될 수 없었다. 북벌군 양성에 필요한 재원마련에서부터 벌써 난관에 부딪쳤다. 임진왜란과 병자호란으로 피폐해진 국가를 재건하는 데 필요한 재정조차 확보하기 힘든 상황에서 또 다른 전쟁비용을 확보하기란 거의 불가능한 일이었다. 효종의 북벌군 10만 양성론은, 병농분리를 전제로 30세 이상의 양반자제·충의품관·교생·서얼 등에게서 매년 1인당 정포 2필씩을 거두면 가능하다는 논리였다. 하지만 이는 국가재정의 고갈 등을 내세운 신료들의 반대로 실행되지 못했다. 그 대안으로 효종 7년에 노비추쇄작업이 시도되었지만 이 또한 대신들의 반대로 좌절되고 말았다.

대외적 여건도 북벌추진에 불리하게 작용했다. 1644년 청나라는 북경의 관문인 산해관(山海關)을 넘어 화북지방을 점령해 나갔다. 불과 입관(入關) 1~2년 만에 청나라는 청에 투항한 명나라 장수들의 도움을 받아 회북지방에 이어 강남지방마저 대부분을 평정했다. 결국 효종이 북벌을 준비할 즈음 청나라는 명실상부한 중원왕조가 되어 있었던 것이다. 물론 명 황실의 후손들이 남경, 복주(福州) 등지에서 청에 저항하기도 했지만 청에 그다지 위협이 될 정도로는 되지 못했다. 1661년 무렵이 되면 대만으로 건너간 정성공(鄭成功) 일족의 명나라 부흥운동을 제외하고는 그마저도 일단락되어 버리고 만다.

이렇듯 조선이 이미 중원을 통일한 청나라와 대적한다는 것은 객관적인 전략상 거의 불가능했다. 그리고 전쟁을 치루는 데 필요한 엄청난 비용이 이미 두 차례의 전란을 겪은 조선에 있을 리 만무했다. 하기에 백성들은 말할 것도 없이 신료들조차도 효종의 북벌계획에 극히 부정적이었던 것이다.

이런 사정은 "내가 일찍이 나와 이 일을 함께 맡을 자는 오랑캐에게 죽은 집안 자제이지, 그 나머지는 어렵다고 생각했다. … 여러 신하는 오직 목전의 부귀만을 도모하고 이런 일을 하다가 나라가 망하고 집안이 엎어질 것만 두려워하기 때문에 말이 이 일에 이르면 마음을 떨지 않는 자가 없다. 나 혼자 개탄할 뿐이다. 그들 모두는 단지 자신이나 위하는 생각뿐 나를 도우려 하지 아니한다."는「송서습유(宋書拾遺)」에 실려 있는 효종의 회고담이 확인해 주고 있다.

효종의 고백처럼 북벌계획은 여건상 그 실행이 불가능했다. 그리고 북벌론의 이론적 지주였던 송시열조차도 실제로는 북벌을 추진할 의사가 전혀 없었다.「송자대전(宋子大全)」등 그의 문집이나「효종실록(孝宗實錄)」어디를 보아도 송시열이 북벌의 구체적인 방법이나 준비에 대해 기술했거나 혹은 조정에서 그에 관해 건의한 사례를 찾아볼 수 없다. 그는 단지 북벌의 대의만을 밝히면서 주로 수기치인(修己治人)의 도(道)를 강조하고 있을 뿐이다. "북벌론자들이 사실은 북벌을 실행할 생각이 없었다."는 효종의 부마 정재륜(鄭載崙)의 지적처럼, 북벌론자들조차도 실제로는 북벌을 추진할 의사가 전혀 없었던 것이다.

그럼에도 서인세력이 북벌론을 주창한 이유는 그들 스스로가 불러일으킨 병자호란에 대한 책임에서 벗어나기 위해서였다. 멀리는 인조반정 당시 내세운 명분 가운데 하나인 숭명배금정책에서 비롯되었다. 만약 서인 일파가 국내외적 정세상 청과의 화친정책으로 선회한다면, 그것은 반정 명분을 스스로 저버린 꼴이 됨은 물론이요, 반정이 아무런 명분도 없는 불법적인 쿠데타였음을 스스로 인정하는 꼴이 되기 때문이었다.

여기에다 서인 일파가 집권연장에 북벌론을 이용한 측면도 강하다. 인조반정 후 정국을 주도한 것은 서인이었지만 남인세력도 만만치 않았다. 효종 재위기간만 해도 남인 이경석(李景奭)·허적(許積) 등이 중용되고 있었다. 이들 남인은 대체로 주화론자였다. 그런데 당시 사대부의 여론은 현실적인 주화론보다는 명분론적인 북벌론 쪽으로 기울어 있었다. 본래 사대주의자인 사대부들의 의식세계에는 재조지은을 입었다 해서 임란 후 존명의식이 더욱 뿌리내렸기 때문이다. 서인 일파의 북벌론 주창은 바로 이런 사대부의 여론을 의식한 행위였다. 즉 인조반정이라는 태생적 한계를 가진 서인 일파로선 남인과의 권력투쟁에서 승리해 집권을 연장하려면 사대부의 지지가 필수적이었던 것이다. 하기에 "척화론자(斥和論子)들도 속마음으로는 화의를 바랐다."는 주화론자 장유(張維)의 지적처럼, 허울뿐이었지만 계속해서 북벌론을 주창할 수밖에 없었다.

서인들의 북벌론은 이렇듯 전쟁책임에 대한 회피와 집권연장이라는 정략적 차원에서 제기된 것이었다. 그러나 문제의 심각성은 그것이 이후 조선사회에 미친 영향들에 있었다. 당시 청나라는 조선에 선진문물 도입만이 아니라 외부세계에 대한 정보를 입수할 수 있는 유일한 창구였다. 하지만 북벌론이라는 유령이 이런 통로를 차단함으로써 조선은 외부세계로부터 고립되어 더욱 낙후되었을 뿐만 아니라 외부세계에 대한 정보 자체가 차단되어 결국 19세기 이후 제국주의의 침략에 적절하게 대응하지 못했던 것이다.

효종이 1659년에 사망하자 북벌론은 사실상 일단락되었다. 물론 그 이후에도 간혹 제기되기는 했지만, 그것은 효종 때와는 달리 일시적인 현상일 뿐이었다. 예컨대 숙종 즉위년(1675)에 멸만흥한(滅滿興漢)의 기치하에 오삼계(吳三桂) 등 청나라에 항복한 명 장수들이 일으킨 반란을 계기로, 윤휴(尹鑴)가 북벌론을 제기했지만, 허적의 신중론과 대립하다가 구체화되지 못했다.

한편 명나라는 남천한 후 황족 후예들을 중심으로 청나라에 저항했지만 1662년 무렵에 와서는 그 명맥이 완전히 끊겨 버렸다. 그러자 조선의 북벌론은 그 또 다른 형태인 대명의리론(對明義理論)의 강화로 선회했다. 비록 명나라가 오랑캐 청에 의해 망했지만 재조지은을 입은 조선으로선 당연히 명에 대한 의리를 지켜야 한다는 것이 여전히 사대부의 일반 여론이었던 것이다.

이런 분위기 속에서 명나라가 망한 지 1주갑(週甲), 즉 60년이 된 해인 숙종 30년(1704), '명망일주갑(明亡一週甲)'이 강조되면서 국가 차원에서 임란 때에 재조지은을 입은 명나라 신종과 마지막 황제 의종을 제사지내는 시설물을 건립하자는 여론이 비등했다. 그 단초는 이전에 송시열이 괴산 화양동(華陽洞) 계곡에 환장암(煥章庵)을

만동묘　충북 괴산 소재. 북벌론의 이론적 지주인 송시열의 수제자 권상하가 그의 유지를 받들어 임란 때에 원병을 보내 구원했던 명나라 신종과 마지막 황제 의종을 모실 이 만동묘를 설치했다.

지어 두 황제를 제사함으로써 제공된 것이었다. 송시열은 숙종 15년 (1689)에 권력투쟁에서 패배하여 희생당했는데, 그의 죽음을 순교로 받아들인 제자들은 그의 사상과 정치노선인 대명의리론을 적극 실천하려 했고, 그 중 수제자 권상하(權尙夏)가 그의 유지를 받들어 화양동에 두 황제를 모실 만동묘(萬東廟)를 설치했다.

정부 차원에서도 사대부의 이런 여망을 수용해 대명의리론의 표상인 대보단(大報壇)을 창덕궁 내에 설치했다. 대보단은 1704년 1월 10일에 그 창설논의가 시작된 이래, 계속적인 의견수렴을 거쳐 12월 21일에 공사가 완료되었다. 이 일은 송시열의 직계인 노론계가 주도했고 서인의 또 다른 분파인 소론도 적극 반대하지는 않았다. 청과의 원만한 관계를 추구하는 등 현실론적 노선을 취했던 소론이 이를 반대하지 않았던 까닭은 사대부의 여론 때문이었다. 당시에는 국가 혹은 지방 유생들의 주도로 양란의 전적지나 충신·열사의 연고지 등 전국 곳곳에 사우(祠宇)가 설치되어 제향함으로써 이들에 대한 추모사업이 맹위를 떨치고 있었다.

영조 때에 이르러서는 두 황제에 명 태조가 추가되었고, 충신·열사만이 아니라 대명의리론을 제창하고 옹호한 인물들, 구원군으로 참전했던 명 장수들까지 대보단에 배향(配享)하는 조치로 이어졌다. 영조 33년(1757) 즉 병자호란 패전일로부터 2주갑, 즉 120년이 되는 해부터는 대보단에 제사를 행하면서 양란의 충신·열사·의인(義人)들을 배향하는 조치를 시작했고 그 자손들을 제사에 참여시켰다. 이어 명나라가 망한 지 120년이 된 해인 영조 40년(1764)에는 국가 차원에서 충량과(忠良科)라는 특별과거를 실시하여 그 자손들을 배려하는 조치까지 취했다. 이렇게 이들을 대보단에 배향하여 국가적인 추앙의 대상으로 삼았음은 물론이고 그 자손들은 충량과로 영달의 길을 마련해 주었던 것이다.

이렇듯 대명의리론의 표상인 대보단은, 송시열 개인에서 시작하여 그 제자 권상하의 주도로 사대부 여론으로 확대되고 숙종 때에 국가 차원에서 수용되어 창설되었다. 이어 영조 때에 그 의식 절차가 보강되었고 정조대까지 계속 준수되고 있었다.

그러던 18세기 중반 노론내의 홍대용(洪大容), 박지원(朴趾源) 등을 중심으로 북학사상이 형성되었다. 이들은 조선이 그간 대명의리론에 빠져 자손의식 속에 안주한 채 고립주의 노선을 고수하면서 점차 낙후되고 있었다고 인식했다. 그리하여 선배들이 신봉해 온 북벌론의 또 다른 표현, 대명의리론을 비판하고 청을 배우자는 북학론(北學論)을 제기했다.

물론 북학론은 당시 사상계의 부분적인 움직임에 불과했고, 대부분의 사대부는 여전히 대명의리론을 고수하고 있었다. 하지만 국가 차원에서는, 양란 후 200년간 정신적 지주로 역할해 온 대명의리론에 대한 비판이 제기되자 이를 극복하기 위한 조치를 취해야 했다. 그것은 「존주휘편(尊周彙編)」의 편찬으로 나타났다. 「존주휘편」은 정조의 어명으로, 양란 이후 대명·대청관계에 관련된 자료들을 총괄적으로 수집 정리한 책이다. 즉 이 책은 북벌론에 대한 국가적 총괄사업이라 할 수 있는데, 그에 대한 역사적 사실을 정리하여 그 의의를 부각시키고자 한 것이다. 즉 국왕인 정조 주도의 「존주휘편」 편찬은 국가적 차원에서 대명의리론을 다시 한 번 확인하는 조치였던 것이다.

그 결과 대명의리론은 조선의 마지막 왕 고종 때까지도 사대부들의 정신적 지주로 작용했다. 그 단적인 사례로 만동묘 철폐에 대한 사대부들의 격렬한 항의를 들 수 있다. 고종 2년(1865) 대원군은 만동묘를 철폐하라는 명령을 내렸다. 제후가 천자를 제사지내지 않는 것처럼, 명 황실에 대한 제사는 사대부가 아니라 왕가인 이씨만이 지낼 수 있다는 것이 대원군의 주장이었다. 그러나 대명의리론을 국왕의 명령보다 중시해 왔던 유학자들의 저항은 격렬했다. 결국 고종은 명 황제에 대한 제사를 국왕의 영원한 책무로 확인시킴으로써 이들의 항의를 무마하려 했다. 즉 그는 1871년 재위기간 중 처음으로 대보단에 친히 제사를 올릴 수밖에 없었다.

　이처럼 북벌론과 그의 또 다른 표현인 대명의리론은 양란 이후 사대부들의 정신적 지주였다. 그 결과 조선사회는 외부세계와 단절된 고립주의 노선을 택함으로써 내적으로 정체되었음은 물론, 외세에 대한 정보마저 부족하여 제국주의의 침략에 적절하게 대응할 수 없었던 것이다. 이는 효종의 북벌론에서 비롯되었지만, 그 뿌리는 인조와 서인 일파의 인조반정에 있었던 것이다.

흥선대원군, 민비

조선왕조 최후의 보루, 흥선대원군
가문의 세도에 집착한 명성황후, 민비

나라냐 가문이냐

흥선대원군 이하응(李昰應)과 명성황후 민비(閔妃)는 조선왕조가 망하느냐 존속하느냐의 위기에 직면한 시기에 활동했다. 그들의 시대는 한민족이 자주국의 국민이 되느냐 제국주의 열강의 속국민으로 살아가느냐 하는 기로에 선 시기이기도 했다. 당시 농민들에 대한 집권층의 수탈은 절정에 달했는데, 이른바 삼정(三政)의 문란으로 표현된다. 농민층 수탈의 결과는 1862년 삼남지방을 중심으로 일어난 민란 이래 지속된 농민봉기로 폭발했다. 그리고 이는 조선왕조의 존립 자체를 위협했다. 여기에 제국주의 열강의 연이은 침략까지 겹쳐 조선은 왕조의 해체만이 아니라 민족의 생존권마저 위협받고 있었다.

그런 만큼 당대 최고의 권력자이자 정적이기도 한 대원군과 민비 두 사람의 선택 하나 하나는 곧 조선왕조만 아니라 한민족의 운명과도 직결되는 것이었다고 해도 과언이 아니었다.

그런데 대원군이나 민비에 대한 오늘날의 통념은 동시대인들의 평가와는 상반된다 할 정도로 다르다. 현재 대원군은 완고한 보수주의자이자 무자비

흥선대원군, 민비

한 폭군으로 규정하는 반면, 민비는 서구문물의 도입을 통해 조선사회의 근대화를 추구했던 선각자이자 일제의 침략정책에 단호하게 맞서다가 장렬히 생을 마감한 국모(國母)의 전형으로 추앙하려는 움직임조차 일고 있다.

그러나 그들 시대 대다수는 이런 평가와는 다른 견해를 가지고 있었다. 예컨대 임오군란을 일으킨 보수적 군인들이 대원군을 추대했는가 하면, 갑신정변을 주도한 개화파도 당시 청국에 구류된 대원군을 귀국시켜 활용하려 했다. 또 농민군마저도 대원군의 재집권을 요구했으며, 갑오경장을 주도한 개화파 관료들 역시 대원군을 옹립하여 집권하게 했다. 반면 민비는 그들 모두가 부정부패의 원흉으로 지목하여 심지어는 살해하려고까지 했다. 이처럼 19세기 후반 대다수의 한국인들은 정파를 초월해 대원군은 구국의 영도자로, 민비는 숙청되어 할 공적(公敵) 1호로 인식했던 것이다. 현재의 통념과는 전혀 다른 19세기 한국인들의 이런 인식은 역사적 실체와 얼마나 부합되는 것일까?

흥선대원군

"민비가 우두머리인 민씨척족은 왕국내의 거의 모든 권세와 부귀있는 자리를 독차지하여 비난을 받고 있다. 만약 실력있는 지도자가 출현한다면 혁명을 바라는 사람들이 그 인물 주위에 결집할 것이다. 현재로선 강력한 의지와 정신력의 소유자인 대원군말고는 그런 역할을 담당할 인물이 없는 것 같다."

—주한미국공사 허어드의 1892년 11월 10일자 보고서

대원군은 국왕 고종을 대신해 1864년 이후 1894년까지 세 차례에 걸쳐 사실상 조선왕조를 다스린 '무관(無冠)의 제왕(帝王)'이었다. 그의 첫 번째 집권은 1864년부터 1873년까지 10년에 걸쳐 이루어졌다. 두 번째 집권은 임오군란(1882) 직후 한 달간, 마지막 집권은 갑오경장(1894) 초 4개월간에 걸쳐 각각 행해졌다. 그의 집권기간과 맞닿아 있는 사건들로만 보아도 대원군은 19세기 후반의 중요한 역사적 고비마다 정치 전면에 나서서 조선의 운명을 가름짓는, 중추적 역할을 담당했다.

흥선대원군 이하응(李昰應)은 순조 20년(1820)에 남연군 구(球)의 넷째 아들로 태어났다. 그의 가계는 영조의 아들 사도세자에서 파생된다. 사도세자가 세자빈 홍씨(洪氏)에게서 얻은 아들이 정조

이고, 궁녀에게서 얻은 아들 셋 중 둘째가 은신군이었다. 은신군이 후사가 없어 인조의 셋째 아들인 인평대군의 5대손 병원(秉源)의 아들을 양자로 삼았는데, 그가 바로 이하응의 아버지 남연군이다. 실세한 왕족이긴 하지만 이처럼 이하응은 당시 얼마 안 되는 왕족 가운데 혈통이 분명한 왕손(王孫)이었다.

이하응은 열두 살에 어머니를 잃고 열일곱에 아버지마저 잃은 후 사고무친(四顧無親)의 청년시절을 보냈다. 21세 되던 헌종 7년 (1841)에 홍선정(興宣正)이 되었고, 2년 후 홍선군(興宣君)에 봉해 졌으며, 헌종 12년(1846) 수릉천장도감의 대존관(代尊官)이 되었다가 다음 해에는 종친부의 실무를 담당하는 유사당상(有事堂上)에 임명되었다. 그 후 오위도총부의 도총관(都摠管)을 겸임하는 등 한직을 전전하면서 안동 김씨의 세도정치 아래 실의의 나날을 보내고 있었다.

홍선군 이하응이 역사의 주무대에 등장한 것은 아들이 철종의 대를 이어 왕위에 오르면서부터였다. 그는 안동 김씨 세도정치 아래서 천하장안(千河張安)이라 불렸던 천희연(千喜然)·하정일(河靖一)·장순규(張淳奎)·안필주(安弼周)와 함께 파락호 생활을 하여 궁도령(宮道令)이란 비웃음을 사기도 했다. 그러나 한편으로는 익종비(翼宗妃) 신정왕후(神貞王后) 조씨(趙氏)와 연줄을 맺고 미래를 준비하고 있었다. 즉 홍선군은 두 딸을 각각 조경호(趙慶鎬), 조정구(趙鼎九)에게 시집보내어 당대 세도가인 풍양 조씨와 혼맥으로 깊은 연을 맺었던 것이다.

신정왕후 조씨, 이른바 조대비는 세도정치기 안동 김씨세력과 대항관계에 있던 풍양 조씨 조만영(趙萬永)의 딸이다. 조대비의 남편 효명세자(孝明世子 : 헌종 때 익종으로 추존됨.)는 순조 27년(1827) 2월부터 순조 30년(1830) 5월까지 부왕인 순조를 대신해 정사를 담당하는 대리청정(代理聽政)을 했었다. 이 때 효명세자는 안동 김씨 세력을 견제하기 위해 반외척세력의 결집을 추진했다. 거기에는 조만영 등 조대비의 친정인 풍양 조씨세력의 후원이 있었다. 이후 풍양 조씨세력은 헌종 때까지는 안동 김씨세력과의 대립 속에서 우위를 점했지만 철종 즉위 후에는 거세되어 힘을 가지지 못했다.

궁중의 최고 어른인 조대비로선 당연히 국사(國事)를 농단하는 안동 김씨세력에 강한 적대감을 품었고 따라서 그들을 견제할 기회를 엿보고 있었다. 조대비는 이 때 후사가 없는 철종의 후계자로 홍선군의 둘째 아들 명복(命福)을 지명하기로 홍선군과 묵계를 맺었다고 한다. 1863년 12월 초 철종이 사망하자 이 묵계대로 홍선군 이하응의 아들 명복이 왕위에 오르게 되었다. 이 과정에서 조대비의 적대감을 충분히 파악하고 있었던 안동 김씨세력의 두드러진 반발이 없었다는 것은 의문이다. 앞서 철종 11년(1860) 경평군(慶平君)의 삭적(削籍)문제로 종친과 안동 김씨세력이 대립했을 때, 종친부 유사당상인 홍선군이 중재에 나서 안동 김씨세력의 명분은 살려 주면서 종친부의 실리를 챙겼던 적이 있었다. 안동 김씨세력으로선 이 일을 근거로 조대비와의 극단적인 대립은 피하면서도 자신들의 세력기반에 큰 타격을 입히지 않을 인물로 홍선군을 상정할 수 있었을 것이다. 또 조대비로서도 친정조카인 조영하(趙寧夏), 조성하(趙成夏) 이 외에는 딱히 자신의 정치기반으로 삼을 만한 인물이 없었기에 풍양 조씨와 안동 김씨세력 간 세력균형을 유지해 줄 수 있는 인물이 필요했을 것이다. 결국 흥선군 이하응의 집권은 어느 특정가문의 지지가 아니라 당대의 양대 세도가 안동 김씨와 풍양 조씨의 타협하에 가능했던 것으로 보인다.

아무튼 왕위에 오를 당시 고종은 12세의 어린 나이였기 때문에 조선왕조의 법에 따라 조대비가 수렴청정(垂簾聽政)을 했다. 하지만 이는 다만 형식에 불과했고, 실제로는 고종의 아버지 흥선군이 국왕의 살아있는 아버지를 뜻하는 대원군에 책봉되어 사가(私家)인 운현궁에서 모든 국정을 도맡아 처리했다. 운현궁과 대궐 사이에는 대원군만이 출입할 수 있는 공근문(恭勤門)이 있었고, 창덕궁과 운현궁 사이에는 고종 전용의 경근문(敬勤門)이 있었다. 하지만 대원군은 아들인 국왕과 직접 마주치는 상황은 피하려 했기에 대부분의 국정을 운현궁에서 처리했다. 자연스럽게 운현궁은 고종이 친정을 단행하기 이전 10년 동안 정치의 중심지가 되었다. 이 곳에서 대원군은 '함여유신(咸與維新)'이라는 모토로 각종 정책수단을 동원해 실추된 왕실의 권위를 회복하고 왕권을 강화하는 데 주력했다.

대원군이 집권할 무렵 조선왕조는 총체적 위기에 직면해 있었다. 철종 13년(1862)에 삼남지방을 중심으로 일어난 농민봉기는 조선왕조의 존립 자체를 위협했다. 그러나 당시 벼슬아치들은 이런 상황에 적절히 대응할 능력도, 문제해결을 위해 기득권을 일부 양보할 의사도 전혀 없었다. 때문에 집권층과 백성들 간 왕조의 운명을 건 한판 승부가 진행될 것은 뻔한 이치였다. 이를 막을 방법은 개혁뿐이었는데, 이 때 등장한 인물이 흥선대원군 이하응이었다.

집권 후 그가 제일 먼저 착수한 것은 인사개혁이었다. 대원군은 세도정치기 권력에서 소외되었던 소론·남인·북인계 인사들을 고위직에 고루 등용했다. 특히 오랜 세월 장기집권한 노론과 세도정치에 맞서기 위해 종성(宗姓)인 전주 이씨의 정치세력화를 도모했다. 전주 이씨만을 대상으로 하는 과거를 자주 시행한 것도 이런 이유 때문이었다. 그 결과 대원군 집권 후반기에는 고위관료 가운데 전주 이씨가 숫자상으로도 안동 김씨에 필적하게 되었다. 이런 탕평적인 인사의 실시는 종래 조선왕조를 괴롭혀 오던 붕당정치와 세도정치의 폐단을 근절하려는 것이었다. 또한 대원군은 국초의 삼군부(三軍府)를 재설치해 자신의 무력기반으로 삼기도 했다. 여러 정책의 결과 대원군의 권력기반은 시간이 갈수록 더욱 공고해졌다.

대원군은 한편으로 국가의 공권력 회복을 위한 조치들을 취했다. 유능한 인재를 골라 요직에 쓰되, 부패·무능한 관리들은 엄벌주의(嚴罰主義)로 가차없이 숙청함으로써 국가권력의 공적 기능을 회복하고 민심을 수습하려 했다. 그리고 공권력의 통제를 벗어나 온갖 비리를 저지르던 서원의 폐단과 현황을 조사해 47개소를 제외한 나머지 서원 모두를 철폐했다. 유생들이 이에 강력히 반발했지만, 대원군은 '진실로 백성에게 해되는 것이 있으면 비록 공자가 다시 살아난다고 해도 나는 용서하지 않겠다.'라 단언하면서 그대로 관철시켰다. 이는 이후 대원군 실각의 직접적인 계기로 작용한다. 더욱이 이로 인해 당시 유학자들은 대원군의 행적을 부정적으로 기록했는데, 오늘날까지 각인된 그에 대한 부정적인 이미지는 상당 부분 여기에서 비롯된 것이다.

대원군은 당시 가장 심각한 문제였던 삼정(三政), 즉 전정·군정·환곡의 문란을 해결하기 위해 각종 개혁조치를 취했다. 전정(田政) 개선책으로는 실제 경작지를 조사하여 양반 사대부의 토지에 대해 철저한 징세와 궁방전(宮房田) 면세금지 조치를 단행했다. 군정(軍政) 개선책으로는 군포(軍布)를 양반에게도 부담시키는 동포(洞布)·호포제(戶布制)를 실시했다. 마지막으로 사창제(社倉制)를 도입해 환곡의 폐단을 없애려고도 했다.

이러한 개혁들은 한 마디로 왕실의 권위회복과 왕권강화에 그 목적이 있었다. 특히 경복궁 중건은 세도정치기에 실추된 왕실 및 왕권의 권위와 위엄을 내외에 과시하기 위해 벌인 대표적인 사업일 것이다. 유생들의 반대에도 불구하고 대원군은 고종 2년(1865) 4월에 경복궁 중건공사에 착공했는데, 3년 만인 고종 5년 7월에 완공시켰다. 이 외에도 의정부·종묘·종친부·육조(六曹) 이하 각 관아와 도성 및 북한산성을 수축함으로써 수도 서울의 면모를 일신했다. 이 사업들은 역대 국왕들도 의도한 바 있었으나 재정난 등에 부딪쳐 착수조차 하지 못한 것들이었다. 그런데 대원군은 병인양요 등 외환(外患)이 겹친 상황에서도 경복궁 중건을 불과 40개월 만에 완결지었다. 왕조 초기 경복궁을 짓는 데 약 40여 년의 세월이 걸렸음을 감안하면, 왕실의 권위회복에 대한 그의 의지가 얼마나 강한 것이었나를 짐작하고도 남음이 있다.

한편 대원군은 밀려오는 서구열강과의 그 어떠한 타협도 거부했다. 오히려 미국의 침략을 물리친 고종 8년(1871), 즉 신미년 4월 25일에는 서울을 비롯한 전국 각지에 그 유명한 척화비(斥和碑)를 세웠다. 비의 앞면에는 병인양요 이래의 구호인 "서양 오랑캐가 침입하는데 싸우지 않으면 화친하는 것이요, 화친을 주장함은 나라를 팔아먹는 것이다(洋夷侵犯 非戰則和 主和賣國)."라고 쓰여져 있고, 그 옆면에는 "우리들 만대 자손에게 경고하노라! 병인년에 짓고 신미년에 세운다(戒我萬年子孫 丙寅作 辛未立)."고 적혀 있다.

이렇듯 그는 집권하자마자 과감한 대외정책과 국내개혁을 추진했다. 이 가운데 외교정책은 특히 대원군체제에 대한 지지 확보에 결정적으로 기여했다. 그의 외교정책은 단순하고 직선적이었다. 당시 동양으로 거세게 밀려오고 있던 서구열강과의 어떤 타협도 그는 거부했다. 국가 간 조약은 물론 경제적인 교역, 그리고 종교적인 선교 등 그 어느 것도 타협의 대상이 되지 못했으며, 이미 문호를 개방한 일본과의 관계 재정립도 예외는 아니었다. 일본은 물론 청나라까지 문호를 개방한 상황에서 이는 위험하고 무모한 정책으로 보이기도 했다. 그러나 고종 3년(1866)년에는 프랑스군을 물리치고, 고종 8년(1871)에는 미군마저 물리침으로써 대원군의 외교정책은 그 정당함

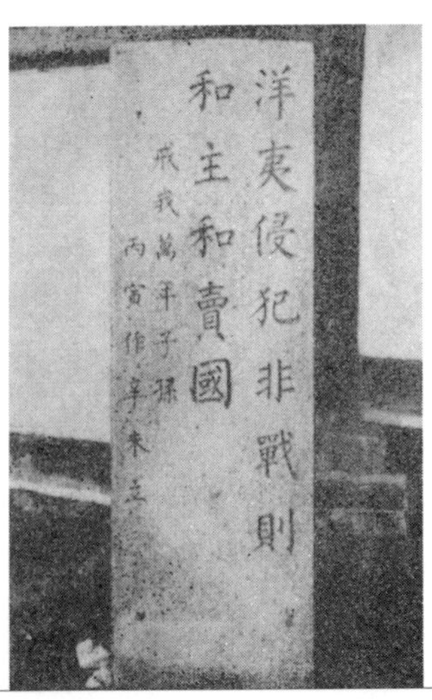

척화비

대원군은 1871년 신미양요에서 승리한 것을 기념하고 척화의식을 고취시키기 위해 전국 각지에 척화비를 세웠다. 척화비는 이후 고종 19년(1882) 임오군란 때 대원군이 청나라에 납치된 틈을 탄 일본공사의 요구로 철거되었지만 해방 후 뜻있는 인사들이 그 비의 일부를 찾아내 옛 관아터에 다시 세워 현재까지 전하고 있다.

이 내외에 입증되었다. 당시 백성들과 특히 유생들은 대원군의 이런 용기와 지도력에 고무되었던 것이다.

역설적이게도 대원군은 그의 권력기반이 최고조에 달했을 때 실각당했다. 실각 당시 대원군은 삼군부 설치 등으로 그 권력기반이 더욱 공고해 가던 상황이었다. 게다가 백성들만이 아니라 보수적인 유학자들을 비롯한 지배층까지도 대원군의 집권을 지지하고 있었다. 그래서인지 몰라도 대원군의 실각은 지금껏 음모론적 시각에서 다루어져 왔다. 그 음모론의 내용은 대략 이렇다.

고종 5년(1868)에 궁녀 이씨(李氏)가 왕자 완화군(完和君)을 낳았는데, 대원군이 완화군을 지극히 사랑했다. 그러자 민비(閔妃)는 완화군이 왕위를 계승할까 우려해 이 때부터 시아버지를 원망하게 되었고, 남편 고종에게 '대원군에게서 벗어나 친정(親政)할 것'을 권유했다는 것이다.

이 음모론에는 궁궐내의 세력다툼도 가세한다. 대원군과 조대비의 밀약에 따라 고종이 즉위했음에도, 높은 관직을 보장받지 못한 조대비의 조카들 조성하·조녕하와, 역시 권력에서 소외된 대원군의 친형 이최응(李最應) 등을 민비가 반대원군 세력으로 끌어들였다는 것이다. 이들은 당대 명망있던 유학자 최익현(崔益鉉)으로 하여금 대원군을 탄핵하는 상소를 올리도록 공작을 벌였는데, 이 상소문이 실제 대원군 몰락의 직접적인 계기가 된 것이 이 음모론을 사실로 믿게 하는 근거로 작용했다.

하지만 이 음모론은 결정적인 문제점을 안고 있다. 즉 민씨척족들이 정권을 장악한 시기는 대원군이 하야한 고종 10년(1873) 직후가 아니다. 이들이 정권을 잡은 것은 강화도 조약이 체결된 이후, 즉 대원군이 하야한 지 3년이나 지난 시점에서였다. 음모론에서처럼 민비 일파의 계략에 의해 대원군이 실각한 것이라면, 이들이 즉시 권력을 장악하지 않을 이유가 없지 않은가!

아무튼 권력기반이 최고조에 달했을 때 권력을 잃어버렸다는 점에서 그 정치인생의 역설은 드러난다. 게다가 대원군의 정책에 반대하는 첫 조짐이 그의 강력한 지지자들 속에서 나왔다는 점에서 역설은 점증한다. 고종 3년(1866) 저명한 유학자 이항로(李恒老)는 '대원군의 외교정책은 지지하지만, 그의 국내정책은 반대한다.'는 내용의 상소문을 올렸는데, 이것이 그 첫 조짐이었다. 이어 이항로는 대원군이 한 해 전에 철폐한 만동묘(萬東廟)를 다시 세우자는 내용의 상소를 올린다. 이항로는 비록 소중화사상에 젖은 보수주의자였지만 당시에는 높은 학문과 강직성 그리고 원칙적인 태도로 유학자로서의 명성을 얻고 있던 인물이었다. 따라서 그의 상소는 유교적 통치이념으로 의식화된 젊은 고종에게 큰 영향력을 발휘하게 된다. 당시에는 대원군의 권력이 막강했기에 비록 조정에 풍파를 일으킬 정도로는 되지 못했으나 대원군의 지지대오가 분열되고 있음을 뜻한다는 점에서 그 의미는 작지 않았다.

이항로의 뒤를 이어 대원군에게 도전한 인물은 이항로의 제자 최익현이었다. 최익현은 고종 5년(1868)에 대원군의 내정개혁을 비판하는 상소를 올렸다. 경복궁 중건과 과도한 세금징수를 중지하고, 당백전(當百錢)과 서울에 출입할 때 내는 도성세(都城稅)를 즉각 없애라는 등이 그 주요 내용이었다. 여기서 주목해야 할 점은, 당시 최익현의 상소에 대한 국왕 고종의 반응이다. 고종은 대원군의 정책을 비판하고 나선 그의 상소를, 나라에 대한 애정과 백성에 대한 관심이 담긴 것이라며 칭찬해 마지 않았고, 며칠 후 올라온 최익현 탄핵 상소문에 대해서는 무지한 사람이라 이런 일을 저질렀다며 오히려 최익현을 변호하고 나섰다. 이는 고종이 대원군의 정책에 불만을 가지고 있음을 대변하는 행동이었다.

고종의 반응에 고무된 최익현은 고종 10년(1873) 11월 14일, 마침내 문제의 상소를 올리기에 이른다. 즉 이 상소문에서 그는 조정의 고위 관리들을 통렬히 비판하면서, "조선은 국왕의 미덕으로 다스려지는 나라가 아니다."라고 공박했던 것이다. 고종은 이 내용을 왕이 아닌 대원군이 다스리는 비정상적인 정치상황에 대한 공격이라 해석하고, "마음 깊은 곳에서 우러난 것"이라 칭찬하며 조정관리들이 그의 지적을 참작해야 한다고 역설했다. 물론 최익현의 상소문을 규탄한 관리들은 유배당했다. 이는 대원군에 대한 아들 고종의 명백한 도전행위였다. 즉 대원군 축출을 위해 고종은 대원군의 개혁정책으로 피해를 본 양반 사대부들을 이용한 것이었다.

최익현은 이에 그치지 않고 그 해 11월 재차 상소문을 올려, 간접적으로 대원군을 지목하면서 그 정책에 대한 비판을 쏟아놓았다. 기득권층인 양반의 시각에서라면, 만동묘와 서원철폐 등 대원군의 정책들에는 비판할 거리가 적지 않았다. 그는 또한 대원군이 과거 역적으로 몰렸던 관리들을 신원하거나 관직을 사후 추증(死後追贈)함으로써 전대의 시책을 부정했고, 청나라 돈을 수입했다고 비판했다. 이 상소문의 내용은 한 마디로 대원군의 정책에 대한 총체적 부정이었다. 최익현은 또한 1864년 대원군이 집권한 이후 정부의 공식적인 관료구조가 대원군으로 대체되어 왔다고 비판하면서, 국왕도 관리도 아닌 대원군이 정부업무에 관여하는 것이 부당함을 주장했다.

이렇듯 대원군에 대한 반대는 대원군 자신의 집권기반이었던 유학자들 내부에서 제기되었다. 일부였지만 그들은 유교 근본주의자들이었다. 하기에 서원철폐와 양반에 대한 호포세(戶布稅) 징수는 사회질서뿐만 아니라 도덕질서까지도 파괴하는 것이며, 명나라 황제들을 모신 만동묘를 궁궐로 옮기는 것은 과거의 은인들에 대한 각 개인의 도덕적 의무수행을 가로막는 것이라 비난했다. 특히, 양반들에게서도 세금을 받는 호포세의 창설은, 그들의 주장대로라면 도덕의 근본인 귀인과 천인 사이의 정당한 구분을 무너뜨리는 것이었다. 보수주의적 유학자들은 이렇듯 유교의 근본 이념을 지키기 위해서라며 대원군의 정책에 반발했다. 그러나 실상은 유교적 통치체제 내에서 법적으로 보장받던 자신들의 계급적 특권을 계속 유지하려는 것이었다. 이런 반발은 그러나 유학자들 중 근본주의자 소수에 의한 것이었기에 대원군을 실각시킬 만큼의 힘은 갖지 못했다.

대원군의 실각에 결정적 역할을 한 인물은 바로 아들 고종이었다. 대원군은 사실 권력을 행사할 수 있는 어떠한 직책도 가지고 있지 못했다. 흔히 대원군이 어린 국왕을 대신해 정사를 수행하는 '섭정(攝政)'을 했다고 말하지만, 실제 조선시대에는 그런 정치용어가 존재하지도 않았다. 다만 대비의 수렴청정(垂簾聽政)만이 이에 근접한 행위일 것이다. 수렴청정하는 동안 대비가 내리는 명령은 친정시 국왕의 명령과 동일한 힘을 갖는다. 그런데 이 수렴청정의 권한을 가진 대왕대비 조씨가 그 권한을 대원군에게 위임함으로 써 대원군의 권력행사는 합법성을 취득할 수 있었다. 따라서 그의 권력은 조대비가 수렴청정에서 물러난 고종 3년(1866) 2월 이후에 는 아무런 법적장치 없이 행해진 것이었다. 대원군에 대한 최초의 비판인 이항로의 상소가 고종 3년에 올라왔음은 이런 상황을 반영 하는 것이었다.

고종이 성인이 됨에 따라 대원군이 권좌에 있을 명분은 더욱 궁색 해졌다. 반대원군 공세의 선봉에 선 유교 근본주의자들이 고종 10년 (1873)을 본격적인 공세 시점으로 삼은 것도 이제 고종의 나이가 성 년인 스물 한 살에 달했음을 감안한 것이었다. 유교 근본주의자들은 고종에게 부친인 대원군의 정책이 잘못된 것이었음을 거듭 확인시 키는 방식으로 부자 사이의 갈등을 부추겼다.

고종이 친정을 결심할 경우, 사실 대원군으로서는 이를 막을 아 무런 장치가 없었다. 고종은 자신을 왕으로 만들어 준 아버지를 버 리기로 결심했다. 재위 10년(1873) 11월 3일 저녁, 고종은 주요 관 리들에게 "내일 아침 조보(朝報)를 통해 친정(親政)을 선포하겠 다."고 통보했다. 하지만 이는 법적인 문제가 있었다. 1866년 조대 비가 수렴청정을 거둔 이후의 조선조정은 법적으로는 고종의 친정 상태에 있었기 때문이다. 다음 날 아침 대신회의 석상에서 한계원 (韓啓源)이 "조대비께서 물러나신 후 나라 사람들은 모든 국정을 전하께서 수행하시는 것으로 알고 있으므로, 이를 다시 반포할 필 요가 없습니다."고 건의한 것은 이 때문이었다. 고종은 모든 대신 들이 동의한다면 전날의 선포를 발표하지 않겠다고 대답했다. 그리고는 대원군이 전용하던 창덕궁의 공근문을 왕명으로 사전통보 없이 폐쇄해 버렸다.

이제 대원군에게는 두 가지 길이 남아 있었다. 하나는 삼군부 등 자신의 실질적인 권력을 이용해 고종을 축출 또는 무력화시키는 길이었고, 다른 하나는 스스로 물러나는 길이었다. 대원군은 일단 아들과의 권력투쟁을 포기하고 물러나, 경기도 양주의 직곡(直谷)에 은거했다.

1882년 임오군란이 일어나자, 대원군은 그 수습 책임자로 재집권에 성공했다. 하지만 조선에 진주한 청나라 군대에 의해 군란의 배후 조종자로 지목되어 집권 한 달 만에 납치당했다. 그리하여 청의 직예성(直隷省) 보정부(保定府)에서 3년간 유폐생활을 하다가 1885년 10월에야 환국했다.

환국한 대원군은 그러나 정적 민씨척족에 의해 운현궁에 연금당하는 한편, 그의 정치활동을 제약하기 위해 제정한 '대원군존봉의

청복 입은 대원군

대원군은 19세기 후반 백성들에서부터 보수적인 유학자, 개화파에 이르기까지 모든 계층의 조선인들로부터 구국의 영도자로 추앙받았던 인물이다. 사진은 임오군란 이후 납치되어 청에서 생활하다가 환국하기 1년 전인 1884년에 찍은 것이다.

절별단(大院君尊奉儀節別單)'에 따라 계속 감시를 받았다. 황현의 「매천야록」에 따르면, 민씨척족은 적어도 두 차례에 걸쳐 대원군을 살해하려고 시도했다. 민씨척족이 대원군을 제거하려 한 것은 대원군이 살아있는 한 임오군란의 사례처럼 언제든지 재집권할 가능성이 있었기 때문이다. 이런 사정은 "민비가 우두머리인 민씨척족은 왕국내의 거의 모든 권세와 부귀있는 자리를 독차지하여 미움을 사고 있다. 만약 실력있는 지도자가 출현한다면 혁명을 바라는 사람들이 그 인물 주위에 결집할 것이다. 현재로선 강력한 의지와 정신력의 소유자인 대원군말고는 그런 역할을 담당할 인물이 없는 것 같다."는 주한미국공사 허어드(Augustine Heard)의 1892년 11월 10일자 보고서 내용에서 확인할 수 있다.

대원군은 당시 백성들만이 아니라 보수적인 유학자, 나아가 개화파로부터도 가장 신망받는 정치인이었다. 모든 계층의 전폭적인 지지하에 또 한번 재기를 모색하던 대원군에게 마침내 기회가 찾아왔다. 1894년 동학농민봉기 진압을 구실삼아 조선에 군대를 파견한 일본측으로선, 친청파인 민씨척족을 몰아내고 조선에 친일파 정부를 부식하는 문제가 가장 시급한 현안이었다. 그들이 보기에도 조선 조야에 민씨척족에 대항할 세력은 대원군밖에 없었다. 1894년 6월 21일, 경복궁을 점령한 일본은 마침내 대원군을 친일 개화파 정부의 총리로 옹립하는 데 성공한다. 하지만 대원군의 입장은 일본측과 달랐다.

재집권한 대원군은 일본의 의향과 달리 자신의 의지대로 움직였다. 대원군은 청의 군사지원을 받아 남쪽의 농민군과 연합, 조선에서 일본군을 몰아내려는 계획에 착수했다. 말하자면 임진왜란 때 조·명(朝明) 연합군이 왜병을 몰아냈던 역사적 선례를 원용한 것이었다. 즉, 북쪽의 청국군과 남쪽의 농민군이 동시에 일어나 서울을 장악하고 있던 일본군을 축출하려는 계획이었다.

대원군은 7월 7일 평양의 청군 진영에 밀사를 보내 자신의 계략을 전했다. 당시 청군 2만여 명은 일본군과의 결전을 앞두고 평양에 집결해 있었다. 대원군은 동학농민군에게도 밀사를 파견하여 북상할 것을 종용했다. 그러나 이 계획은 농민군의 북상이 지연된 데다가 8월 16일 평양 전투에서 청국군이 일본군에 대패함으로써 실패로 끝나고 말았다.

협공계획이 실패로 돌아가자, 대원군은 남쪽의 농민군을 동원하는 것이 일본군을 축출할 수 있는 마지막 수단이라 생각했다. 이에 그는 항일봉기를 촉구하는 국왕의 밀지를 주요 동학지도자들에게 전달했다. 고종의 밀지는 전봉준(全琫準)을 비롯한 동학지도자들로 하여금 항일구국봉기를 결심하게 했다. 우선 전봉준은 전라도 삼례에 사령부를 설치하고 동학의 지역 지도자들과 상의하여 항일구국봉기를 준비하기 시작했다. 손화중(孫化中)과 최시형(崔時亨) 역시 각지에 통문과 격문을 띄워 재봉기를 촉구했다. 특히 최시형의 통문은 충청도뿐만 아니라 북접의 통제 아래 있던 경상도와 황해도의 동학농민군까지 참여하는 계기가 되었다.

1894년 10월, 재봉기한 동학군은 일단 논산에 집결했다가 세 방향으로 나뉘어 공주로 향했다. 당시 농민군의 숫자는 대략 3만여 명이었다. 이들은 전봉준과 손병희(孫秉熙)의 지휘하에 공주성을 공격하기 시작했다. 그러나 막강한 근대적 무기와 화력으로 만반의 태세를 갖추고 있던 일본군에게는 중과부적이었다. 결국 동학군은 대패하고 말았다.

농민군의 패배로, 조선에서 일본군을 몰아내려던 대원군의 노력도 끝내 물거품이 되고 말았다. 계획이 드러나면서 대원군은 일본세력에 의해 정계에서 축출되었다. 이후 대원군은 1898년 죽음을 맞을 때까지 사실상 연금상태에 놓이게 되었다.

이렇듯 흥선대원군 이하응은 19세기 후반의 중요한 역사적 고비마다 정치무대의 전면에 나서 왕조의 운명을 좌우하는 중추적인 역할을 담당했다. 그런 가운데, 백성들에서부터 보수적인 유학자, 개화파에 이르기까지 동시대 대다수의 조선인들로부터 구국의 영도자로 추앙받았다.

그럼에도 불구하고 그에 대한 오늘날의 평가들이 극히 부정적인 것은 어떤 까닭일까? 앞에서도 살펴본 바 있지만, 당시 유학자들은 대원군의 행적을 부정적으로 기록했다. 예컨대 만동묘 이전 및 서원철폐, 양반에 대한 호포세(戶布稅) 징수 등 대원군이 추진한 일련의 개혁들이 그들의 소중화사상을 부정하고 기득권을 침해하는 것이었기 때문이다. 오늘날까지 각인된 대원군의 부정적 이미지는 여기에서 비롯되었다.

거기에 기독교인들의 평가가 보태지면서 그에 대한 부정적인 이미지는 더욱 고착되었다. 병인사옥의 사례에서 보듯, 대원군 집권기에 기독교는 대대적으로 탄압을 받았다. 하지만 그것은 기독교인 자신들이 초래한 측면이 농후하다. 1865년 6월, 천주교 조선교구장 베르뇌 주교는 청국주재 프랑스공사관에 프랑스 군함의 파견을 요청했다. 하지만 베르트미 공사는 그의 청원을 거부했다. 프랑스 선교사들이 위험에 처했거나 박해가 임박하지 않은 이상, 섣불리 군함을 파견했다가는 오히려 내정간섭으로 간주되어 프랑스에 대한 적개심을 불러올 수 있다는 판단에서였다. 실제 베르뇌 주교도 자신의 편지에서, 당시 조선에 천주교가 금지되어 있기는 했지만 자신들의 처지는 좋으며 내년에는 상황이 한층 나아질 것이라고 증언하고 있다. 그러나 그가 군함을 파견해 줄 것을 자국 공사관에 요청한 사실이 탄로나면서, 1866년 1월 9일, 베르뇌 등 프랑스 선교사들은 체포되었고 이는 병인사옥으로 확대되었다. 이로써 병인양요가 발생했던 것이다.

　기독교에 대한 본격적인 탄압은 사실 병인양요 이후에 시작되었다. 병인양요라는 혼란을 틈타 폭동이 일어날 것을 우려한 조선정부가 치안을 대폭 강화하는 과정에서 많은 서학교도들이 체포되었는데, 심문 과정에서 기독교인들이 프랑스의 침략에 협조한 사례들이 구체적으로 드러났기 때문이었다. 「일성록(日省錄)」 고종 3년 10월 15일 기사에 따르면, 고종 3년(1866) 10월 13일 프랑스군이 철수하자, 정부는 전국 각지의 서학교도들을 색출할 것을 지시했다. 이유는 서학을 신봉했기 때문이 아니라 프랑스군의 침략에 화응(和應)했기 때문이었다. 그 결과 수천 명에 달하는 천주교도들이 희생당했다. 하기에 이들에 의해 학살의 장본인으로 지목된 대원군은 그 이미지가 극히 부정적으로 묘사되었던 것이다.

　이렇게 해서 오늘날의 부정적인 대원군상은 만들어졌다. 그러나 이런 평가와 달리, 구한말 대다수의 조선인들은 정파를 초월하여 대원군을 구국의 영도자로 추앙했음은 부인할 수 없는 사실이다.

가문의 세도에 집착한 명성황후

민비

명 성황후 민비(閔妃)하면, 누구나 그 삶의 비극적인 종말을 떠올릴 것이다. 그것도 조선의 식민화를 호시탐탐 노리던 일제에 의해, 자기 나라 궁궐에서. 그 때문인지 몰라도 현재 민비는 일제의 국권 침탈에 저항하다가 장렬히 죽음을 맞이한 구국의 왕비, 그야말로 국모(國母)로까지 추앙되려 하고 있다.

민비는 여흥 민씨 민치록(閔致祿)의 외동딸로 철종 2년(1851) 경기도 여주에서 태어났다. 여흥 민씨는 조선시대 태종비 원경왕후와 숙종비 인현왕후를 배출한 노론 명문이다. 민치록은 이런 집안배경으로 문음(門蔭)을 통해 벼슬길에 올랐으나 과거에 합격하지 못한 탓에 주로 지방관직을 전전했다. 민치록은 첫 부인과 사별하고 두 번째 부인인 한산 이씨에게서 1남 3녀를 얻었다. 그러나 모두 일찍 죽고 막내 딸 하나만 남았는데, 그가 바로 민비이다. 여흥 민씨라는 명문의 배경이긴 하나 민비가 왕비로 간택되기란 쉽지 않은 일이었다. 아버지 민치록의 벼슬이 높지 않은 데다가 그나마 민비가 어려서 죽는 바람에 서울의 양오라비에 의탁하고 살 정도로 경제적으로도 곤궁했기 때문이다. 이런 민비가 왕비로 간택되는 데 결정적인 역할을 한 인물이 바로 양오라비 민승호(閔升鎬)였다.

민승호는 대원군의 부인인 부대부인(府大夫人) 민씨의 친동생으로, 민비와 대원군 집안을 이어주는 역할을 했다. 민치구에겐 부대부인 민씨와 태호(泰鎬)·승호·겸호(謙鎬) 세 아들이 있었는데, 그중 승호가 민비의 친정으로 양자를 감으로써 대원군 집안과 민비의 인연이 시작되었다. 부대부인 민씨가 대원군에게 고종의 배필로 민비를 적극 추천했다고 알려져 있으나, 그 과정에 민비의 양오라비 민승호가 적극 개입했음은 쉽게 짐작할 수 있는 일이다.

잘 알려진 대로 19세기 세도정권기에는 나이 어린 왕들을 대신하여 왕의 어머니인 대비가 수렴청정했고, 실제 권력은 대비나 왕비의 아버지, 남자 형제 등 외척세력이 장악하고 있었다. 이런 세도정치의 문제점을 잘 알고 있었던 대원군의 눈에는 친정 아버지나 친형제가 없는 민비가 고종의 배필로 적합했을 것이다. 양오라비 민승호가 있기는 했으나 그마저 자신의 처남이기에 충분히 통제할 수 있다고 믿었던 것이다.

민비가 왕비로 책봉된 고종 3년(1866)을 전후해 민비를 우두머리로 한 여흥 민씨는 정부의 주요 관직에 진출하게 된다. 그것은 안동 김씨를 견제하고 자신의 세력을 확대하려는 대원군의 의지에 따라 이루어졌다. 하지만, 민승호·겸호 형제 정도만 새로 주요 관직에 임명되었을 정도로 지극히 형식적인 수준에 불과했다. 그러다가 고종이 친정(親政)을 선언함에 따라 민씨척족에겐 권력의 핵심부에 진출할 기회가, 그것도 매우 신속하게 다가왔다.

고종이 친정을 단행한 다음 해인 고종 11년(1874) 조선은 엄청난 충격에 휩싸였다. 청나라에 갔던 사신들이 돌아와 베트남이 프랑스의 침략으로 위기에 처했다는 소식을 전했기 때문이다. 청나라 예부(禮部)에서도 같은 해 8월에 일본이 대만을 정복했다는 사실을 조선에 전해 주었다. 나아가 일본이 조선원정을 위해 대만에 주둔한 5천의 군대를 출동시킬지도 모른다는 소문까지 전하면서 미국 및 프랑스와 조약을 맺는 것만이 조선이 일본의 침략을 막을 수 있는 유일한 방법이라 충고하기까지 했다.

이런 소식들은 고종을 비롯한 조선의 위정자들에게 큰 충격으로 다가왔다. 하지만 이들은 서구와 조약을 맺으라는 청의 권고를 거부했다. 서양과 천주교의 진출이 조선의 전통적인 유교질서 체제를 크게 위협할 것이라 판단했기 때문이다. 한편, 어떤 형태로든 일본과 친선을 도모함으로써 일본의 침략 가능성을 줄이려고 했다.

이 보다 앞서 1868년에 명치유신(明治維新)을 단행해 천황친정체제를 수립한 일본이 조선에 새로운 외교관계 수립을 요구해 왔었다. 그러나 체제변화는 일본의 내부사정이라 생각한 대원군은 일본이 외교문서에 중국만이 써왔던 황제라는 표현을 쓰는 등 이전의 국서(國書)와 다르다고 하며 문서접수조차 거부했었다. 대원군 하야 이후에도 조선정부는 이 같은 표현 등을 이유로 일본국서의 수령을 거부하고 있었다. 이 때 이른바 개화파의 대부인 박규수(朴珪壽)만은 일본과의 친선관계 체결을 주장하고 나섰다. 통설과 달리 그 이유는 개화가 아닌, 전쟁 방지에 있었다. 이런 사정은 박규수의 문집「헌재집(瓛齋集)」에 실려 있는, 그가 대원군에게 보낸 편지의 내용을 통해 알 수 있다.

"혹자는 예로부터 국가를 위태롭게 해온 것은 평화, 즉 유화정책이라 말한 바 있습니다. 저는 어떠한 사례에서 이런 결론을 추출해 냈는지 모르겠습니다. 과거를 통틀어 평화가 국가의 황폐를 초래한 유일한 사례는 진회(秦檜)가 송나라의 파멸을 초래했던 때뿐입니다. … 송나라가 자신들의 적이 누구인지를 망각한 채 원나라와 화해했던 것은 지나간 모든 시대를 통틀어도 결코 일어난 적이 없는 일입니다. 그런데 이것을 일본과 화해하는 문제와 유사하다고 쉽게 간주할 수 있겠습니까?"

즉 전쟁을 방지하기 위해서는 일본의 국서를 받아들여 우호적인 외교관계를 맺어야 한다는 것이 박규수의 주장이었다. 이후 고종 11년 8월, 영의정 이유원(李裕元)도 의정부 회의에서 일본국서의 수령을 주장했다.

조선조정의 변화된 분위기를 감지한 일본은 강제로라도 조선을 개항시킬 계략하에 1875년 9월 운요 호〔雲揚號〕 사건을 일으켰다. 일본 군함 운요 호가 강화도로 접근해 오자 조선의 강화도 초지진(草芝鎭) 수비대가 위협 포격을 가했는데, 이는 이미 일본이 예견한 일이었다. 일본은 이를 빌미로 이듬해 흑전청융(黑田淸隆)을 특명전권대신(特命全權大臣)으로 삼아, 군함 6척과 400여 명의 군인을 강화도로 함께 보내 위협시위를 하면서 조선정부에 사과와 조약체

결 및 통상협상을 요구했다.

이 때까지도 조선정부는 일본과 평화를 유지하고 화해정책을 계속한다는 것 이상의 구체적인 대일정책이 없었다. 고종 13년(1876) 2월 14일에 협상에 대비하기 위한 조정회의가 열렸는데, 이 회의에서 어느 누구도 일본과의 협상을 위한 구체적인 제안을 하지 못했다. 단지 협상대표 신헌(申櫶)에게 일본대표 흑전에 맞서 최선의 대책을 수립하라며 모든 책임을 떠맡겼을 뿐이다. 구체적인 전략 없이 사상 초유의 협상에 나선 조선이 자국의 이익을 지켜낼 리 만무했다.

이른바 강화도 조약의 핵심 내용인 부산과 그 밖의 두 개 항구의

강화도 조약 체결 당시의 강화성 연무당　연무당은 조약 체결 당시 양국 대표들이 회담한 장소이다. 회담이 시작되자마자 일본군은 연무당 밖에 대포를 배치해 놓고 조선에 조약 체결을 강요하는 무력 시위를 벌였다.

개방, 연해측량(沿海測量)의 자유, 치외법권(治外法權) 등은 조선에 일방적으로 불리한 내용들로서, 앞으로 일본이 조선을 침략하는 발판이 될 것이었다. 조선이 이런 굴욕적인 요구를 그대로 받아들여 얻은 효과라고는 일본으로 하여금 조선 침략을 잠시 연기하도록 한 것뿐이었다. 거의 10여 년 동안 일본의 수교요구를 둘러싸고 벌어진 조정내의 논쟁은 이렇듯 일본이 강화도에 병력을 상륙시킨 지 며칠 만에 아무런 쓸모 없는 것으로 변해버리고 말았다.

곧바로 일본과의 강화에 반대하는 여론이 비등했고, 각 정치세력이 심각하게 분열되었다. 대원군을 하야시키고 고종이 친정하는 데 결정적인 역할을 한 보수적인 유학자들이 역설적이게도, 바로 그 고종의 영도력과 외교정책에 실망해 국왕의 반대편에 서게 되었다. 고종의 강화정책을 지지해 온 박규수조차 이제는 대원군이 정국의 주도권을 장악하기를 바랐을 정도였다.

사실 고종은 즉위 10년 만에 친정을 단행하긴 했지만 대원군과 조대비에 의해 만들어진 왕에 불과했기에 그 친위세력이 전무했다. 거기에 상황마저 이렇게 되자 고종은 친위세력 구축을 절감했다. 그 유일한 대안이 바로 민비와 그의 가문 여흥 민씨였다. 종친이 없는 것은 아니었으나, 대원군의 서자인 이재선(李載先)이나 장손자 이준용(李埈鎔) 등이 자주 모반사건에 연루된 혐의가 드러난 것에서처럼, 종친은 일순간 왕권을 위협하는 세력으로 변할 수 있었다. 반면 여흥 민씨는 고종에게 처가이자 외가였고, 나아가 할머니의 친정 가문이기도 했으니, 종친보다는 더 안전한 친위기반이 될 수 있었던 것이다.

이리하여 여흥 민씨는 강화도 조약을 계기로 중앙정계에 본격적으로 진출하기 시작했다. 갑신정변 이후에는 세력을 더욱 확대하여 한때 의정부 당상직의 15%를 차지하기도 했다. 이는 철종 연간 안동 김씨가 차지한 당상직이 전체 당상직의 30%에 이르렀던 것과 비교하면 큰 비중은 아니다. 하지만 안동 김씨의 경우 60여 년 동안 집권한 결과였음에 비해, 여흥 민씨의 경우는 집권한 지 10여 년도 되지 않아서였으니, 이를 고려하면 매우 급격한 성장임이 분명하다. 여흥 민씨 가운데 민승호·민겸호·민태호·민영익(閔泳翊)·민영환(閔泳煥)·민영준(閔泳駿) 등 20여 명이 정부의 핵심 요직을 독점하여 실권을 행사하면서 민씨정권을 형성해 나갔다. 이들은 특히 의정부와 육조(六曹)에서 인사·재정·군사 관련분야를 독점했다. 그 결과 "임금이 친히 집정하게 되자 온 나라가 기대했으나, 나라 안의 일은 중궁이 주관하고 바깥 일은 승호에게 위임하여, 결국 민씨들이 줄줄이 등장하고 간사한 무리들이 번갈아 나왔다."는 황현(黃玹)의 「오하기문(梧下記聞)」 기사처럼, 여흥 민씨의 세도정치가 시작된 것이었다.

이른바 민씨정권하에서 민비의 정치적 위치를 명확히 알기란 쉽지 않다. 그것은 왕조시대 중전의 행적이 공식자료에는 기재되지 않기 때문인데, 따라서 민비의 정치적 행적도 실록(實錄)과 같은 정부의 공식자료에는 남아 있지 않다. 다만 동시대인들의 전문(傳聞) 기록이나 외국인들이 남긴 견문기 등에 간헐적으로 기재되어 있을 뿐이다. 이들 자료는 그나마 단편적인 정보만을 제공하고 있고, 그 정보조차도 기록자에 따라 부정적이거나 우호적이어서 객관성을 담보하고 있지도 못하다.

분명한 점은 세도정권 때와는 달리, 민씨정권의 경우 민비 자신이 정권의 최고 권력자였다는 사실이다. 이런 사정은 앞의 「오하기문」 기사 외에도 "생각컨대 내가 왕위에 오른 이후 여러 해 동안 중전의 어진 도움을 받았다. … 하루고 이틀이고 모든 정사를 도와 조용하고 그윽한 덕을 입혀 주었다."는 「고종실록(高宗實錄)」 고종 28년 7월 22일자의 고종의 증언에서도 확인할 수 있다. 때문에 민씨정권은 이전의 세도정권과 달리 민비라는 구심점이 사라지면 곧바로 붕괴될 수밖에 없는 성격의 것이었다. 실제 여흥 민씨는 1895년 일제에 의해 민비가 살해당하면서 곧바로 권력의 핵심에서 배제된다.

이렇듯 민비가 민씨정권의 구심점이 될 수밖에 없었던 것은, 친정 아버지나 친형제가 없었던 바로 그 독특한 가족구조에서 기인한다. 그러나 조선시대에는 중전이 드러내놓고 직접 정사에 관여할 수 없었다. 때문에 "중궁이 모든 정사를 결정하면 민승호는 이를 받들어 실행할 따름이었다."는 황현의 「오하기문」 기사처럼, 민비는 그의 일족인 여흥 민씨 가운데 한 사람을 자신의 대리인으로 삼아 그를 통해 권력을 행사하는 방식을 취했을 것이다.

민비의 대리인으로 가장 적합한 인물은 바로 양오라비 민승호였다. 하지만 그는 고종 친정 1년여 만인 1874년에 폭사(暴死)했다. 황현은 「매천야록(梅泉野錄)」에서 "민승호는 대원군이 보낸 폭약에 의해 죽음을 당했다."고 했다. 아무튼 이후 민승호의 친동생이자 대원군의 처남인 민겸호가 민비의 대리인 역할을 했다. 하지만 선혜청 당상직에 오래 있으면서 부패의 온상으로 지목되어 임오군란 와중에 살해당했다. 그 다음으로는 민태호가 그 역할을 수행했다. 그는 민비와는 12촌이나 되는 먼 친척이었지만, 그의 아들 민영익이 민비의 양오라비 민승호의 양자로 입적된 한편, 1882년 그의 딸이 세자빈으로 책봉됨으로써 민비와 밀접한 관계를 맺었기 때문이다. 그런데 그런 민태호마저 갑신정변 때 살해당했다. 이제 민비와 가까운 인척 가운데에는 그의 대리인을 맡을 만한 중진이 없었다. 민비는 하는 수 없이, 연소하지만 친정조카인 민영익과 민겸호의 아들 민영환을 중용했다. 가령 민비는 겨우 18세인 민영익을 위해 의정부 부유사 당상직을 신설했을 정도였지만, 민비와의 정책 견해차이, 특히 대청관계를 둘러싸고 의견충돌을 빚다가 그도 결국 중국으로 망명해 버렸다. 1880년대 후반 이후에는 계보상 민비와 너무 멀어 척족이라고 부를 수도 없는 민영준이 그 역할을 수행했다.

여하튼 민비를 축으로 한 여흥 민씨는 아주 짧은 기간에 권력을 장악했다. 그러나 능력이 아닌 같은 집안 출신이라는 이유만으로, 그것도 짧은 시간에 집권했기 때문에 민씨척족의 권력행사에는 많은 부작용과 폐단이 뒤따랐다. 가령 "중궁이 기도하기를 절제하지 않았고 하사하는 물품의 비용이 너무나 많아 계속 뒤를 댈 수 없었다. 마침내 수령자리를 돈을 받고 헐값에 팔았다. 재정이 넉넉한 군(郡)이나 빈한한 고을의 녹봉을 살펴본 뒤 값을 정하고 거두었다."는 「오하기문」 기사가 보여 주듯, 그 정도가 말로 할 수 없을 만큼 심각했다. 자연 민씨정권은 보수적인 관료들과 개화파는 물론이고 당시 모든 사회계층으로부터 엄청난 저항에 직면했다.

그 본격적인 저항의 시작이 고종 19년(1882)의 임오군란이었다.

1882년 당시 구식군인들은 녹봉이 13개월이나 밀려 있어 불만이 대단했다. 그러던 차에 겨우 1개월치 급료를 그것도 쌀로 지급하면서 그나마 겨와 모래가 섞여 나오자 군인들은 소요를 일으켰다. 평소 민씨정권의 부정부패로 생활기반이 파탄난 서울시민들이 여기에 가세하면서 소요는 대규모 폭동으로 발전했다.

임오군란은 표면상 고종 18년 개화정책의 일환으로 창설된 신식 군대인 별기군(別技軍)과 구식군대에 대한 정부의 극심한 차별대우 때문에 일어났다. 그러나 이는 말 그대로 표면상의 이유일 뿐, 군란의 근본 원인은 민씨정권의 부정부패와 무능에 따른 백성들의 생활 파탄에 있었다. 당시 조선정부는 관리의 녹봉은 물론이고 군인들에게 급료도 지급할 수 없을 만큼 재정이 바닥난 형편이었다. 심지어는 고종 19년(1878) 철종비 김씨(金氏)가 죽었음에도 장례비용조차 제대로 마련하기 어려울 정도였다. 그런데도 "민비는 나중에 순종이 된 세자 척(坧)과 관련된 일이라면 돈 쓰기를 흙 뿌리듯 했다."는 황현의 증언처럼, 민씨정권의 부정부패와 무능은 극에 다다랐던 것

임오군란　임오군란 당시 군인들에 쫓겨 나오는 일본공사관원들의 모습이 사진 오른쪽 상단에 보인다.

이다. 반군에 의해 민비의 대리인인 민겸호 등 민씨척족이 살해당하고, 그들의 저택이 모두 파괴당했다는 사실이 이를 증명하고 있다. 반군은 이에 그치지 않고 민비마저 살해하려 했지만, 그는 궁궐 탈출에 성공하여 겨우 목숨만은 부지할 수 있었다.

하는 수 없이 고종은 군인들의 지지를 받고 있던 대원군에게 전권을 위임하여 군란을 수습하려 했다. 하지만 청군의 개입으로 1개월 만에 대원군 정권은 무너졌고, 군란을 피해 충주에 은거하던 민비는 재빨리 청나라와의 제휴를 모색했다. 청나라도 이를 받아들여 민씨 일파의 정권을 세우는 한편, 원세개(袁世凱)가 이끄는 군대를 서울에 주둔케 해 조선의 내정에 간섭했다.

청의 지원으로 민비는 일단 재집권에 성공했지만 또 다시 저항에 직면했는데, 이번에는 개화파가 민씨정권의 타도에 앞장섰다. 임오군란 이후 청나라는 종주국의 지위를 내세워 외교만이 아니라 내정에도 간섭을 강화했고, 군의 지휘권마저 원세개가 장악했다. 민씨정권은 그야말로 청의 괴뢰정권에 지나지 않았다. 이 때 김옥균(金玉均) 등 젊은 개화파 관료들은 청의 간섭을 배제하여 완전한 자주국가를 이룩하고 적극적인 개화정책을 추진할 것을 주장했다. 청의 괴뢰정권에 불과한 민씨정권은 당연히 그들의 이런 요구를 묵살해 버

김옥균

김옥균(1851~1894)은 고종 9년(1872) 문과에 장원급제하여 벼슬길에 올랐다. 그는 개화파를 조직, 갑신정변을 일으켜 신정부를 수립했으나, 실패하여 일본으로 망명했다. 민씨정권의 자객을 피해 일본 각지를 방랑하다가 중국 상해로 건너갔는데, 그 곳에서 홍종우에게 살해당했다.

렸다. 두 세력 간의 갈등은 결국 갑신정변으로 표출되었다.

개화파는 고종 21년(1884) 그 일파인 홍영식(洪英植)이 총판(總辦)으로 있던 우정국 개국 축하연을 이용해 정변을 일으켰는데, 이와중에 민태호 등 민씨정권의 핵심 인물 6명이 살해당했다. 정권을 장악한 개화파는 대원군파와 연합, 새로운 정부를 조직하고 14개조의 혁신정강을 마련했다. 그 주요 내용은 대원군 송환을 통해 청나라로부터의 완전한 독립을 추구하고, 문벌을 폐지하여 신분평등을 이룩하며, 정부와 궁중으로 이중화된 재정을 호조로 일원화하는 것이었다. 그리고 내시부를 혁파하고 고관회의가 국정을 운영함으로써 국왕의 전제(專制)를 막으려 했다. 이것은 갑신정변의 주체가 자주적이고 근대적인 국민국가 건설을 추구했음을 보여 주는 것이다. 그러나 청군의 개입으로 갑신정변은 3일 천하로 끝나고 말았다. 정변이 실패한 뒤 조선정부는 청에 더욱 의존하게 되었고, 비례해서 조선에 대한 청의 영향력도 한층 강화되었다. 이는 당시 조선정부를 '원세개의 조정'으로 부를 정도였다.

두 차례의 정변을 겪으면서 대원군파와 개화파는 타격을 입고 그 세력이 크게 위축되었다. 반면 권력을 독점한 민씨정권은 반대파의 위축으로 상대적인 안정을 구가할 수 있었다. 하지만 그것도 그리 오래가지는 않았는데, 이번에는 민씨정권에 최후의 타격을 가할 농민봉기가 기다리고 있었다.

1894년 3월 20일경, 전라도 무장에 모인 농민군은 전봉준(全琫準)의 지도 아래 봉기의 깃발을 올렸다. 농민군이 봉기한 목적은 국정(國政)을 파탄시킨 민씨정권을 무너뜨리고 대원군을 추대하여 부패한 관리를 제거하는 등 국정을 쇄신하려는 데 있었다. 농민군은 전주를 향해 진격하던 중 황토현(黃土峴)에서 전라 감영군(監營軍)을 맞아 대파하고 파죽지세로 정읍·흥덕·고창 등 전라도 일대를 석권해 나갔다. 정부에서 파견한 중앙군마저 장성에서 격퇴하고 드디어 그 해 4월 27일 전주를 점령하기에 이르렀다.

이에 놀란 양호초토사(兩湖招討使) 홍계훈(洪啓薰)은 정부에 청나라 군대의 파병을 요청했다. 농민군의 전주입성에 놀란 조정에서도 4월 29일 밤 대신회의를 열었고, 이 자리에서 고종이 청군 차용안(借用案)을 제기했다. 김병기(金炳冀) 등 일부는 '청군이 출병하면 일본군도 출병할 것이고, 그렇게 되면 러시아도 개입하여 조선이 국제적인 분쟁의 전장이 될지도 모른다.'며 반대했지만, 대신들 대부분은 '사세(事勢)가 부득이하다.'며 동의했다. 사실 이 회의는 형식적인 절차에 불과했다. 농민군이 타도대상으로 삼았던 민씨척족의 세도가 병조판서 민영준이 4월 28일 이미 고종의 승인을 받아 원세개에게 차병안을 제의했고, 4월 29일 대신회의 이전에 정식 외교문서로 차병요구서를 원세개에게 전달한 바 있었다.

결국 청군 3천여 명이 5월 5일에서 9일 사이에 충청도 아산에 상륙했고, 우려했던 대로 일본은 청군 파견을 구실로 5월 6일에서 12일 사이에 4천 3백여 명의 군대를 조선에 파견했다. 그 결과 한반도는 끝내 청·일 간의 전쟁터가 되고 말았다. 일본은 이 전쟁에서 승리하여 청 세력을 조선에서 축출하고 조선침략의 기틀을 마련했다. 이어 자신들의 침략정책에 최대의 걸림돌이었던 농민군마저 무자비하게 진압했다.

옥호루 명성황후 민비가 시해된 장소이다.

위는 뒷전에 접어둔 채 청군 차용안을 관철시킴으로써 이제 조선을 국제분쟁의 무대로 만들어 버렸다. 그 결과 우두머리인 민비의 비극적인 종말에 그치지 않고 끝내 나라마저도 멸망지경으로 내몰렸던 것이다.

요컨대 민비는 단지 자신의 가문인 여흥 민씨를 중용하여 국사(國事)를 농락했다. 이들 민씨척족이 보수적인 유학자들과 농민은 물론이고, 개화정권을 표방했음에도 김옥균 같은 개화파에게서까지 공격받은 이유는 그들이야말로 국정 파탄의 주범이었기 때문이다. 하기에 민비를 근대화의 선각자이자 국권을 수호하려 했던 국모의 전형으로 만들려는 오늘날의 움직임에 민비와 동시대를 살았던 사람들은 결코 동의하지 않을 것이다.

「주서(周書)」, 「양서(梁書)」, 「당서(唐書)」, 「삼국사기(三國史記)」, 「삼국유사(三國遺事)」, 「고려사(高麗史)」, 「세종실록(世宗實錄)」, 「동국여지승람(東國輿地勝覽)」

노태돈, 「고구려사연구」, 사계절, 2000

노중국, 「백제정치사연구」, 일조각, 1988

이호영, 「신라의 삼국통합연구」, 서경문화사, 1997

노태돈, 〈연개소문과 김춘추〉, 「한국사시민강좌」5, 일조각, 1989

전미희, 〈연개소문의 집권과 그 정치적 성격〉, 「이기백선생고희기념 한국사학논총」(상), 1994

김주성, 〈의자왕대 정치세력의 동향과 백제멸망〉, 「백제연구」19, 1988

양기석, 〈백제 성왕대의 정치개혁과 그 성격〉, 「한국고대사연구」4, 1991

김수태, 〈백제 의자왕대의 정치변동〉, 「한국고대사연구」5, 1992

이명식, 〈신라 문무대왕의 민족통일 위업〉, 「대구사학」25, 1984

정중환, 〈김유신론〉, 「고병익회갑기념 사학논총」, 1984

신형식, 〈김유신가문의 성립과 활동〉, 「한국고대사의 신연구」, 일조각, 1984

신형식, 〈무열왕계의 성립과 활동〉, 「한국고대사의 신연구」, 일조각, 1984

김구진, 〈공험진과 선춘령비〉, 「백산학보」22, 1977

김광수, 〈고려전기 대여진교섭과 북방개척문제〉, 「동양학」7, 1977

「삼국사기(三國史記)」, 「삼국유사(三國遺事)」, 「고려사(高麗史)」

이도학, 「궁예 진훤 왕건과 열정의 시대」, 김영사, 2000

신호철, 〈후백제 견훤연구-견훤관계 문헌의 예비적 검토〉, 「백제논총」1, 1985

신호철, 〈견훤의 출신과 사회적 진출〉, 「동아연구」17, 1989

정청주, 〈궁예와 호족세력〉, 「전북사학」10, 1986

조인성, 〈궁예의 출생과 성장〉, 「동아연구」17, 1989

김두진, 〈궁예의 미륵세계〉, 「한국사시민강좌」10, 일조각, 1992

조인성, 〈궁예의 세력형성과 건국〉, 「진단학보」75, 1993

홍성기, 〈궁예왕의 전제적 왕권의 추구〉, 「허선도정년기념 한국사학논총」, 1992

조인성, 〈궁예정권의 중앙정치조직〉, 「백산학보」33, 1986

이재범, 〈궁예정권의 정치적 성격에 관한 고찰〉, 「정재각고희기념 동양학논총」, 1984

문수진, 〈왕건의 고려건국과 후삼국통일〉, 「국사관논총」35, 1992

정청주, 〈왕건의 성장과 세력형성〉, 「전남사학」7, 1993

홍승기, 〈후삼국의 분열과 왕건에 의한 통일〉, 「한국사시민강좌」35, 1989

홍승기, 〈고려태조 왕건의 집권〉, 「진단학보」71 · 72, 1991

김두진, 〈고려 광종대의 전제왕권과 호족〉, 「한국학보」15, 1979

김수태, 〈고려초 충주지방의 호족 - 충주 유씨를 중심으로〉, 「충청문화연구」1, 1989

김기덕, 〈고려 광종대 왕권강화와 태자책봉〉, 「박영석회갑기념 한국사학논총」상, 1992

「삼국사기(三國史記)」, 「삼국유사(三國遺事)」, 「제왕운기(帝王韻紀)」, 「고려사(高麗史)」

김상기, 〈묘청의 천도운동과 칭제건원〉, 「국사상의 제문제」, 국사편찬위원회, 1960

하현강, 〈고려 서경고〉, 「역사학보」35 · 36, 1967

김남규, 〈고려 인종대의 서경천도운동과 서경반란에 대한 일고찰〉, 「경대사론」, 1985

강옥엽, 〈고려중기 서경세력의 정치적 성향〉, 「백산학보」36, 1989

강성원, 〈묘청난의 재검토〉, 「국사관논총」13, 1990

남인국, 〈고려 인종대 정치지배세력의 성분과 동향〉, 「역사교육논집」15, 1990

이재호, 〈삼국사기에 나타난 국가의식〉, 「부산대학교 논문집」10, 1969

하현강, 〈고려 의종대의 성격〉, 「동방학지」26, 1981

정구복, 〈김부식〉, 「한국사시민강좌」9, 일조각, 1991

에드워드 슐츠, 〈김부식과 삼국사기〉, 「한국사연구」73, 1991

「고려사(高麗史)」, 「고려사절요(高麗史節要)」, 「태조실록(太祖實錄)」, 「정종실록(定宗實錄)」, 「태종실록(太宗實錄)」, 「동사강목(東史綱目)」, 「송와잡설(松窩雜說)」, 「용비어천가」

홍영의, 〈신돈-요승인가 개혁정치가인가〉, 「역사비평」31, 1995

민현구, 〈신돈의 집권과 그 정치적 성격〉상·하, 「역사학보」38·39, 1968

민현구, 〈고려 공민왕대 반원적 개혁정치의 전개과정〉, 「허선도정년기념 한국사학논총」, 1992

최연식, 〈공민왕의 정치적 지향과 정치운동〉, 「역사와 현실」15, 1995

권영국, 〈14세기 전반 개혁정치의 내용과 그 성격〉, 「역사와 현실」7, 1992

허흥식, 〈고려말 이성계의 세력기반〉, 「고병익선생회갑기념 사학논총」, 1984

유창규, 〈고려말 조준과 정도전의 개혁방안〉, 「국사관논총」46, 1993

한영우, 〈정도전의 사회정치사상〉, 「한국사론」1, 1973

최승희, 〈조선 태조의 왕권과 정치운영〉, 「진단학보」64, 1987

이희관, 〈조선초 태종의 집권과 그 정권의 성격〉, 「역사학보」120, 1988

정두희, 〈조선건국초기 통치체제의 성립과정과 그 역사적 의의〉, 「한국사연구」67, 1989

최승희, 〈태종조의 왕권과 정치운영체제〉, 「국사관논총」30, 1991

「선조실록(宣祖實錄)」, 「선조수정실록(宣祖修正實錄)」, 「징비록(懲毖錄)」, 「이충무공전서(李忠武公全書)」

허선도, 〈임진왜란에 있어서의 이충무공의 승첩〉, 「한국학논총」3, 1980

허선도, 〈임진왜란론〉, 「천관우선생환력기념 한국사학논총」, 1985

최영희, 〈임진왜란의 재조명〉, 「국사관논총」30, 국사편찬위원회, 1991

이정일, 〈원균론〉, 「역사학보」89, 1981

정두희, 〈이순신연구〉, 「이기백고희기념 한국사학논총」하, 1994

강병식, 〈임란기 이순신과 원균에 대한 소고〉, 「임란수군활동논총」, 해군군사연구실, 1993

이재호, 〈멸적구국한 이순신의 위적〉, 「한국사의 천명」, 집문당, 1996

장학근, 〈선조의 집권계략에 나타난 이순신, 원균의 평가〉, 〈충무공 이순신의 하옥죄명,

전몰상황, 자살론, 순국론에 관한 검토〉, 「임란수군활동논총」, 해군군사연구실, 1993

「광해군일기(光海君日記)」, 「인조실록(仁祖實錄)」, 「효종실록(孝宗實錄)」, 「연려실기술(鍊藜室記述)」

오수창, 〈인조대 정치세력의 동향〉, 「한국사론」13, 1985

이기순, 〈인조 반정공신세력의 성격〉, 「백산학보」38, 1991

한명기, 〈광해군대의 대북세력과 정국동향〉, 「한국사론」20, 1988

남도영, 〈임진왜란시 광해군의 활동연구〉, 「국사관연구」39, 1989

이이화, 〈북벌론의 사상사적 검토〉, 「창작과 비평」10-4, 1975

이경찬, 〈조선 효종조의 북벌운동〉, 「청계사학」5, 1988

정옥자, 〈19세기 중화사상의 위치와 역사적 성격〉, 「한국학보」76, 1994

유봉학, 〈북학사상의 형성과 그 성격〉, 「한국사론」8, 1982

유봉학, 〈18·19세기 대명의리론과 대청의식의 추이〉, 「논문집」5, 한신대, 1988

「승정원일기(承政院日記)」, 「일성록(日省錄)」, 「고종실록(高宗實錄)」, 「오하기문(梧下記聞)」, 「매천야록(梅泉野錄)」, 「근세조선정감(近世朝鮮政鑑)」, 「헌재집(瓛齋集)」

제임스 팔레 저·이훈상 역, 「전통한국의 정치와 정책」, 신원, 1996

한우근, 〈대원군의 세원확장책의 일단-고종조 동포·호포제실시와 그 후폐〉, 「김재원박사회갑기념논총」, 을유문화사, 1969

성대경, 〈대원군정권의 과거운영〉, 「대동문화연구」19, 1985

안외순, 〈대원군집정기 인사정책과 지배세력의 성격〉, 「동양고전연구」1, 1993

유영익, 〈대원군과 청일전쟁〉, 「청일전쟁의 재조명」, 한림대출판부, 1996

연갑수, 〈대원군 집권기 서양세력에 대한 대응과 군비증강〉, 서울대 박사학위논문, 1998

연갑수, 〈대원군과 서양〉, 「역사비평」50, 2000

이배용, 〈개화기 명성황후의 정치적 역할〉, 「국사관논총」66, 1995

서영희, 〈명성왕후의 연구〉, 「역사비평」57, 2001

전환기를 이끈 17인의 명암

지은이 | 이희근

1판 1쇄 발행일 2002년 11월 5일
1판 8쇄 발행일 2007년 12월 24일
1판 8쇄 발행부수 1,000부 총 6,500부 발행

발행인 | 김학원
편집인 | 한필훈 선완규
기획 | 최세정 홍승호 황서현 유소영 유은경 박태근 유소연
마케팅 | 이상용 하석진 김창규
디자인 | 송법성
저자 · 독자 서비스 | 조다영(humanist@humanistbooks.com)
스캔 · 표지 출력 | 이희수 com.
조판 | 새일기획
용지 | 화인페이퍼
인쇄 | 청아문화사
제본 | 정민제본

발행처 | (주)휴머니스트 출판그룹
출판등록 제313-2007-000007호(2007년 1월 5일)
주소 | 서울시 마포구 연남동 564-40 121-869
전화 | 02-335-4422 팩스 | 02-334-3427
홈페이지 | www.humanistbooks.com

ⓒ 이희근, 2002
ISBN 978-89-89899-35-8 03910

만든 사람들

편집 주간 | 이재민
책임 편집 | 신영숙
디자인 | 이준용
그래픽 | 김준희
사진 | 안해룡